학창 시절이 상처로 남지 않게

학교에서 상처받은 사람들의 치유를 위한 안내서

학창 시절이 상처로 남지 않게

김은초 지음

contents

프롤로그
아직 학창 시절의 상처에 갇힌 당신을 위해   ... 008

Part 1. 교실 속 상처를 왜 치유해야 할까

1교시 아팠던 학창 시절은 사라지지 않는다

어른이 되어서도 상처는 반복된다   ... 018
교실 속 상처는 교실 밖으로 이어진다   ... 022
상처는 지금의 나에게도 흔적을 남긴다   ... 029

Part 2. 교실 속 상처는 무엇인가

2교시 교실 속 상처 이해하기

교실 속 상처는 관계 속 상처다 ... 046

타인과의 관계에서 상처는 어떻게 생겨날까 ... 061

상처의 형태는 다양하다 ... 067

3교시 지금 교실에서 생겨나는 상처들

칼이 되는 말 ... 078

장난의 탈을 쓴 괴롭힘 ... 088

관계 속 소외일까, 자발적 외톨이일까 ... 101

관계의 끝, 이별의 아픔 ... 120

서로에게 상처뿐인 싸움 ... 129

교사에게서 받은 상처 ... 138
온라인 괴롭힘 ... 148
범죄가 남긴 외상, 잊을 수 없는 기억들 ... 159

Part 3. 교실 속 상처는 어떻게 치유할까

4교시 아직 학교에 남겨진 아픈 마음

상처인 줄 몰랐던 상처 ... 176
아직 벗어나지 못한 기억 ... 188
두려워도 상처를 똑바로 바라봐야 한다 ... 198

5교시 상처를 딛고 교실 밖으로

교실 속 상처와 마주하기 ... 207
· 1단계 기억 속의 상처 떠올리기 ... 207
· 2단계 상처를 마주하지 못하게 하는 장애물 찾기 ... 216
· 3단계 상처가 남긴 영향 평가하기 ... 224

상처받은 어린 나를 안아주기 ... 236
- 1단계 상처에 공감하기 ... 236
- 2단계 상처받은 나를 위로하기 ... 247
- 3단계 과거 상처의 의미 찾기 ... 256

교실 속 상처에서 졸업하기 ... 265
- 1단계 마음속에서 상처 꺼내기 ... 267
- 2단계 상처를 표현하기 ... 273
- 3단계 자신을 치유하기 ... 278

다시 상처받을지라도 안녕하기 ... 294

에필로그
당신 잘못 때문에 생긴 상처가 아니다 ... 302

부록 | 사회적 심리 서비스 안내 ... 308
미주 ... 313

프롤로그
아직 학창 시절의 상처에 갇힌 당신을 위해

나에게 학교라는 공간은 오랫동안 상처였다. 청소년 시절에도 성인이 되어서도 꽤나 오랜 시간 동안 학교를 부정적으로 기억했다. 생각하기 싫었고 다시 돌아가고 싶지도 않았다. 얼른 어른이 되어 이 학교라는 공간에서 벗어나고 싶은 마음뿐이었다. 교사라는 꿈을 일평생 꿔본 적도 없었고 학교에서 일하고 싶다는 마음이 든 적도 없었다. 물론 학창 시절에 즐겁고 좋았던 추억들도 있었지만, 그 추억을 덮을 만큼 상처받은 기억들이 더 많아서 그러했다. 성인이 된 후에도 학창 시절을 '암흑기'라고 생각하면서 남아 있던 좋은 시간들도 어둡게 색칠했다.

학교를 싫어했던 이유는 정말 다양했다. 중학교 시절 지독했던 학교 폭력을 지켜보면서 학교라는 공간을 혐오했다. 당시 학교는 누군가가 짓밟히고, 괴롭힘당하고, 놀림받는 곳이었고, 눈물이 가득한 공간이었다. 중학교 시절은 야생의 정글처럼 힘과 권력으로 무리 지은 아이들이 악마처럼 행동하던 때였고 교실은 지옥과도 같았다. 그저 내가 타깃이 되지 않게 그 아이들을 피해 조용히, 숨죽여 살았다. 그 누구도 도와주지 않았고, 그 누구도 건들 수 없는 폭력의 문화가 3년 내내 계속되었다. 핑계일 수 있으나, 힘으로 볼 때 나 또한 그저 작고 연약한 아이였을 뿐이다. 나도 모르게 내가 타깃이 아니라서 안도했고, 학교 폭력을 보더라도 못 본 척 눈길을 피했다. 그저 학교 폭력으로 힘든 친구를 도와주지 못한 나의 무기력감 그리고 죄책감, 미안함만이 마음속에 계속 쌓여만 갔다.

학교라는 공간에 복합적인 마음이 들었다. 두렵기도 했고 무섭기도 했고 그저 희망이 없어 보였다. 초등학교 시절에는 성추행을 경험했지만 가해 학생의 가벼운 사과로 내 상처를 덮기도 했다. 나도 무슨 일이 일어났는지 잘 몰랐을 뿐만 아니라 그 당시는 어른들이 아이의 힘든 경험이나 감정에 정말 관심이 없던 시절이기도 했다. 나는 내 상처를 그저 마음속 비밀로 잘 숨기고 참아왔었다. 고등학교 시절은 학교에 적응하지 못하는 데다가 친구를 사귀는 것도 어려웠고, 성적 문제와 함께 가족의 어려움까지 겹쳐 오면서 눈물로 여러 밤을 지새기도 했던 시기였다. 고등학교 시절은 입시만이 중요했던 학교 분위기 속에서 주변 아이들과 나 자신을 비교하면서 스스로를 '실패자'라고 생각하며 위축됐던, 상처 많은 시기였다. 학창 시절 내내 나의 상처를 돌볼 기회는 부재한 채 사소하고 작은 상처들이 켜켜이 쌓여가면서, 고등학교만 졸업하면 그 상처로부터 벗어날 것이라는 착각을 한 채 성인이 되기만을 기다렸다.

아이러니하게도, 그렇게 학교에 대해 부정적이었던 내가 지금은 학교에서 일하는 전문 상담 교사가 되었다. 이렇게 상처 가득한 학교로 어른이 되어 다시 오게 된 이유는 다양하지만, 아마 중학교 시절 학교 폭력으로 고통받던 짝꿍을 도와주지 못한 죄책감을 조금이라도 덜고자 하는 무의식적인 마음이 그 시작이었던 것 같다. 지금이라도 상담 교사가 되어 상처받는 아이들을 도와주고 지켜주면 그 죄책감으로부터 조금은 벗어날 수 있지 않을까 싶었다. 특히 고등학교 시절의 슬프고 속상한 일로 밤마다 이불 속에서 입을 막고 울었던 나의 학창 시절을 떠올리며, 나와 비슷한 아이들이 있다면 도와주고 싶기도 했다. 당시 누군가에게 나의 아픔을 말하고 싶어도 기댈 어른이 없다고 느꼈기 때문에, 그 어린 시절을 회상하며 아이들에게 든든한 어른이 되어주고 싶었다. 이렇게 내가 상담 교사가 되려고 했던 이유를 떠올리다 보니 자연스럽게, 결국 아직도 학창 시절의 상처받은 기억 속에서 살아가는 나의 모습과 연결되기도 했다. 어쩌면 나는 중학교 시절의 학교 폭력 속 무기력했던 나로부터 벗어나고 싶어서, 초등학교 시절의 상처를 상처로 인식하지 못했던 무지로부터 벗어나고 싶어서, 그리고 고등학교 시절 홀로 외로웠던 나 자신을 위로해 주고 싶어서 상담 교사라는 직업을 갖게 되었는지도 모른다. 학교를 졸업하면 상처로부터 자유로워질 것이라는 착각과 달리, 현실은 그렇지 않았다. 오히려 나는 과거의 상처에서 벗어나지 못한 채 발버둥 치면서 살았던 것 같다. 어쩌면 나는 아직도 교실 속 상처받은 기억 속에서 살아가고 있는 것은 아닐까?

상담 교사로서 재직한 지는 이제 5년째이지만, 학교라는 공간이 아직도 상처가 가득한 곳이라는 사실은 변함없는 것 같다. 내가 상담 교사로 일하면서 접한 학교라는 공간은 여전히, 아니 오히려 이전보다 더 많은 상처와 슬픔으로 가득한 곳이었다. 그동안 힘들었던 나의 학교생활을 상처라고 말하기가 무안할 정도로, 학교 폭력, 성폭력, 아동 학대, 자살, 자해 등 무겁고 깊은 상처를 남기는 사건들이 많은 아이들을 짓누르고 있었다. 그뿐만 아니라 교권을 침해당하고 교사 생활이 힘들어 눈물을 흘리는 교사들도 많아졌다. 오늘날 교실 속 상처는 과거보다 더 다양해지고 복잡해진 것 같았다.

교사가 되어도 학교의 상처로부터 안전하지 않았다. 나는 아이들의 상처를 치유해 주는 사람이었지만, 교사로 재직하면서 다양한 상처를 목격하고 경험하면서 나의 상처들도 쌓이기 시작했다. 과거의 상처들과 뒤엉켜 범람하는 마음의 상처를 어떻게 다룰지 잘 몰랐고, 이미 벗겨진 아픈 마음으로 다른 사람의 상처를 받아주다 보니 나의 마음도 금세 무너질 수밖에 없었다.

　무거워진 상처의 무게에 짓눌리면서 그제서야 나의 상처를 돌보고 마주하는 방법을 고민하기 시작했다. 과거의 사소한 상처를 쌓아둔 채 현재의 상처를 마주했을 때 상처의 영향이 얼마나 커질 수 있는지도 알게 되었다. 상처로 인해 나의 정체성과 생각들이 어떤 영향을 받아왔는지도 생각해 보면서 모르는 척, 괜찮은 척 방관했던 수많은 내 과거의 상처들이 떠오르기 시작했다.

　그리고 내 상처의 역사를 분석하기 시작했다. 그 상처를 다시 바라보면서 깨달았다. 우리는 마음이 무너지고 아프더라도 마음의 상처를 계속해서 회피하며 마음의 에너지를 다 써버린다. 어딘가 병나고 아픈 후에야, 너무 늦게서야 자신과 자신의 마음을 돌아본다. 상처를 왜 받는지, 그 상처를 어떻게 다루어야 하는지, 그 상처로 인해 내가 어떤 영향을 받는지 그동안 너무 몰랐다. 상처라는 부정적 경험을 그저 회피하고 외면하면서 마음속에 억누르고 감춰왔기 때문에, 회복은 더뎌지고 심리적 어려움은 더 커질 수밖에 없었다. 이는 지나간 과거의 상처는 저절로 사라지지 않고 우리 스스로가 그 상처를 관리하고 정리해야만 과거에만 남은 채로, 현재의 나에게 영향을 주지 않는다는 것을 알게 했다. 그래야 지금 당면하는 상처도 감당할 수 있고 마음이 무너지는 것을 예방할 수 있다는 사실도.

그 상처를 정리하기 위해 학창 시절의 상처부터 시작하고 싶었다. 졸업을 했지만 아직도 학창 시절의 상처 속에 갇혀 살고 있는 사람들이 떠올랐다. 성인이 되어서도 교실 속 상처받은 기억이 자주 떠오르거나, 고통이 지속되거나, 그때의 기억으로 자신을 부정적으로 판단하거나, 트라우마를 경험하는 사람들이 있지 않을까 싶었다. 그들은 어쩌면 시간과 나이, 환경이 다 변화했음에도 바꾸고 싶은 학창 시절을 붙잡아 가며 과거의 상처를 안고 살아가고 있을지도 모른다. 이처럼 과거의 상처를 마음속에 담아두고 있고, 불현듯 현재에도 과거의 아픈 마음들이 자주 떠올라 계속 상처를 주는 기억들이 있다면, 우리는 그것을 '상처받은 기억'이라고 말할 수 있다. 상처받은 경험은 기억 속에 남아 나의 마음속에서 살아가기에 과거부터 현재까지 또렷이 기억되고, 지금의 나에게까지 지속적으로 영향을 줄 수 있기 때문이다. 상처받은 경험 이후에는 그로 인한 영향들이 남게 되는데, 상처로 인한 영향이 너무 크고 아파서 우리들은 가장 핵심적인 과제인 상처에 대한 기억을 마주하는 것을 오랫동안 회피해 왔을 수 있다. 그래서 이에 대한 필요성을 강조하고 상처받은 경험의 기억에 더 가까이 다가가서 마주하고자 '상처받은 기억'이라는 단어를 자주 사용할 예정이다.

 오늘날 상담 교사가 된 나는 '교실 속 상처받은 기억'에 대한 이야기를 해주고 싶다. 이제는 그 기억으로부터 벗어나게끔 도와주고 싶다. 자신의 상처받은 기억을 마주 보기 두렵고 무섭더라도 용기를 내고 자신의 손을 잡아줬으면 한다. 이는 과거의 상처받은 기억을 새롭게 채색해 나가며 자신의 상처로부터 '안녕'할 수 있도록 도와줄 것이다. 자신의 상처에서도, 과거의 학교에서도 완전히 졸업할 수 있게. 물론 꼭 자신의 상처를 마주하려고 억지로 애쓰지 않아도 된다. 그저 이 책을 읽는 것만으로도 자신의 상처에 다가가고자 하는 용기가 차츰 생겨갈 수 있다. Part 1에서는 교실 속 상처를 치유해야 하는 이유를 알아보고 Part 2에서는 교실 속 상처가 무엇인지, 지금의 교실에서 일어나는 다양한 상처의 사례를 살펴보고자 한다. 또한 유형별로 각 상처에 대응하는 방법을 안내하고자 한다. Part 3에서는 어른이 되어서도 남겨진, 상처받은 마음을 살펴보며 교실 속 상처를 어떻게 치유하면 좋을지 그 방법을 차례대로 설명해 갈 것이다. 상처받은 기억에서 벗어나 보고자 한 걸음 내딛는 시간이 되길 바라며, 감히 당신의 아픈 과거에 공감하고 당신을 지지해 보려 한다.

Part 1

♥

교실 속 상처를
왜 치유해야 할까

1교시

아팠던
학창 시절은

사라지지
않는다

어른이 되어서도 상처는 반복된다

　상처에 대해 더 많이 고민하고 생각하게 된 것은, 교직 생활을 시작하면서 마주한 다양한 상처들 때문이었다. 내가 교사가 되었던 시기는 2020년, 코로나가 터질 때였다. 설레는 마음으로 교직 생활을 호기롭게 시작했다. 나의 직업인 전문 상담 교사는 학생들과의 심리 상담을 통해 심리적·정서적 측면에서 전문적으로 도움을 제공해 주는 일을 한다. 마음이 아프고 힘든 아이들은 '위클래스'라는 학교 상담실에서 상담 교사와 심리 상담을 한다. 그런 어려운 아이들을 진정으로 돕기 위해 온몸으로 부딪히며 상담하고 배우고 성장하고자 했다. 그런데 교사 생활은 매해 눈물이 넘치는 생활이기도 했다. 1년 차에도, 2년 차에도, 3년 차에도, 4년 차에도 매해 울면서 일을 다녀야 했다. 상담실에서도 울고 퇴근 후에도 울고 자전거를 타면서도 울고 씻으면서도 울고 밥 먹으면서도 울었던 것 같다. 그리고 나는 5년 차에 휴직을 하면서 더 이상 울지 않게 되었다.

왜 그렇게 많이 울었는지 생각해 보면, 사회생활을 시작하면서 아이, 학부모, 동료 등으로부터 받은 많은 상처들이 이전의 내 상처 위에 덧대졌기 때문이었다. 1년 차 신규 교사 때는 위협적이고 무서웠던 비행 학생을 만났다. 교사로서의 권위가 깨지고 욕을 들으며 협박을 당하기도 했다. 신규 교사였기에, 이런 상황을 참고 견디는 것이 너무나 당연한 줄만 알았다. 그렇게 어른이라는 이유로, 교사라는 이유로 무서움에 덜덜 떨어도 그 순간을 참아내야만 했다. 그게 교사의 일인 줄 알았기 때문이다. 그해 겨울쯤에는 아동 학대를 당하고 있는 아이를 위해 학대 신고를 처음으로 하게 되었는데, 아이의 부모님으로부터 '왜 신고했냐'는 협박과 민원을 받았다. 아동 학대를 신고하더라도 신고자는 보호받지 못한다는 것을 온몸으로 체감하는 순간이었다. 그럼에도 아이의 상황이 나아진다면 그런 어려움쯤은 감내하고 싶었지만, 상황은 내 뜻과는 반대로 전개되었다. 부모는 그 아이를 갑자기 다른 나라로 출국시켰고, 그렇게 아동 학대 사안은 종결되었다. 인사도 하지 못한 채 떠나보낸 그 아이가 너무 눈에 밟혀서 그날은 내 인생에서 가장 많이 운 날 중 하루였다.

2년 차에도, 3년 차에도, 4년 차에도 무수히 많은 상처들이 생겨났다. 다양한 폭력 속에 놓이거나 심리적으로 힘든 아이들이 넘쳐났고, 그들의 아픔이 너무 커서 나 홀로 감당하기 어렵게 느껴짐에도 버텨야만 했다. 학부모님으로부터 격한 감정과 흥분 어린 말들은 물론 거친 욕설을 전화로도, 대면으로도 들어야 했고 학교 안에서는 동료로부터 상처를 받기도 했다. 겨우겨우 참아낸 마음이 한순간에 무너지기도 했다. 이렇게 다양한 상처를 받는 공간 속에서 '교사니까'라는 마음으로 억지로 참아냈다. 누군가의 상처를 돌보기 위해 나의 몸을 내어가면서 아이들을 지키려 했고, 내 마음에 흠집이 나더라도 내가 동요하는 것이 아이들에게 전달될까 봐 상처를 억누르고 또 억눌렀다.

  2023년 여름, 서이초등학교 사건과 교권 침해 이슈가 터지고 나서야 내가 느꼈던 상처들과 아픔, 눈물들이 다시 이해되면서 나 자신의 상처와 교사의 상처, 학교의 상처에 대해서 그동안 너무 무지했음을 깨달았다. 교사가 되어서도 상처가 상처인지도, 어디가 아픈지도, 무엇이 문제인지도 잘 모르면서 그저 그 상처의 영향을 다 참아냈던 것이다. 그리고 다른 교사들의 눈물을 보면서 또 느꼈다. 우리의 잘못이 아니라, 그저 학교가 참 아프고 힘든 상처의 공간임을 자각했다. 어른들도 이렇게 아프고 힘든데, 우리 아이들이 아픈 것은 너무나 당연했다. 그리고 학교에서는 아이도, 교사도, 학부모도 자신이 상처를 받았는지도 혹은 상처를 주는지도 모르며, 과거나 지금이나 상처에 무지하기에 다양한 상처를 또 만들어내고 있었다. 그렇기에 상처가 반복되고 아픔만이 지속되는 이 사회에서 우리는 그저 살고 있었던 것이다. 학교는 오랫동안 아이들의 상처에 무심했고 그 상처들은 그저 방치된 채, 상처와 상처가 부딪혀 더 많은 상처가 생겨났다. 상처를 제대로 돌본 적이 없었기에, 학교를 졸업해도 아팠고 10년 뒤에 돌아온 학교는 더 아팠다. 어른들도 너무 아픈데 아이들도 당연히 아플 수밖에 없으며, 우리 사회는 그렇게 병들어 간 것이다. 그러니 어쩌면 우리가 상처에 무지한 것은 당연한 일이 아닐까? 상처에 대해 한 번도 배운 적이 없고 그대로 상처를 방치한 채 성장해 왔으니까. 우리는 상처에 무지한데, 상처들은 더 복잡하고 다양해지면서 우리는 상처에 대응할 힘을 잃어가고 있었다. 그렇기에 우리가 심리적 상처에 대해 더 많이 알아야 하고 배워야 하고 공부해야 한다는 것을 알게 되었다.

'교실 속 상처'에서부터 그것을 시작하고 싶었다. 대부분 학창 시절에 상처받은 마음을 자각하지만 가장 연약한 시기에 상처를 마주했기에, 제때 상처를 치유하지 못한 채 성장하는 경우가 많았다. 그렇기에 그런 아이들이 어른이 되어 경험하는 세상도 결국 학교와 연결되고, 학교에서 일어나는 일은 세상에서도 반복되었다. 학교의 아픔은 학교 안에서만 끝나지 않고 어른이 된 우리들의 아픔과 사회의 아픔으로도 이어졌다.

교실 속 상처는
교실 밖으로 이어진다

 교실 속 상처의 현재 모습은 과거보다 더 다양해지고 복잡해졌다. 학생이 학생에게 상처를 줄 뿐만 아니라, 학생이 교사에게, 학부모가 교사에게, 교사가 교사에게, 교사가 학생에게 상처를 주면서 교실 속 상처들은 넘쳐나고 상처의 치유는 더욱더 어려워지고 있다. 이제는 어느 누구도 교실 속 상처로부터 안전할 수 없게 되었다. 학생들이 가정 문제 혹은 친구 관계에서의 문제로 힘들어하며 학업·진로·이성·정신 건강 등 다양한 이유로 상담실을 찾는 경우가 많아졌다. 이미 꽉 찬 상담 스케줄에 '따르릉' 끊임없이 울리는 전화 벨소리, 울면서 상담실을 찾아오는 아이, 자살·자해 문제들로 인

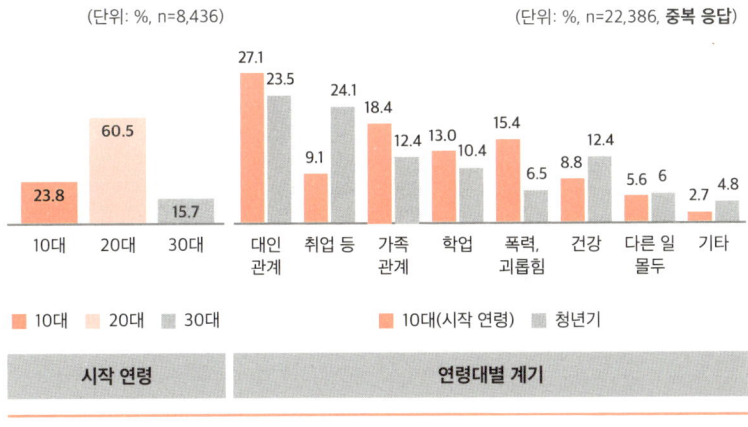

출처: 2023 보건복지부 고립·은둔 청년 실태 조사

해 퇴근 후에도 받는 자살·자해 위기 전화, 등교 거부 혹은 학업 중단 문제, 학교 폭력·아동 학대·성폭력 등의 피해 상담, 학부모 상담과 민원, 학생·학부모·교사로 인해 힘들어하는 교사의 고충까지 학교 상담실은 상처를 이야기하는 목소리로 가득하다 못해, 넘치는 공간이 되었다. 그만큼 학교와 세상은 무언가로부터 상처를 받아 힘겨운 상태라고 느껴졌다.

2023년 보건복지부의 고립·은둔 청년 실태 조사[1]에 따르면, 국내 고립·은둔 청년이 최대 54만 명에 이르는 것으로 추정된다고 한다. 이들 중 60.5%가 은둔 생활을 20대에 시작하고 23.8%가 10대에 시작한다고 한다. 전체 응답자의 은둔의 이유는 직업 관련 어려움(24.1%), 대인관계 문제(23.5%), 가족 관계에서의 문제(12.4%), 건강 문제(12.4%) 순이었다. 또한 10대에 고립, 은둔을 시작한 응답자는 대인관계 문제(27.1%), 가족 관계에서의 문제(18.4%), 폭력이나 괴롭힘 경험(15.4%) 순으로 응답했다. 고립·은둔 청년 중 '미래에 대한 희망이 없다'는 질문에 '그렇다'로 대답한 응답자가 66.3%, '타인의 시선이 크게 두렵다'는 질문에 '그렇다'로 대답한 응답자는 62%, '절망스럽다'라는 질문에 '그렇다'로 대답한 응답자는 59%, '대인 접촉이 두렵다'는 질문에 '그렇다'로 대답한 응답자는 47.8%, '지인 대면이 두렵다'는 질문에 '그렇다'라고 대답한 응답자는 44.2%였다(그림 2). 이를 통해 20대든, 10대든 고립·은둔의 이유로 대인관계 문제가 높은 비율을 차지하며 그들이 경험하는 심리·정서적 어려움도 대인관계와 관련이 높다는 것을 알 수 있다.

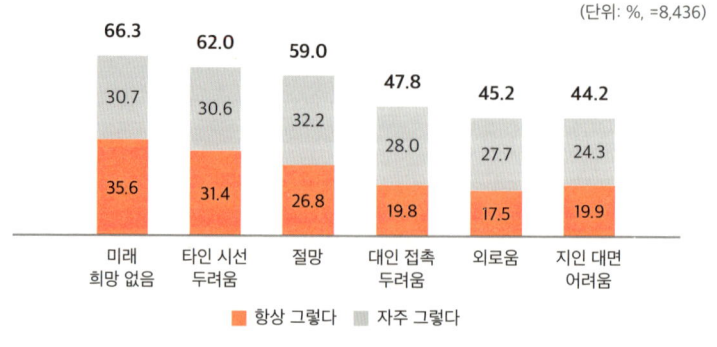

그림 2. 고립·은둔 청년의 심리정서적 어려움

출처: 2023 보건복지부 고립·은둔 청년 실태 조사

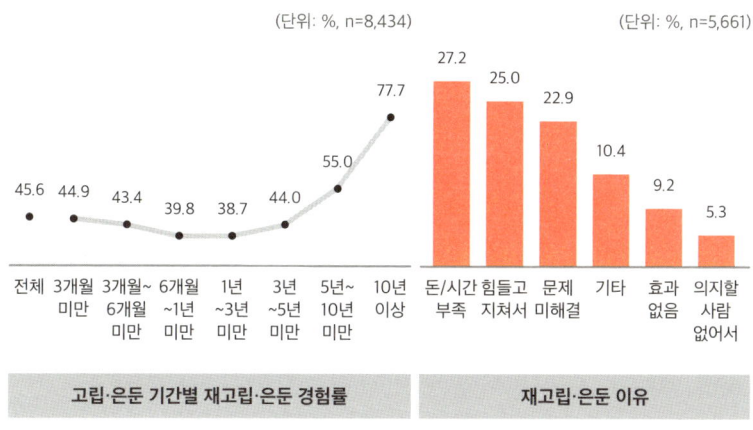

출처: 2023 보건복지부 고립·은둔 청년 실태 조사

    2023년 고립·은둔 청년 실태 조사에는 13~18세 사이의 고립·은둔 청소년 실태 조사도 포함되어 있는데, 이에 따르면 13~18세 사이의 고립·은둔 청소년은 약 14만 명으로 추정되고, 응답자 4명 중 1명(23.8%)은 10대 때부터 고립 생활을 시작했다고 답했다. 그리고 이러한 고립·은둔 응답자 중 45.6%는 일상생활 복귀를 시도한 후 다시 고립되거나 은둔한 경험이 있으며 고립·은둔 기간이 긴 응답자들은 재고립·은둔 경험률도 높아졌다고 한다(그림 3). 학창 시절의 대인관계 문제로 시작된 10대, 20대의 고립, 은둔 경험은 이들이 성인이 된 후에도 스스로를 다시 고립시키거나 은둔하게 만들 수 있다. 10대, 20대의 관계 속 어려움은 20대, 30대 청년기의 문제로 이어질 수 있을 뿐만 아니라, 이들이 세상 밖으로 나가는 것조차 어렵게 할 수 있다. 그렇기에 그동안 학창 시절의 상처에 대해 많은 관심을 갖고 잘 돌보았는지 살펴볼 필요가 있다고 생각한다.

마음이 더 아픈 것은 OECD 국가 중 우리나라가 자살률 1위[2]라는 사실을 접할 때다. 보건복지부의 2023년 자살 실태 조사[3]에 따르면, 자살을 시도해 응급실을 찾은 환자의 43%는 청소년과 20대 등 30세 미만인 것으로 나타났다고 한다. 자살 시도자의 연령대(그림 4)는 19~29세 9,008명(29.4%), 18세 이하 4,280명(14%) 등 30세 미만이 약 43%를 차지했다. 30~39세는 4,251명(13.9%)이니 청소년과 20~30대가 자살 시도자의 57%에 달한다. 자살을 시도한 동기는 정신적인 문제(33.2%)가 가장 많았다. 이어 대인관계 문제(17%), 말다툼, 싸움 등 야단맞음(7.9%), 경제적 문제(6.6%) 순이었다.[4] 전체 연령대 중 20대의 자살 시도율이 유난히 높은 것, 자살 시도자 중 청소년부터 30대까지의 비율이 50%가 넘는 것에서 자살 문제가 비단 청년 개인의 문제가 아니라 사회적 문제라고 생각하게 된다.

자살은 학교 현장에서도 심각한 문제 중 하나이다. 상담실에는 높은 자살 충동을 보이는 학생과 위기상담을 할 때가 잦고, 병원과 연계해 응급 입원을 시키기도 하며, 학생이 자살을 시도해 경찰에 신고하는 일들도 자주 일어난다. 인근 학교에서 실제로 학생이 자살했다는 이야기를 매해 듣기도 한다. 자살은 많은 경우 학생들이 갖는 정신 건강의 어려움과 관련되어 있고, 자살 시도는 대부분 따

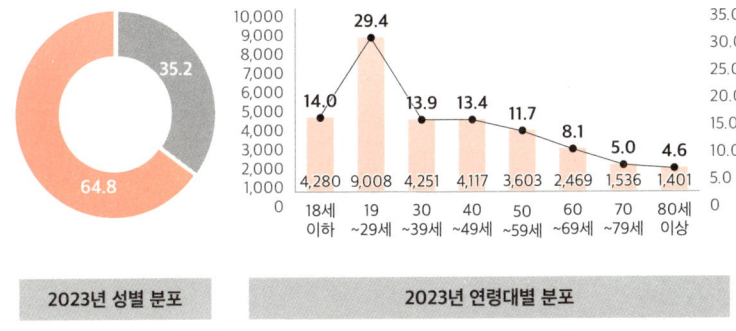

그림 4. 자살 시도자의 인구학적 분포

2023년 성별 분포 / 2023년 연령대별 분포

보건복지부 2023 자살 실태 조사 내 의료 기관 방문 자살 시도자 통계에 포함된 인구학적 분포. 2024.03.28.
출처: 보건복지부

돌림, 소외, 절교 등 상처와 관련된 사건으로 촉발되는 경우가 많다. 평소에도 정서적 어려움을 갖고 있다가, 관계 안에서 상처를 경험하고 그로 인한 비관, 절망 등의 이유로 자살을 충동적으로 시도하는 것이다. 가장 행복하고 즐거워야 할 청춘의 시기에 이러한 고통을 경험해야 하는 현상이 그저 안타까울 수밖에 없다. 이는 현재 많은 청소년과 청년들이 학교나 사회에서 비극적이고 아픈 젊음의 시기를 보내고 있다는 것을 의미한다.

그러다 보니 학교에서는 그저 행복한 아이들보다는 그 반대인 아이들에게 더 눈길이 가게 된다. 밝게 축구를 하다가 상담실에서는 울면서 우울해하는 아이, 줄 서는 아이들 중 소외되고 동떨어진 아이, 혼자 밥을 먹고 혼자 다니는 아이, 복도에서 고개를 숙이며 눈길을 피하는 아이, 교실에서 밥도 먹지 않고 혼자 앉아만 있는 아이, 친구들이랑 너무 잘 지내는 것처럼 보였지만 소외되고 따돌림을 당하고 있었던 아이 등 그런 어려움이 있는 아이들을 바라보면서 학교생활을 잘하고 있는지 더욱 살피게 된다. 학교 안에서 아이들의 밝은 모습은 너무나 분명하고 환하기에 그에 대비되는 어두운 모습은 더욱 슬퍼 보인다. 학교라는 폐쇄적인 공간에서 탈출구 없이 상처를 계속 경험하면 그 아픔은 작고 어린 아이의 삶을 무겁게 짓누를 수 있다. 상처가 작든 크든 상관없다. 학창 시절에는 상처를 받더라도 학교를 떠날 수 없고, 계속해서 학교에서 지내야 하기 때문에 작은 상처도 큰 상처도 그 영향력이 지속될 수 있다. 과거에는 학창 시절의 나의 상처에 대해서만 생각해 왔다면, 지금은 상담 교사로 재직하면서 교실 속 상처로 인해 지금 힘들어하는 학생들을 돕기 위해, 그뿐만 아니라 그들이 성인이 되어서 학창 시절을 상처받은 시기로만 기억하지 않도록 하기 위해, '교실 속 상처'에 대해 더 많이 생각하며 그들을 도울 수 있는 방법을 고민하게 되었다.

상처는 지금의 나에게도 흔적을 남긴다

예전의 상처 위에 교실 속 상처가 덧대어지고 그 위에 새로운 상처들도 계속해서 쌓일 수 있다. 성인이 된 순간 현재의 새로운 상처나 비슷한 상처로 인해 과거의 상처가 다시 떠오르기도 한다. 치유하지 못한 상처가 많아 사소한 상처에도 쉽게 과거의 아픔이 건드려지거나 현재의 내가 무너질 때도 있다. 어디서부터 풀어야 할지 모르겠고 어떤 상처가 심리적 어려움의 원인인지 헷갈리기도 한다. 성장하면서 경험한 상처의 종류는 다양하지만, 과거에 받은 교실 속 상처가 현재의 나에게도 계속해서 영향을 줄 수 있기 때문이다. 현재의 나에게 교실 속 상처가 어떤 흔적을 남겼는지 찾아보면서 교실 속 상처가 현재에 어떤 영향을 주고 있는지 살펴보는 것이 필요하다.

관계에 미치는 영향

> **check ①** **상처로 인해, 타인이나 세상을 신뢰하기 어려운가?**
>
> ☐ 사람을 잘 믿을 수 없는가?
> ☐ 사람을 잘 의지하는 편이 아닌가?
> ☐ 세상은 믿을 수 없다고 생각하는가?
> ☐ 영원한 관계는 없다고 생각하는가?
> ☐ 사람에게 배신당할 것 같은 느낌이 자주 드는가?
> ☐ 교실 속에서 받은 상처가 낮은 신뢰감 문제와 연결된다고 보는가?

관계에서 어려움을 겪는 학생들이 자주 보고하는 문제가 '사람을 신뢰할 수 없다'는 것이다. 그 누구도 믿을 수 없고 친구들에게 의지하기도 어렵다고 한다. 신뢰 문제의 원인은 교실 속 상처라기보다 애착 과정에서 형성된 상처일 가능성이 더 높지만, 그럼에도 학창 시절 친구 관계 안에서 상처를 계속 경험했다면 타인과 세상에 대한 신뢰감을 낮추는 근거들이 계속 형성되고 자라게 된다. 성인이 된 지금도 사람을 믿는 것이 어렵다면, 자기 상처의 근원을 생각해 볼 필요가 있다.

> **check ② 상처로 인해, 친구가 적어졌는가?**
>
> ☐ 학창 시절 상처나 갈등으로 친구들이 적어졌는가?
>
> ☐ 혼자인 것이 편하고 관계를 차단하는 편인가?
>
> ☐ 사람들과 거리를 두고 적은 인간관계를 선호하는가?
>
> ☐ 과거 따돌림이나 학교 폭력의 피해 경험이 있는가?
>
> ☐ 교실 속에서 받은 상처와 자신의 친구 관계 형성 방식이 연결된다고 보는가?

학창 시절의 상처로 인해 친구를 많이 잃었거나, 친구들이 없어졌거나 사람들과의 관계가 모두 차단되고 고립되었을 수 있다. 성인이 되었음에도 그런 상처가 반복될까 봐 아직도 사람들과 거리를 두고 지낼 수 있다. 이유는 다양하지만 또래 관계로부터 멀어지거나 따돌림을 당하거나 하는 등의 상처로 인한 영향일 수 있다. 스스로를 고립시키면서 외롭게 지내고 있다면 자신이 무엇을 두려워하는지, 어떤 아픔이 있었는지 살펴보아야 한다.

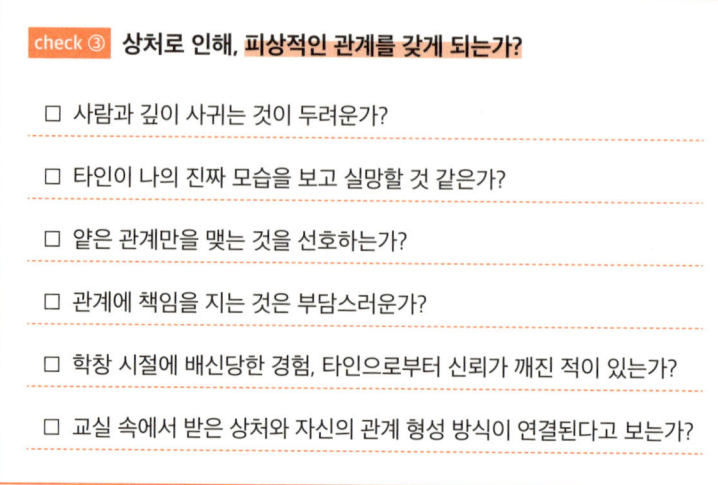

깊은 관계를 맺는 것이 어려운 사람들이 있다. 깊게 관계를 맺을 때 취약한 자신을 마주할까 봐, 깊은 관계를 맺었다가 또다시 배신을 당할까 봐, 관계에 책임을 지고 싶지 않아서 등 다양한 이유가 있을 수 있다. 아무리 많은 사람을 만나더라도 얕은 관계만을 맺다 보면 인간관계는 불안정해지고 깊이감이 얕아져 오히려 공허해지고 외로워질 수 있다. 깊은 관계를 맺는 것이 두렵다면 그 이유가 무엇인지 살펴볼 필요가 있다.

> **check ④ 상처로 인해, 의존적 관계를 갖게 되는가?**
>
> ☐ 주변에게 의지, 의존을 많이 하는 편인가?
>
> ☐ 의지할 대상이 없으면 불안한가?
>
> ☐ 의존을 넘어, 심하게 집착하는 편인가?
>
> ☐ 자신의 의존성으로 인해 관계가 멀어지거나 갈등이 생긴 적 있는가?
>
> ☐ 학창 시절에 혼자가 된 경험, 버림받은 경험 등이 있는가?
>
> ☐ 교실 속에서 받은 상처와 자신의 관계 형성 방식이 연결된다고 보는가?

상처받은 사람들은 때론 사람들에게 지나치게 의존하고 의지하는 형태의 관계 형성 방식을 보일 수 있다. 또는 의존을 넘어, 특정 대상과 집착적인 관계를 맺는 사람도 있다. 이런 경우에는 홀로 지내는 것을 지나치게 두려워하는지, 학창 시절에 혼자 남겨진 것과 관련된 트라우마가 있는지, 믿었던 친구가 배신한 경험이 있는지, 의지할 대상이 적어 친밀감의 욕구가 결핍된 경험이 있는지 등을 살펴보아야 한다. 의존적 관계는 그래도 신뢰할 사람이 있다는 점에서 긍정적이기도 하나, 오히려 자신이 혼자 있는 것에 대한 두려움과 취약성을 내포한 것일 수 있다. 또한 관계를 맺는 상대방의 마음은 긍정적이지 않을 수 있다는 문제도 있다. 상대방이 자신을 부담스러워하고 불편해한다면, 결국 혼자가 될까 봐 불안해서 했던 행동으로 인해 정말 혼자 남게 되는 결과가 초래될 수 있다.

> **check ⑤ 상처로 인해, 사회성에 문제가 있는가?**
>
> ☐ 스스로 사회적 기술이나 능력이 부족하다고 느끼는가?
>
> ☐ 새로운 사람을 사귀고 관계를 유지하는 게 어려운가?
>
> ☐ 적은 사회성으로 인해 사람 혹은 관계에 대한 두려움, 불안 등을 경험하는가?
>
> ☐ 사람들에게 눈치가 없다거나 특이하다, 이상하다는 소리를 자주 듣는가?
>
> ☐ 사람들과 어울리는 게 힘들어서 혼자 지내는 편인가?
>
> ☐ 교실 속에서 받은 상처와 자신의 관계 형성 방식이 연결된다고 보는가?

성인이 되어서도 사회성이 부족해 어려움을 겪는 사람이 있을 수 있다. 관계를 잘 맺고 싶어도 마음과 달리 사람을 대하는 것이 서툴고 사회적 기술이 부족한 것같이 느껴질 수 있다. 학창 시절은 사회성을 배우고 향상해 나가는 시기인데, 교실 속 상처로 인해 사회성을 키울 기회를 차단당했거나 스스로가 관계를 차단하여 사회성을 키우지 못했다면, 현재에도 관계를 형성하기 어려울 수 있다.

이 외에도 상처로 인해 관계에 다양한 영향을 받았을 수 있다. 학창 시절의 어떤 관계 경험이 지금의 관계 패턴에 어떤 영향을 주었는지 살펴본다면 스스로를 이해하는 데 도움이 될 수 있다. 학창 시절은 많은 관계를 맺는 시기이기 때문에 그 관계들로부터 상처를 받으며 그 상처로 인해 자신의 관계 패턴에 영향을 받을 수 있는 것이다. 나의 경험을 예로 들자면, 학창 시절 친구들에게 마음을 많이 주었다가 마음이 서로 다르구나, 내가 생각한 만큼 상대는 나를 생각하지 않았구나, 나를 더 이용하려고 하는구나, 하면서 친구들에게 실망한 경험이 있었다. 그러다 보니, 사람들에게 마음을 주는 일에 대해 더 신중하게 되고 때로는 쉽게 마음을 주지 않기도 했다. 그러면서 지나치게 관계를 차단하기도 하고 사람을 잘 신뢰하지 않아 마음에 대한 개방성이 낮아졌다. 현재에도 관계에 대해 마음을 쉽게 열지 않고 사람을 오래 지켜보려고 하는 측면이 있다.

트라우마의 영향[5]

교실 속 상처받은 경험으로 인해 성인이 되어서도 지속적인 회피, 인지나 감정의 부정적 변화, 각성과 반응성의 변화 등의 트라우마 증상이 갑작스럽게 나타날 수 있다. 특히나 학교 폭력을 경험했다면 학교 폭력과 관련된 뉴스 기사나 드라마 등에 노출되었을 때 두려움, 무서움 등의 심리적 영향과 두근거림, 떨림, 놀람 등의 신체적 증상, 과거 기억의 떠오름 등의 증상이 일어날 수 있다. 또한 학창 시절과 관련된 특정 기억이 반복적으로 꿈에 나타날 수 있다. 10년이 지난 현재에도 학창 시절의 특정 인물이나 상황이 나타날 수도 있고 악몽이나 두려운 형태, 아예 이상 형태 등으로 표현될 수 있다. 오랜 시간이 지났음에도 꿈에서 반복적으로 학창 시절의 특정 시기가 나타난다면 그 시기의 해결되지 못한 마음과 문제가 있다는 의미일 수 있고 이는 마음속에 남아 있는 상처받은 경험과 관련이 있을 수 있다. 이러한 증상들이 아직도 나타난다면 교실 속 상처의 영향이 계속되고 있는지를 살펴보아야 한다.

---

check ① 교실 속 상처를 지속적으로 회피하는가?

☐ 교실 속 상처와 관련된 기억, 생각, 감정을 회피하려 하는가?

☐ 교실 속 상처를 불러일으키는 외부적 암시(사망, 장소, 대화, 행동, 사물, 상황)를 회피하거나 회피하려고 노력하는가?

☐ 학창 시절을 떠올리기 싫거나 불쾌감을 느끼는가?

☐ 학창 시절을 추억할 만한 것을 피하거나 거부하는가?(과거의 친구를 만나지 않으려 하거나 과거 이야기를 회피하는 등)

> **check ②** 교실 속 상처와 관련해서 **인지와 감정의 부정적 변화**가 나타나는가?
>
> ☐ 교실 속 상처받은 경험을 아예 기억하기 어려운가?
>
> ☐ 교실 속 상처받은 경험 이후로 자신, 다른 사람, 세계에 대한 부정적 믿음이 생겼는가?
>
> ☐ 교실 속 상처의 원인과 결과에 대해 지속적으로 자신 또는 다른 사람을 비난하는가?
>
> ☐ 교실 속 상처와 관련해서 부정적 감정(ex. 두려움, 무서움, 불안)이 지속되는가?
>
> ☐ 교실 속 상처받은 경험 이후로 흥미나 즐거움이 현저하게 저하되었는가?
>
> ☐ 교실 속 상처받은 경험 이후로 다른 사람과 사이가 멀어지거나 소원해졌는가?
>
> ☐ 교실 속 상처받은 경험 이후로 긍정적 감정을 경험할 수 없는 편인가?

> **check ③** 교실 속 상처와 관련해서 **각성과 반응성이 뚜렷하게 변화**되는가?
>
> ☐ 교실 속 상처를 떠올리면 분노나 공격성이 올라오는가?
>
> ☐ 교실 속 상처와 관련해서 과각성˚, 놀람 반응, 두근거림, 떨림 등이 나타나는가?
>
> ☐ 교실 속 상처받은 경험 이후로 수면에 어려움이 생겼는가?

* 과각성(過覺醒, Hypervigilance): 자극에 대해 정상보다 과민하게 반응하는 상태. 신경계가 흥분 상태가 되고 모든 자극에 대해 민감하게 반응할 수 있다.

출처: 강영희(2008). 생명과학대사전. 아카데미서적.

> **check ④** 교실 속 상처로 인해 **침습 증상**이 나타나는가?
>
> ☐ 교실 속 상처와 관련된 단서(ex. 미디어)에 노출되었을 때 심리적 고통이 느껴지기 시작하는가?
>
> ☐ 교실 속 상처와 관련된 단서(ex. 미디어)에 노출되었을 때 생리적 반응(두근거림, 떨림, 놀람 등)이 나타나는가?
>
> ☐ 자신의 의사와 상관없이 고통스러운 기억이 반복적으로, 갑작스럽게 나타나는가?
>
> ☐ 교실 속 상처에 대해 반복적으로 고통스러운 꿈을 꾸는가?

심리적 어려움의 장기화, 만성화

청소년기부터 심리적 어려움을 경험했다면, 그 어려움이 어떻게 형성되었고 지속되어 왔는지를 자세히 들여다봐야 한다. 가정적 어려움에 학창 시절의 상처가 덧붙여져 왔고 보호해 줄 사람도, 무언가도 없었다면, 어린아이의 상처는 더 무거워지고 심리적 어려움은 깊어지고 커졌을 수밖에 없다. 학창 시절의 상처는 심리적 어려움을 촉발하고 악화시키는 주요 요인이 될 수 있고, 그 당시 제대로 치유하지 못한 아픔은 성인이 되어서도 부정적인 영향을 지속시킬 수 있다. 청소년기부터 우울, 불안, 무기력, 자살 충동, 불안정 등의

---

* 침습 증상(侵襲 症狀): 트라우마 사건과 관련된 불쾌한 기억이 반복적으로 떠오르는 현상.

출처: 국가트라우마센터. 트라우마 바로알기.

심리적 어려움을 경험해 왔다면, 그 상처의 시작점을 한번 살펴볼 필요가 있다.

> **check ①** **상처로 인해, 우울이 악화되었는가?**
>
> ☐ 학창 시절부터 우울감, 무가치감, 무기력, 활력 저하 등을 경험했는가?
>
> ☐ 작은 일에도 짜증, 슬픔, 눈물, 공허함 등을 오랫동안 경험했는가?
>
> ☐ 어릴 때부터 식욕 문제, 수면 문제, 집중력 저하 등 일상생활 기능도 저하됐는가?
>
> ☐ 어린 시절 문제가 잘 해결되지 않아 심리적 어려움이 장기화되었다고 보는가?
>
> ☐ 교실 속에서 받은 상처와 우울감이 연결된다고 보는가?

학창 시절부터 우울감을 경험했다면, 교실 속 상처와 연결되어 있는지 살펴보아야 한다. 흔히 청소년기의 관계 문제로 우울과 무기력, 활력 저하, 부적응 문제 등을 경험하면서 이 문제가 잘 해결되지 않고 지속될 때 심리적 어려움이 장기화되는 경향이 있다.

> **check ②** **상처로 인해, 불안 증세가 심해졌는가?**
>
> ☐ 특정한 상황에서 불안을 자주 경험하는가?
>
> ☐ 학창 시절부터 사람들 앞에 나가거나, 사람들이 많을 때 불안했는가?
>
> ☐ 친구를 사귈 때 혹은 관계를 유지할 때 높은 불안을 경험했는가?
>
> ☐ 교실 안에 있을 때에도 높은 불안을 경험했는가?
>
> ☐ 학교 폭력에 노출된 경험이 있는가?
>
> ☐ 교실 속에서 받은 상처와 불안이 연결된다고 보는가?

학창 시절부터 높은 불안을 경험할 수 있다. 친구들 앞에 나갔을 때, 친구들과의 관계를 유지할 때, 혹은 폭력에 노출되었을 때 높은 불안을 경험했다면, 자신의 불안이 높아지는 데 학창 시절의 사건이 영향을 줬을 수 있다.

> **check ③** 상처로 인해, **자살이나 자해 충동**을 경험한 적이 있는가?
>
> ☐ 기댈 사람이 없거나, 갑작스러운 관계 문제로 인해 자해나 자살 충동을 느낀 적이 있는가?
>
> ☐ 삶의 희망이 보이지 않을 때 심리적 어려움이 심해진 적이 있는가?
>
> ☐ 어떨 때 그러한 마음들이 들었는가?
>
> ☐ 이러한 문제들이 언제부터 시작되었는가?
>
> ☐ 교실 속에서 받은 상처와 자살/자해 충동이 연결된다고 보는가?

　어느 누구에게도 기댈 수 없거나 관계에서 갑작스럽게 문제가 발생했을 때, 삶의 희망이 보이지 않을 때, 심리적 어려움이 심해질 때, 그 절망감에서 벗어나고자 충동적으로 자해나 자살을 시도할 수 있다. 학창 시절에도 비슷한 문제를 경험한 적이 있었는지, 어떨 때 보통 그러한 마음들이 들었는지, 언제부터 그러한 충동이 시작되었는지 등을 살펴보아도 좋을 것이다.

Part 2

♥

교실 속
상처는 무엇인가

2교시

교실 속
상처

이해하기

교실 속 상처는 관계 속 상처다

교실 속 상처

　상처의 종류는 매우 다양하다. '교실 속 상처'라는 개념을 보다 쉽게 이해하기 위해 '대인관계 속 사건'과 '부정적 증상'의 차원에서 교실 속 상처의 의미를 정리해 보았다. 교실 속 상처란, 학창 시절 교실 안에서 발생한 다양한 관계 속 상처들로 보았다. 교실 속 상처를 받은 사람은 아동, 청소년 시기의 '나'이며 교실 속 상처를 준 사람은 학창 시절의 학교 구성원인 친구, 학교 선후배, 교사, 기타 지인 등이 될 수 있다. 대인관계 속의 사건 차원에서 큰 충격을 주었던 사건뿐만 아니라 관계 안에서 작고 사소한 상처를 받은 사건들도 포함했다. 부정적 증상의 차원에서는 그 사건으로 인한 부정적 영향 및 증상, 크고 작은 트라우마, 스트레스뿐만 아니라, 외상 후 스트레스장애(Post-Traumatic Stress Disorder, PTSD), 우울증, 불안장애 등과 같은 심리적 장애도 모두 교실 속 상처로 간주했다(그림1).

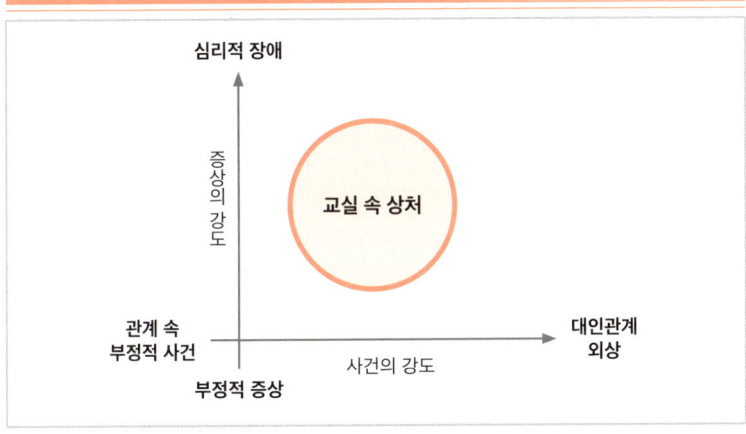

그림 1. 대인관계 속 사건과 부정적 증상에서의 교실 속 상처

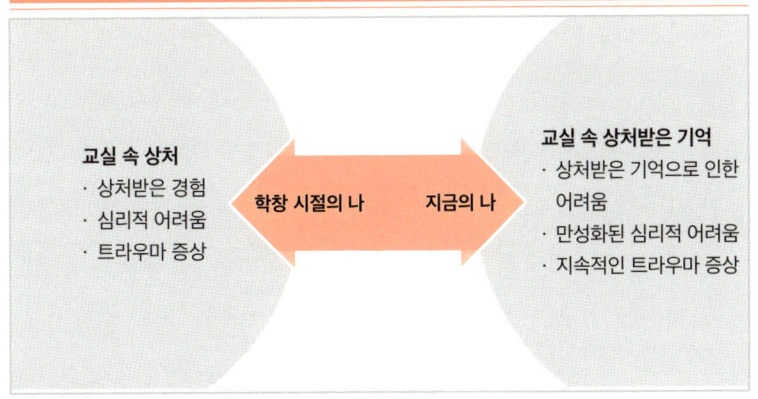

그림 2. 시간적 차원에서의 교실 속 상처

또한 시간적 차원인 과거와 현재의 측면(그림 2)에서, '교실 속 상처'의 개념을 모두 생각해 보았다. 학창 시절 당시에 상처받았던 경험, 심리적 어려움, 트라우마 증상뿐만 아니라, 교실 속 상처받은 기억이 지금의 나에게까지 부정적 영향을 미치고 있다면 그 모든 것을 교실 속 상처로 간주했다. 성인이 된 훗날에도 상처받은 기억으로 어려움을 경험하거나 만성화된 심리적 어려움으로 이어졌거나, 지속적인 트라우마 증상을 갖고 있는 사람들이 있을 수 있기 때문이다.

사건의 강도 차원

관계 속 부정적 사건

이러한 차원에서 교실 속 상처를 관계 속 부정적 사건에서부터 대인관계적 외상에서의 관점까지 포괄적으로 설명하고자 한다. 청소년기의 다양한 관계적 문제 속에서 무겁고 심한 외상적 사건은 당연히 크고 깊은 상처를 남기지만, 작고 사소한 부정적 사건도 누군가에게는 심한 부정적 영향을 남길 수 있고 마음속 상처를 오랫동안 지속시킬 수 있기 때문이다.

청소년기는 다양한 대인관계 문제와 어려움, 외상들이 발생하는 시기이다. 애착 대상이 부모에서 친구로 변화하면서 관계가 다양해지고 복잡해지며, 아이들은 학교에서 처음으로 사회성을 키워나간다. 그 시기에 사춘기나 2차 성징으로 대변되는 성장통, 서툰 사회적 기술, 복잡한 인간관계의 증가, 학업 스트레스 등 다양한 요인들이 섞인다. 게다가 오랫동안 아이들은 학교라는 폐쇄된 공간 안에 모여 교육을 받고 성장하게 되는데 그 속에서 많은 아이들 간에 다양한 상호 작용이 이루어지면서, 교실 속에서는 괴롭힘, 학교폭력, 절교, 다툼 등의 여러 관계 속 상처들이 발생할 수 있다. 또한 청소년 시기일수록 또래 관계가 중요하기 때문에 관계 속에서 이러한 상처를 경험할 경우 아이들은 그 상처를 더 크게 느낄 수밖에 없다. 이는 청소년의 고립, 은둔, 자살 문제의 원인 중 대인관계가 높은 비율을 차지하는 것과도 밀접하게 관련된다.

대인관계적 외상

대인관계적 외상[6]이란 외상의 원인이 사람일 때, 즉 이별, 배신, 소외, 학대, 방임 등에 의한 외상을 의미하며 타인의 고의적 행동에 의해 입은 상처와 피해를 말한다. 대인관계적 외상 중 부모나 양육자와 같이 정서적으로 매우 긴밀하고 의존도가 높은 관계에서 입은 심리적 상처인 애착 외상이 있지만, 교실 속 상처에서는 애착 외상을 다루지 않을 예정이다. 교실 속에서 대인관계적 외상을 경험할 수 있는 사건의 종류로는 대인관계 파탄(절교, 단절, 따돌림 등), 배신의 충격(거짓말, 속임수, 싸움 등), 적응 문제(학교에서의 소외나 왕따, 부적응 등), 직접 경험하거나 목격한 폭력 문제(언어폭력이나 신체적 폭력, 성폭력 등) 등이 있을 수 있다. 대인관계적 외상은 갈등, 다툼 등의 일반적인 관계 문제보다는 대인관계 안에서 발생한 외상적인 사건으로 인해 경험하는 트라우마나 심리적 어려움 등의 부정적 영향이다. 『트라우마 상담 및 심리치료의 원칙(2판)』의 '외상성'이라는 개념을 참고했다. 사건이 극도로 혼란스럽거나 적어도 일시적으로 개인의 내적 자원을 압도하거나, 심리적 증상을 지속되도록 만든다면 그 사건을 '외상적'이라고 볼 수 있다.

관계 속 상처

따라서 관계 속에서 스트레스를 주는 사건이나 외상으로 인해 상처를 받고 심리적 어려움을 경험하는 것을 '관계 속 상처'라고 말하고자 한다. 관계 속 상처는 개인에게 어떠한 외상보다도 더 치명적인 영향을 줄 수 있는데, 이는 관계의 특성인 필수성과 통제 불가능성 때문이다.

먼저 관계의 필수성이란, 관계는 삶에서 떼려야 뗄 수 없는 부분이라는 것이다. 사람은 사회적 동물이기에 사회 속에서 혼자 살아갈 수 없고, 타인과의 관계에서 행복감을 느끼며 살아간다. 이러한 특성 때문에 사람들로부터 상처를 받고 고립되더라도 사람은 결국 사람을 찾고 원할 수밖에 없게 된다. 일, 학업, 건강, 돈 등을 다 성취하더라도 관계가 부족하다면 기나긴 인생 속에서 결국 삶이 공허해지고 외로워질 수 있기 때문이다. 그러기에 사람들과의 관계가 삶에서 필수적인 것처럼 상처도 사람들과의 관계에서는 필연적이다. 친밀하고 오래된 관계 속에서 상처를 받게 되면, 관계의 깊이와 지속성만큼 외상은 깊어지고 커질 수 있다. 이러한 관계의 필수성은 학창 시절에 가장 부각된다. 학교생활에서는 친구들 간의 관계가 필수이기 때문이다. 자신이 선택하지 않은 환경 속 다양한 관계들과 부딪히기에 교실 속 상처는 생길 수밖에 없고 상처의 방향은 예측할 수 없으며, 관계적 능력이 서툰 시기에 연약한 마음에 마주한 교실 속 상처는 더 아프고 크게 느껴질 수 있다.

두 번째, 관계의 통제 불가능성은 삶에서 다양한 영역 중 일, 학업, 운동, 취미 등은 자신의 노력과 능력에 따라 성취하고 성장하며 키워갈 수 있는 영역이지만, 오직 관계만이 자신이 통제하기 어려운 영역에 있다는 점을 말한다. 그렇기 때문에 관계 안에서 받게 되는 상처는 예측할 수 없고 미리 막을 수도 없으며 관계의 회복조차 상대의 의지가 없으면 자기 혼자서는 이룰 수 없다. 상대의 잘못임에도 사과를 받지 못할 수 있고 아무리 애를 써보더라도 상대로부터 상처를 계속 받을 수 있다. 통제 불가능한 부정적인 관계를 많이 경험할수록, 자신이 통제할 수 없다는 무기력감과 우울감을 자주 느낄 수 있다. 또한 상대에게서 받은 상처가 자신의 관계 영역 전체에 일반화되면서 모든 사람과의 관계가 두려워지기도 한다. 관계의 어려움이 심리적 영역으로 이어질 뿐만 아니라 학업과 일, 일상생활까지 흔들고 영향을 미칠 수 있기 때문에, 관계 속 상처는 도미노처럼 삶의 여러 영역을 무너지게 만들 수 있다.

　이러한 점에서 교실 속 상처는 어른들도 쉽게 해결하지 못하는 경우도 많다. 어른들이 학교 폭력과 같은 무거운 외상을 모두 알고 미리 막아내기도 어렵고 친구들과의 다툼, 싸움이나 소외 등의 관계 속 문제를 해결하라고 섣부르게 강요할 수도 없다. 학생 개개인에게 생활 지도나 상담을 할 수 있지만, 개인이 아닌 집단 전체를 어른이 원하는 대로 통제하고 교육하기는 어렵기 때문이다. 어른들도 통제할 수 없는 문제인 관계의 어려움을 아이들이 처음으로 경험하는 시기가 바로 학창 시절이다. 자신의 의지대로, 생각대로 관계가 되지 않음을 처음으로 경험하기에, 그러한 관계의 통제 불가능성이 답답하고 속상하고 부정하고만 싶어질 수 있다.

증상의 강도 차원

<u>사건으로 인한 부정적 증상</u>
　교실 속 상처받은 경험으로 인해 심리적 혹은 신체적 고통을 경험할 뿐만 아니라, 우울, 불안, 화, 무기력, 슬픔 등의 부정적 감정, 자기 비관, 걱정, 자존감 하락, 스트레스 등의 부정적 사고로까지 이어질 수 있다. 또한 트라우마, 학업 기능 저하, 관계의 단절, 학교 부적응, 등교 거부 및 학업 중단, 일상생활 기능 저하 등의 부정적 행동 및 기능 저하도 경험할 수 있고, 우울장애, 불안장애, 외상 후 스

트레스장애, 적응장애 등 심리적 장애를 유발할 수 있다. 꼭 증상이 심각하지 않더라도 부정적 증상이 학창 시절 내내, 혹은 성인이 되어서도 오랫동안 지속되기도 한다.

심리적 상처 혹은 트라우마

교실 속 상처받은 경험이 누군가에게는 트라우마로 남겨지기도 한다. '트라우마(심리적 외상)'[7]는 외부로부터 주어진 충격적인 사건에 의해 입은 심리적 상처라는 의미로, 여러 기준에 따라 아래의 표와 같이 다양하게 분류된다. 트라우마는 주로 외부의 충격적인 사건의 종류에 따라 분류될 수 있다. 교실 속 상처는 외상의 크기에 따라 작은 트라우마, 큰 트라우마, 복합 트라우마 모두에 속할 수 있고 외상의 지속성에 따라 일회적 외상이 될 수도 반복적 외상이 될 수도 있다. 대인관계에 대한 관여도에서는 앞서 언급했듯이, 대인관계적 외상을 중심으로 교실 속 상처를 살펴볼 예정이다.

표 1. 트라우마의 종류

외상의 크기[8]	작은 트라우마	개인의 삶 속에서 자존감을 상실시키는 경험과 같이 일상생활에서 자주 일어나는 사건을 말한다.
	큰 트라우마	불의의 사고나 가족의 상실, 성폭행, 전쟁, 천재지변 등 일상에서 쉽게 겪을 수 없는 커다란 사건으로 개인의 삶에 극적인 영향을 미치는 경험을 말한다.
	복합 트라우마	반복적인 트라우마를 바탕으로 여러 가지 복잡한 심리 문제를 가지게 되는 경우를 말한다.
외상의 지속성	일회적 외상	단 한 번의 충격적 사건으로 인해 입게 되는 심리적 상처. 자연재해, 기술적 재해, 폭력적 범죄, 관계의 상실 등으로 인해 발생한다.
	반복적 외상	반복적으로 주어진 충격으로 인한 심리적 상처. 반복적 아동 학대, 성적 학대, 전쟁 등으로 인해 발생한다.
대인관계 관여도	인간 외적 외상	인간이 개입되지 않은 자연재해로 인해 발생한다.
	대인관계적 외상	타인의 고의적 행동에 의해 입은 상처와 피해. 그중 애착 외상은 부모나 양육자와 같이 정서적으로 매우 긴밀하고 의존도가 높은 관계에서 입은 심리적 상처를 말한다.

진단명으로서의 트라우마와 PTSD

① 트라우마[9]: 정신장애 진단 및 통계편람(DSM-5-TR)에 따르면, 트라우마는 아래와 같이 정의되어 있다. 어떤 학자들은 많은 사건이 꼭 생명의 위협이나 신체적 부상이 아니어도 외상을 남길 수 있기 때문에 트라우마의 원인을 '실제 죽음이나 죽음에 대한 위협, 심각한 부상 또는 성폭행'으로 제한하는 것을 비판하기도 하지만, 그럼에도 외상 후 스트레스장애라는 진단을 내릴 때에는 정신장애 진단 및 통계편람의 기준이 엄격히 지켜져야 한다.

> 실제 죽음이나 죽음에 대한 위협, 심각한 부상 또는 성폭력에 대한 노출이 다음과 같은 방식 가운데 한 가지(또는 그 이상)에서 나타난다.
> ① 외상성 사건(들)에 대한 직접적인 경험
> ② 그 사건(들)이 다른 사람들에게 일어난 것을 생생하게 목격함
> ③ 외상성 사건(들)이 가족, 가까운 친척 또는 친한 친구에게 일어난 것을 알게 됨. 가족, 친척 또는 친구에게 생긴 실제 죽음이나 죽음에 대한 위협은 그 사건(들)이 폭력적이거나 돌발적으로 발생한 것이어야만 함
> ④ 외상성 사건(들)의 혐오스러운 세부 사항에 대한 반복적이거나 지나친 노출의 경험

외상성 사건(外傷性 事件): 일시적으로 개인의 내적 자원을 압도하거나, 심리적 증상을 지속되도록 만드는 사건.

② PTSD[10]: 외상 후 스트레스장애란, 충격적인 외상 사건을 경험하고 난 후에 침습 증상, 회피, 부정적 변화 등 다양한 심리적 부적응 증상이 나타나는 경우를 말한다. PTSD 증상의 네 가지 유형은 외상 사건과 관련된 침투 증상의 존재, 외상 사건과 관련된 자극의 지속적인 회피, 외상 사건과 관련된 인지와 감정의 부정적 변화, 외상 사건과 관련된 각성과 반응성의 현저한 변화다. 외상 사건을 경험한 후 네 가지 유형의 다양한 부적응 증상들이 1개월 이상 지속되고 일상생활에서의 기능도 손상될 때 PTSD 진단을 받게 된다. 그렇기에 모든 상처가 꼭 PTSD로 진단되지 않을 수 있고, 심리적 상처는 이보다는 좀 더 포괄적인 의미에서의 작거나 큰 마음의 손상일 수 있다.

'상처'를 이해해야 할 필요성

우리는 꼭 신체적 외상뿐만 아니라 외부적 요인에 의해 어떤 마음의 고통을 느꼈을 때 '상처'라는 단어를 자주 사용한다. 일반적으로 상처란 몸을 다쳐서 부상을 입은 자리를 말하는데, 주로 피부의 손상을 뜻한다. 이와 비슷하게 심리적 상처도 마음이 다쳐서 마음속에 부상을 입은 것으로 '마음의 손상'을 의미하는 것이다. 몸의 상처와 달리 마음의 상처는 겉으로 보이지 않지만 우울감, 슬픔, 분노 등의 감정 상태가 동반되면서 보이지 않게, 심리적으로 아프다는 점에서 신체적 상처와 다르다.

"선생님, 제가 상처를 잘 받아요. 그 친구 때문에 상처를 받았어요." 이런 말들은 학교 상담실에서 흔히 듣는 말들이다. 상담실에서만 꼭 듣는 이야기가 아니라, 우리 또한 관계 속에서 '상처받았어', '그 말은 나에게 상처인 것 같아'와 같은 말을 자주 한다. 그런 말을 들을 때마다 자신의 상처를 분명하게 알고 적절하게 표현하는지 의문이 든다. 많은 사람들이 '상처'라는 단어를 오용하거나 남용하기도 하고 가벼운 농담처럼 쓰기도 하며 타인의 상처를 그저 가볍게 생각하기도 한다. 그리고 상처라는 단어 자체가 추상적이라, 상처를 포괄적으로 표현하게 만드는 경향이 있다. '상처'라는 단어의 모호한 사용법으로 인해 진짜 상처에 다가가기 어려웠을 수 있다. 상처에 진심으로 다가가기 위해서는 우리의 마음속 상처를 올바르게 알고 표현하는 것이 중요하다.

자기 상처를 분명하게 알기

우선 내 상처를 올바르게 이해하고 있는지 돌아봐야 한다. 우리는 어떤 부분에서 마음의 상처를 받고, 그 상처의 영향은 무엇인지를 명확히 잘 아는가? 현재의 상처 때문에 아픈지, 과거의 상처와 현재의 상처가 섞여서 아픈지, 서로 다른 상처의 모양을 잘 구분할 수 있는가? 눈에 보이지 않는다고 마음속 깊은 곳에 상처를 그저 묻어둔 채 치료도 하지 않고 돌보지도 않고 시간이 지나기만을 바라고 있지 않은지 되돌아보아야 할 필요가 있다. 그렇게 상처를 방치한 채로 상처를 올바르게 이해하지 못하면, 과거의 상처들이 현재의 상처와 뒤섞여서 자신이 어떤 상처로 인해 아픈 것인지 혼동할 수 있다. 일반적인 상처와 비슷하게, 마음의 상처도 치료하지 않으면 시간이 지나도 흉터로 남아 있을 수 있다. 치료하지 않았기에 그것은 예쁘지 않고 얼룩덜룩하다. 상처는 내면의 어둡고 깊은 곳으로 쏙 들어갔다가 현재의 사건이 발생하면 불쑥불쑥 튀어나와 영향을 주고 사라져 버린다. 상처가 없어진 것이 아닌데, 겉으로 명확하게 보이지 않아 헷갈리곤 한다. 그 때문에 마음의 상처와 흉터는 몸의 상처보다 치유하기 어렵다. 자신의 상처를 분명하게 보고 생각해 봐야 상처들이 잘 구분된다. 자신의 상처를 올바르게 이해하는 과정들이 상처로부터 빠르게 벗어나고 상처의 영향을 줄이는 데 도움을 줄 수 있다.

상처를 객관화해서 표현하기

두 번째로 우리가 마음을 다쳤을 때 쓰는 '상처'라는 단어를 객관적으로 사용하고 있는지 살펴봐야 한다. 이 부분을 고민해야 하는 이유는 오늘날 많은 사람들이 '상처'라는 단어를 오용하기 때문이다. 요즘 들어 우리는 상처가 아닌 일에도 자주 '상처'라는 단어를 사용하고 자신의 상처가 무엇인지도 모르면서 '상처'라고 표현하고 상처받지 않은 상황 속에서도 '상처받았다'고 말하기도 한다. '상처'라는 단어는 많은 것을 함축하고 있고 서로 다른 의미들이 섞여 있기 때문에, 상처라는 단어를 포괄적 의미로 사용하게 되면 듣는 사람도, 쓰는 사람도 상처를 정확히 이해하지 못한다. 실제로 상처가 무엇이고 무엇 때문에 아픈지 헷갈리게 만들기 때문이다. 또한 '상처'라는 단어가 남용되면서 힘들게 표현한 상처받은 마음을 듣는 입장에서는 한없이 가볍게 받아들이고, 상처받은 사람이 지나치게 예민하다고 치부하기도 한다. 이러한 문제들로 인해 듣는 사람들은 상처받은 사람에게 잘 공감하지 못하게 되고 공감의 표현을 적절하게 하기 어려워진다.

상처라는 단어를 적절하게 사용하기 위해서는 자신의 상처를 과장하지도 과소평가하지도 않으며, 잘못 해석하지 않아야 한다. 즉 상처를 받았을 때는 최대한 객관적인 관점에서 스스로의 상처를 해석할 수 있어야 한다. 상처가 아닐 수 있는 일도 상처로 생각하고 있지 않은지, 혹은 상처가 될 수 있는 일임에도 그것을 상처라 생각하지 않고 나의 문제로만 생각하지 않는지, 자신의 상처를 명확하게 알고 '상처'라는 단어를 사용하고 있는지 판단해 보아야 한다. 다음 장에서 설명할 '관계 속 상처의 형성 원리'를 이해하게 되면, 자신의 상처를 구체적으로 파악하는 데 도움이 될 것이다. 또한 자신의 상처를 명확히 파악해서 상처를 준 사람에게 자신의 상처를 표현할 수 있을 것이다.

타인의 평가에 흔들리지 않기

상처받은 경험은 지극히 개인적인 것이다. 타인의 아픔이나 상처를 그 누구도 평가하거나 판단할 수 없으며, 상처받은 개인의 경험을 타인이 100% 온전히 아는 것 또한 어렵다고 생각한다. 그럼에도 우리는 타인의 상처를 너무나 가볍고 쉽게 평가한다. 자신의 상처를 아무리 객관적으로 설명하더라도 타인은 이야기를 들으면서 자신의 주관과 해석을 섞는다. 그러면서 나의 상처를 타인이 평가하게 된다. 우리는 상처를 받고 나서 '뭐 그런 것으로 힘드냐, 너무 예민하다, 다 상처받고 산다. 나도 비슷하게 아파봤다' 등 타인에게서 자신의 상처를 평가하는 말을 쉽게 듣기도 한다. 이러한 타인의 평가에 흔들려 자신의 상처를 잘못 해석하거나 내 상처를 축소시키거나 또다시 상처받기도 하며 내가 너무 예민한가? 내 잘못인가? 이런 생각을 하면서 상처에 대한 책임을 자신에게 돌리기도 한다.

타인이 개인의 상처를 평가하지 않는 것이 최선이지만, 만약 타인에게서 나의 상처를 평가하는 말을 들었다면, 상처를 받은 이유도, 그로 인해 아픈 마음도 자신이 가장 잘 알아야만 스스로가 흔들리는 것을 막을 수 있다. 그래야 타인의 평가로 인해 스스로의 상처를 과소평가하거나 과대평가하지 않으면서 또다시 상처받는 것을 막아낼 수 있고, 자신의 마음을 위해 그 말에 어떻게 대응하면 좋을지도 결정할 수 있다. 그러기에 나의 상처를 내가 가장 잘 알아야, 내 상처를 대하는 태도가 스스로 흔들리지 않게 된다.

타인과의 관계에서 상처는 어떻게 생겨날까

관계 속 상처는 내 마음이 다치는 과정이다. 분명하게는 과거 또는 현재에 누군가 혹은 어떠한 상황에 의해 생긴 마음의 아픔을 '관계 속 상처'라 할 수 있다. 이러한 심리적 상처는 3단계의 과정을 거친다. 이 과정을 잘 생각해 보면 마음속 상처의 크기와 형태를 명확하게 파악하는 데 도움이 될 수 있다.

첫 번째 단계 | 상처를 받은 경험 발생

첫 번째 단계는 상처가 생긴 이유, 상황, 상처를 준 상대 등이 분명히 존재하는, 상처받은 경험이 발생하는 것이다. 이유 없는 상처

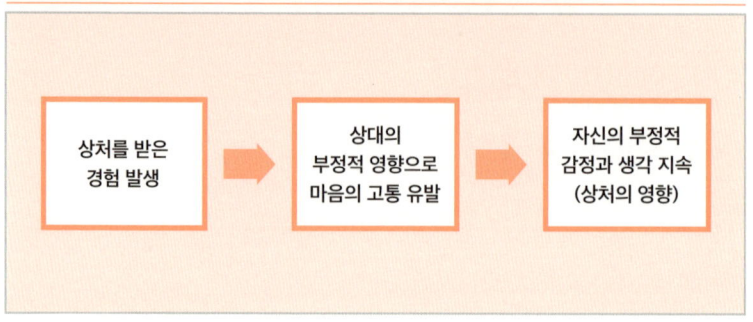

그림 1. 관계 속 상처의 형성 원리

는 없고, 작든 크든 직접적이거나 간접적인 자극에 의해 우리는 상처를 받고 영향을 받을 수 있다. 그 자극은 어떠한 상황 속에서 분명한 상대에 의한 것일 가능성이 높다. 아무런 자극 없이는 고요한 우리의 마음에 상처를 낼 수 없기 때문이다.

그리고 우리 마음의 상처가 생기는 대부분의 이유는 관계와 관련이 높을 수밖에 없는데, 이는 마음의 기제*가 대부분 사람과 사람 사이에서 발생하기 때문이다. 몸의 상처는 물리적 자극에 의해 발생하지만, 보이지도 않는 마음의 상처를 줄 수 있는 상대는 정서적 자극을 줄 수 있는 상대인 사람일 수밖에 없다. 상담실에서는 사람들에게 상처받은 경험에 대한 이야기를 자주 들을 수 있다. 상처를 주었던 상대는 대부분 부모님, 조부모님, 교사, 선후배, 친척, 친구 등 사람이었다.

* 기제(機制): 인간의 행동에 영향을 미치는 심리의 작용이나 원리.

이러한 이유로 학생들이 상담실에 올 때, 학생들의 상황을 최대한 정확하게 파악하고 구체화하려고 노력한다. 장소, 시간, 상대를 분명하게 파악하고 어떠한 말과 행동들이 오갔는지 그 대화를 다시 생각하며, 어떠한 부분에서 상처를 받았는지를 차분하게 파악할 수 있도록 돕는다. 상황을 명확하게 알아야 아이들이 자신의 상처를 정확하게 그려볼 수 있고, 듣는 입장에서도 그 상처에 적절하게 공감할 수 있기 때문이다.

이렇듯 상처는 대부분 명확한 상황 속에서 분명한 이유 때문에 생겨난다. 그럼에도 분명하지 않은 상황 속에서 상처받은 이야기를 듣기도 한다. 예를 들면 '친구들이 나를 싫어하는 것 같다. 그래서 상처를 받았다'와 같은 고민이다. 이럴 때는 그러한 느낌이 실제적인 이유나 상황에서 비롯되었는지, 혹은 자신의 주관적인 해석에서 비롯된 것인지를 구분하는 것이 중요하다. 명확한 상황이나 이유가 없다면, 타인의 작은 행동도 과장되게 해석하는 편이거나 '사람들은 나를 좋아하지 않아'와 같이 성장 과정에서 형성된 개인의 관념에서 비롯된 주관적인 느낌일 수 있다. 또는 분명한 상황은 아니지만 암묵적으로 무시당하는 상황으로 인해 어려움을 겪는 것일 수 있다. 그렇기 때문에 상처받은 이유를 구분하는 것이 매우 중요하다. 상담하는 입장에서도 이 과정을 잘 파악하는 것이 중요하지만, 스스로 자신의 상처에 대해 생각할 때도, 타인에게서 상처받았다는 이야기를 들을 때에도 상처받은 경험을 구체적으로 파악하는 과정은 중요하다. 그러한 과정에서 상처를 너무 과대 해석하거나 과소 평가하지 않을 수 있고 상처받은 마음이 부풀어 오르는 것을 막을 수 있기 때문이다.

두 번째 단계 | 상대의 부정적 영향으로 마음의 고통 유발

두 번째 단계는 상처를 준 상대 혹은 상황이 자신에게 부정적 영향을 주고 마음의 고통을 유발하는 것이다. 타인에게 영향을 줄 수 있는 인간의 도구는 흔히 말과 행동이다. 사람에게 고통을 주려면 말과 행동 속에 직·간접적으로 '부정'을 포함할 수밖에 없다. 이때 부정이란 행동이나 일이 올바르지 못하거나 정당하지 않은 상태를 말하는데, 외부의 상대가 올바르지 못하거나 정당하지 않은 말과 행동을 나에게 함으로써 상처를 남기는 것을 의미한다.

쉽게 떠올릴 수 있는 직접적인 부정의 형태는 욕, 폭력, 비난, 뒷담화, 가스라이팅, 무시, 위협, 협박이다. 타인의 부정적 영향으로 인해 마음의 아픔이 유발되며 불쾌함, 짜증, 화, 속상함, 슬픔 등 다양한 내적 고통을 받을 수 있다. 아무리 가벼운 폭력이라도 신체에 물리적인 위협을 가하면 그 순간 무서움, 놀람, 당황스러움, 두려움 등 다양한 감정을 발생시킬 수 있다. 폭력과 같은 직접적인 형태의 부정은 몸에도 마음에도 부정적인 영향을 줄 뿐만 아니라, 트라우마를 오랫동안 남길 수 있다.

반면 직접적이지 않은 부정의 형태도 존재한다. 예를 들면 무시하는 표정, 일관된 침묵, 끼워주지 않는 행동, 눈길 피하기 등도 포함될 수 있다. 이러한 간접적인 형태의 부정은 말과 행동으로 표현되지 않아서 오히려 더 큰 아픔을 주기도 한다. 명확한 해를 끼치는 행동은 아니지만 나의 존재를 계속 존중하지 않는 태도는 나에게 지속적으로 부정적 영향을 주기에 상처가 될 수 있는 것이다. 직접적이지 않은 부정은 무언가를 탓하기에는 애매하기에, 오히려 스스로 고민하게 하며 상처의 고통이 계속되게 만든다.

세 번째 단계 | 부정적 감정과 생각의 지속 (상처의 영향)

세 번째 단계는 첫 번째, 두 번째 단계로 인해 부정적 감정과 생각이 지속되는 것이다. 이는 상처받은 경험이 이미 끝난 일임에도 상처로 인해 지속적으로 자신이 영향을 받을 수 있다는 측면에서 상처의 영향에 해당한다. 나에게 고통을 유발할 뿐만 아니라 부정적 감정과 생각들이 계속 남아 있다면 마음의 상처로 자리 잡게 된다. 우울, 불안, 슬픔, 화, 억울함, 미움 등의 다양한 부정적 감정들이 떠오르거나, 걱정, 자신에 대한 비난 혹은 타인에 대한 비난, 자존감 또는 자신감 하락, 무능감, 후회, 자책 등 다양한 부정적 생각을 하게 되어 부정적 생각이 꼬리에 꼬리를 물 수 있다. 한 번의 상처가 순간의 상처가 아니라, 이렇게 지속적이고 부정적인 결과를 이끈다면 그만큼 상처의 무게는 무겁고 버거웠던 것이다.

중요한 점은 첫 번째와 두 번째 단계 없이는 부정적 감정과 생각 자체가 관계 속 상처가 되지 않는다는 것이다. 원인이 되는 분명한 상황과 부정적인 영향이 존재하는 일련의 과정이 있어야, 마음의 상처에 해당할 수 있다. 이러한 마음의 아픔은 부정적 영향을 주었던 상황이 일어났던 기간이나 상대와의 친밀도, 상대의 말과 행동의 강도 등에 따라 그 정도가 달라진다. 당연하게도 상처를 받았던 기간이 길수록, 상처를 준 상대가 나에게 가까운 사람일수록, 말과 행동의 강도가 강할수록 아픔은 크고 지속적이며 깊숙하고 뾰족하게 나의 마음을 찔러 올 수 있다.

이러한 마음의 아픔은 때로는 몸의 아픔보다 더 아프게 느껴진다. 상처가 계속 지속되고 치유되지 않으면, 그 상처의 영향력은 점차 커진다. 우울감, 불안감, 슬픔, 외로움, 걱정 등 다양한 부정적 감정을 경험할 뿐만 아니라 우울장애, 불안장애, 공황장애, 적응장애 등의 심리적 문제를 발생시킬 수 있다. 또한 학업, 진로, 관계, 일 등 일상생활의 기능을 떨어뜨리기도 하며 이유 없는 몸살, 감기, 두통, 복통 등의 신체적 증상을 유발하기도 한다.

상처의 형태는
다양하다

상처의 크기와 깊이

보이지 않는 마음의 상처를 그 깊이와 모양에 따라 시각화하는 것은 쉽지 않지만, 타인과의 관계에서 상처가 발생하는 과정을 통해 자신의 상처의 형태, 크기, 깊이를 구체적으로 파악하고 자신의 상처가 어떤 모습인지 파악하는 연습을 하는 일은 매우 중요하다.

상처의 크기는 두 번째 단계인 '상대의 부정적 영향으로 인한 마음의 고통 유발'에 따라 달라질 수 있다. 상처의 크고 작음은 대개는 상처를 준 경험이 나에게 어느 정도로 부정적 영향을 미쳤는지, 그로 인한 신체적·심리적 고통은 어떠한지에 따라 달라진다. 즉 상처를 준 상대가 가한 부정적 영향과 자신이 경험하는 고통이 클수록 상처는 클 수밖에 없고, 부정적 영향과 고통이 작다면 상처의 크기는 작아진다. 상처의 크기는 상처를 준 경험의 부정성과 고통의 정도에 따라 달라지는 것이다.

반면 상처의 깊이는 상처의 크기에 더해, 세 번째 단계인 '부정적 감정과 생각의 지속'에 따라 달라질 수 있다. 상처의 크기가 클수록 상처가 주는 아픔도 깊어질 뿐만 아니라, 이미 상처 난 부위에서 지속적으로 발생하는 부정적 생각과 감정은 아픈 부위를 계속해서 깊이 찔러 마음을 더 아프게 만들 수 있다. 이 과정에서 상처받은 경험에 부정적 의미를 부여하고 해석하는 과정이 발생할 수 있는데, 이 또한 상처를 더 깊게 만드는 요인이 된다. 상처받은 경험에 대해 계속해서 생각하면서 자신이나 상대방을 비난하기 때문이다. 이런 일이 생겨난 것에 대한 책임이 누구에게 있는지, 이런 일이 발생한 이유는 무엇인지 등이 계속해서 떠오를 수 있다. 따라서 상처는 시간이 지날수록 계속해서 깊어질 수 있고 때로는 실제 상처받은 경험 자체보다 상처의 영향이 더 커지기도 한다.

이러한 상처의 특징에 따라 관계 속 상처의 형태와 크기, 깊이를 파악할 수 있도록 표(표1)를 만들어보았다. 상처받은 경험으로 인해 마음의 고통과 상처의 영향이 어떠한지를 표로 구체적으로 작성해 봄으로써, 마음의 상처를 눈에 보이게 표현하고 자신의 상처가 어떤 형태인지 구체적으로 살펴볼 수 있다.

표 1. 관계 속 상처의 형태, 크기, 깊이 파악하기

1단계 상처를 받은 경험 발생	자신에게 상처를 준 상대					
	상처를 준 상대의 행위	언어				
		행동				
2단계 상대의 부정적 영향으로 고통 유발 → 상처의 크기	상처를 준 행위의 부정적 영향의 크기	매우 작음	작음	보통	큼	매우 큼
	신체적 고통	매우 작음	작음	보통	큼	매우 큼
	심리적 고통	매우 작음	작음	보통	큼	매우 큼
3단계 부정적 감정과 생각 지속 (상처의 영향) → 상처의 깊이	자신이 경험한 부정적 감정					
	자신이 경험한 부정적 생각					
	부정적 감정과 생각의 지속 기간					

상처 재발의 위험성

이전의 상처와 비슷한 상처를 경험하면, 상처는 더 깊어지고 아파진다. 안타깝게도 마음의 상처는 잘 보이지 않기에 일상 환경 속에서 더 잘 건드려진다. 주변 사람들이 나의 상처를 모르고 계속 건들 수 있고 엎친 데 덮친 격으로 안 좋은 일들이 겹쳐서 올 수 있기 때문이다. 심지어는 상처를 주는 상대와 함께 살아가야 하거나 그러한 환경에 지속적으로 노출되기도 한다. 그럴 때 그 상처는 회복될 틈 없이, 숨 쉴 틈 없이 계속 자극받기에 상처가 덧날 수밖에 없다. 아무리 상담을 받고 약을 먹어도 그 아픔은 계속된다. 그렇게 숨 막히고 답답하고 매일매일 상처가 덧나는 삶은 사람이 도저히 살아갈 수 없게 만든다. 심지어는 그 상처를 안고 괜찮은 척, 아무 일 없었던 척 살아가는 것도 고통을 두 배로 만들고 에너지를 더 빨리 소진시킨다.

이러한 환경 속에서 살아간다면 환경을 바꿔도 좋고 상대로부터 도망가도 좋다. 숨어 있어도 좋고 관계를 끊어도 좋다. 숨 쉴 구멍을 먼저 찾아야 한다. 예를 들면 학교 폭력이 이와 비슷할 수 있다. 한 번이든 지속적이든 학교 폭력을 당하는 순간, 아무리 가해 학생들이 반성하고 학교 폭력 위원회의 조치를 받았다고 하더라도 가해 학생들이 전학을 가지 않는 이상, 피해자는 학교에 가는 순간 비슷한 외상을 경험하는 것처럼 느낄 수 있다. 때로는 학교가 너무 두려워서 학교를 못 가기도 한다. 학교 폭력을 당하는 순간의 그 공기, 분위기, 친구들 속에서 계속 살아간다는 것 자체가 과거의 상처를 계속 떠올리게 하는 환경이기 때문이다.

따라서 학교 폭력을 당하고 그 트라우마를 계속 경험한다면, 환경을 바꾸는 것도 현명할 수 있다고 생각한다. 물론 피해자가 환경을 바꾸는 것이 억울하겠지만 학교에 머무는 한 상처가 회복되지 않고 더 악화된다고 판단된다면, 아이의 상처가 빠르게 회복될 수 있도록 신중하게 아이의 거취를 결정할 필요가 있다.

앙갚음의 어려움

상대로부터 받은 상처를 갚아줄 수 있을까? 어렵다고 생각한다. 타인으로부터 받은 상처를 갚아주기 위해 복수를 생각할 수 있다. 어떻게 그 사람에게 똑같은 상처를 주지? 어떻게 하면 그 사람도 고통받게 하지? 등 복수를 생각할 수 있지만 실제로 복수를 성공시키려면 자신과 타인을 함께 파괴해야 한다. 즉 나의 마음도 같이 찔러야 할뿐더러 나의 인생도 희생해야 타인의 삶을 파괴할 수 있다. 단적으로는 복수를 위해 타인에게 범죄를 저지르는 것을 생각해 볼 수 있다.

넷플릭스 드라마 〈더 글로리〉의 주인공 문동은의 이야기를 생각해도 그렇다. 문동은은 자신의 모든 것을 포기하고 학교 폭력 가해자에게 복수하는 삶을 선택하여 그 복수를 이루어낸다. 그럼에도 복수를 성공한 이후 남은 건 기쁨이 아니라 자신도 훼손되었다는 허무감, 지나간 삶의 시간들과 희생뿐이었다. 그리고 현실이 아니라 드라마이기에 복수에 성공한 것이다. 현실에서는 평범한 개인이 자신의 삶을 바치더라도 자신을 파괴하지 않고 상대에게 복수를 할 가능성은 희박하다. 그럼에도 많은 사람들은 〈더 글로리〉를 보면서 문동은의 복수에 통쾌함을 느꼈다. 그만큼 복수가 비현실적이라도 많은 사람들이 마음속에서 복수하고자 하는 갈망을 느껴왔던 것일 수 있다.

그럼에도 착각해서는 안 된다. 타인의 인생을 한 개인이 통제할 수 있다고 생각하는 것은 인간의 착각이라는 것을 잊지 않아야 한다. 자신의 인생도 통제하기 어려운데, 타인의 인생을 우리가 마음대로 통제하고 조정하는 것은 더욱 불가능하다. 그러한 복수를 꿈꾸고 계획한다고 하더라도, 계획대로 실행되지 않을 가능성도 크고 자신만 파괴될 위험이 있다. 복수를 생각하는 것조차 어쩌면 상처의 영향을 길게 유지시키고 스스로를 더 아프게 만드는 생각일 수 있다. 복수를 계속해서 생각하고 집중하는 그 시간 자체가 현재에 집중해서 살아가지 못하게 만들기 때문이다. 복수하려는 대상이 망하기를, 안 좋게 되기를 생각하는 과정은 실제로는 복수할 수 없는 현실 속에서 나의 마음과 생각만을 부정적으로 흐르게 만든다. 또한 복수를 생각하지만 복수할 수 없음을 느끼는 것조차, 스스로를 무력하게 만들 뿐이다. 복수하겠다는 생각은 그저 자신의 상처를 더 깊게 만든다.

복수하고 싶은 그 마음에는 깊이 공감한다. 관계 속에서 상처를 받을 때 드는 가장 큰 감정 중 하나는 억울함이기 때문이다. 왜 나에게 이런 아픔이 주어졌는지, 왜 나만 이렇게 상처를 받고 고통을 받아야 하는지 억울할 수 있다. 나 또한 계속 가해가 발생하는 상황에 비탄하며, 상처를 주는 누군가만 없더라도 모든 사람들이 행복하게 지낼 수 있지 않을까, 이상적 생각을 하기도 했다.

그럼에도 상담 교사로서 수많은 상처를 간접적으로 경험하면서 상처는 나에게만 꼭 일어나는 일은 아님을, 착하게 살고 열심히 살아도 상처를 피하는 것은 어려운 일임을, 우리 모두가 언제든 상처를 경험할 수 있음을 받아들여야 한다는 것을 느끼게 되었다. 결코 나만 상처를 받고 있는 것은 아니라는 것이다. 상처로 가득한 세상 속에서 상처를 피하는 것이 어렵다면, 이제는 다가오는 상처를 받아들일 수도 있어야 한다. 우리에게 필요한 것은 상처를 준 경험 자체에 매몰되는 것이 아니라, 상처에 대처하고 상처받은 마음을 회복하며 상처의 새로운 의미와 방향을 찾는 치유 능력을 키우는 것이다.

3교시

지금
교실에서

생겨나는
상처들

이번 교시에서는 교실 안에서 일어나는 다양한 상처들을 그리고자 한다. 이 상처는 과거의 학창 시절에 자신이 경험했던 상처일 수도, 자신이 누군가에게 주었던 상처일 수도 있다. 또한 현재 학교에서 계속해서 발생하고 있는 상처의 형태이기도 하다. 학창 시절에 타인으로부터 상처를 받고 상처로 인해 아프고 부정적 영향을 받았다면, 작은 일이든, 큰 일이든 우리 모두는 '교실 속 상처'를 경험했을 수 있다. 상처받은 경험은 사람에 따라 다르게 느껴지고 개인의 고유한 경험이기에, 작은 강도의 일조차 누군가에게는 크고 아프게 느껴질 수 있기 때문이다. 교실 속 상처는 너무 다양하고 복합적이고 때로는 여러 상처들이 중첩되어 생겨나기 때문에 칼로 자르듯 명확하게 분류할 수 없지만, 포괄적 관점에서 최대한 다양한 상처의 모습을 다루고자 했다.

상처는 때로 교실 그 자체이기도 했다. 나의 상처를 대하는 아이들의 표정, 태도, 행동과 교실의 분위기, 공기 그 자체가 상처였을 수 있다. 그 시기는 호르몬이 넘치던, 이성보다 감정에 따라 먼저 움직인 충동의 시기였다. 그리고 너무나 어리고 힘이 없기에, 상처받은 아이가 상처를 준 행위와 그 상황에 강하게 대응하기는 어려웠을 것이다. 우리는 가벼운 말 혹은 장난의 탈을 쓴 괴롭힘을 당하면서, 여러 이별과 싸움을 경험하면서, 온라인과 오프라인 속에서 다양한 괴롭힘을 당하면서, 교사와 부모, 경찰 등 성인으로부터도 보호받지 못하거나 적절한 치유의 기회를 받지 못한 채로 그렇게 다양한 상처를 받으며 성장했을지도 모른다.

　이처럼 우리는 학창 시절에 받았던 상처를 아직도 잘 모를 수 있다. 상처가 다양한 만큼 그 상처의 원인과 해결 방안 또한 다양하기에, 상처의 각 유형에 따라 어떻게 대응하면 좋을지, 상대에게 상처를 주지 않기 위해 우리가 조심해야 할 부분은 어떤 것이 있는지에 대해 알려주고자 한다. 과거이기도 하고 현재이기도 한, 우리의 상처받은 마음을 다시 마주하며 상처받은 우리의 어린 자아와 만나길 바란다.

칼이 되는 말

말로 인해 상처받은 날

'왜 이렇게 못하냐'는 소리를 또 들었다. 나름 잘하려고 노력한 건데 또 못한다는 소리를 들었다. 친구들이랑 같이 축구를 하고 싶어서 혼자서 연습을 많이 했다. 그런데도 또 중요한 경기에서 실수를 해버렸다. 반 대항전이기에 아이들은 승부에 더 민감했다. 그런 상황 속에서 나는 공을 또 놓치고 말았다. 그리고 그 순간 쏟아지는 아이들의 비난을 들었다. 나도 그러고 싶지 않았는데 아이들의 비난이 무섭게 느껴진다.

체육 시간이 두려워진다. 또 실수할 것 같아서, 또 못할 것 같아서 더 두려워진다. 나도 못하는 내 자신이 부끄러운데 '못한다', '병× 새끼', '장애냐' 등의 욕을 들으니 내 자신이 더 부끄러워진다. 축구를 잘하는 친구가 부럽다. 그 친구랑 비교하면 더 내 자신이 싫게 느껴지기도 한다. 노력하고 열심히 했는데도 아이들은 그 과정을 봐주지 않는다. 결국 못하면 비난뿐이다. 한번 이렇게 비난하는 분위기가 만들어지니 다른 작은 실수에도 또 뭐라고 한다. '또 못하냐', '또 그러냐'라는 말에 아무 말도 할 수 없었다. 그저 괜찮은 척 웃음 지으며 지나쳐 보냈던 것 같다. 그런 이야기를 계속 듣는 것도 너무 짜증난다. 잘하는 거 없는 내 자신도 슬프다. 나도 너무 잘하고 싶었다. 그런데도 너무 못하는 것도 맞기 때문에, 스스로 너무 잘 아는 사실이기에 더 아프다.

'말'이 상처가 되면

말이 칼이 되어 상처를 남기는 순간이 자주 있다. 나에 대한 평가, 비난, 부정적인 말, 욕들이 들려올 때 보통 그러하다. 교실에서는 공부, 운동, 외모 등의 다양한 외적인 기준으로 아이들이 하는 부정적인 말들이 들린다. '너 왜 이렇게 공부를 못해?', '너 왜 이렇게 못생겼어?', '너 너무 나대는 것 같아', '눈치 좀 챙겨' 등 상대를 향한 평가들이 난무할 때가 많다. 그 순간 어떻게 대응해야 할지 잘 모르기도 하고 '허허' 웃기도 하고, 아니라고 반박해 보거나 위축되어 조용히 있기도 한다. 여러 친구들 앞에서 듣는 이야기라 더 당황스럽기도 하고, 한꺼번에 여러 명이 말을 해 올 때는 어떠한 대응조차 하기 힘겨울 수 있다.

가깝지 않은 친구에게 이런 이야기를 들어도 참 슬프지만, 나와 친하고 가까운 친구에게서 상처가 되는 소리를 들을 때도 있다. 가까울수록 나를 더 잘 이해하지 않을까 하는 착각, 내 이야기를 더 잘 들어주지 않을까 하는 기대, 힘드니까 더 의지하고 싶은 마음으로 친구에게 다가갔다가, '네가 너무 나댔던 것 같아. 네가 그러지 않으면 되지 않을까'와 같은 나에 대한 사실적이고 평가하는 말 한 마디를 듣고 마음이 와장창 깨지는 순간을 경험할 때도 있었을 것이다. 나를 위한 말이고 조언임을 머리로 알고 분명 좋은 말이며 사실인 말이지만, 그 말을 들을 때 왜 이렇게 아픈지 모르겠다. 때로는 가까운 사람이라는 이유로 부정적인 말을 더 쉽게 하기도 한다.

'네가 할 수 있겠어? 너는 부족해' 등 직설적인 말로 나의 한계를 긋기에, 친한 상대의 '말'이라는 화살은 나의 심장을 더 깊이 찌르며 그 통증으로 인해 마음이 더 아려 왔을 수 있다.

이런 상황에서 아픈데 아프다고 말하지 못하기도 한다. 그 말을 듣는 순간 충격을 받아서 아프다고 말할 힘도 잃어버리기 때문이다. 나를 위해 따뜻한 말을 해줄 것이라는 생각과는 정반대의 말을 하기 때문에, 순간 뒤통수를 맞은 것같이 충격적으로 느껴질 수 있다. 그 충격 속에 놀라고 당황스러운 마음 또한 참아내야 한다. 속상한 마음을 솔직히 표현하면 너무 쩨쩨한 사람으로 보일까 하는 두려움, 나의 속상한 마음을 예민함으로 취급당할 것 같은 느낌, 혹은 가까운 사람과 불편한 상황을 만들고 싶지 않은 마음 등 여러 가지 이유 때문에 나의 상처를 말하지 못하게 된다.

그렇다고 상처가 없어지는 것은 아니다. 한번 받은 상처는 나의 머릿속을 계속해서 맴돈다. 어떻게 나한테 그런 말을 하지? 나랑 가장 가까운데 어떻게 그렇게 말할 수 있지? 내가 바란 건 공감인데 공감은커녕, 나에 대한 부정적인 반응만을 보인 친구의 모습이 계속 이해되지 않을 수 있다. 아픈데 아프다고 말하지 못하기에 마음속 상처는 그렇게 커지게 된다. 상처를 다시 곱씹게 되고 반복해서 음미하며 되새김하기에 계속해서 기분은 나쁘고 속상하다. 그럼에도 너무 맞는 말이면 뭐라 할 수도 없다. 게다가 나를 위한 마음에서 그랬다고 생각하기에 그 상처를 애써 합리화하고 부정해

가면서 상처가 된 말을 잊으려 노력한다. 하지만 동시에 불편한 나의 감정과 충돌을 일으킨다. 결국 그러한 노력들은 상처가 된 말을 오히려 더 오래 기억하게 만들면서 상처가 마음속에 계속해서 남아 있게 한다.

교실도 상처가 된다

2023년 1차 학교 폭력 실태 조사[11] 결과, 학교 폭력 피해 유형은 언어폭력(37.1%), 신체 폭력(17.3%), 집단 따돌림(15.1%) 순으로 나타났다. 2022년 1차 조사 대비 언어폭력은 41.8%에서 37.1%로 감소했으나, 중앙일보의 2023년 12월 14일 기사[12]에 따르면 2013년 조사 이후부터 언어폭력은 꾸준히 학교 폭력 피해 유형 중 30% 이상을 차지하며 10년 동안 1위를 계속 차지했다. 학교 폭력이라고 응답하지 못하는 언어폭력 피해 학생들도 분명 더 많을 수 있다. 그러한 분위기에 적응했거나 피해를 피해로 인지하지 못하거나 무력감 속에 그저 상처 주는 말을 참아내는 아이들이 있을 수 있기 때문이다. 그만큼 교실 안에서 언어로 인해 상처를 받는 경우가 10년 동안 변함없이 많았고, 실제는 30%보다 훨씬 더 많을 수 있음을 의미한다.

심하게는 교실 안에서 특정 관념(성별, 장애, 다문화, 종교, 정치, 정체성 등)에 대한 혐오 표현도 자주 오간다. 직접적으로 특정 대상을 놀리거나 비난하지 않더라도 교실 속에서 모두가 보는 가운데 혐오 표현을 함으로써 그 집단에 속한 학생의 귀에 그런 말이 들리게 하는 것이다. 그 말을 듣고 움찔하며 자신의 정체성에 대한 혼란과 위축감, 수치스러움, 속상함 등 다양한 감정을 경험할 수 있다. 너무나 가볍게 던진 타인의 혐오 표현 한마디로 인해, 누군가는 마음이 무너졌을 수 있다. 이러한 측면에서 폐쇄적인 교실은 언어폭력을 더 위험하게 만든다. 교실 안에서는 말이 칼이 되어 순식간에 날아다니기도 하고 여러 개의 칼날이 되어 당한 사람이 다른 곳으로 피하거나 도망갈 방도 없이 계속해서 상처받을 수 있는 환경을 만들기 때문이다. 말은 너무나 빠르고 가볍기에 상처 주는 말은 바로바로 귀에 꽂혀, 속수무책으로 들을 수밖에 없고 아픔을 유발한다.

이러한 말들이 오가는 교실에서 스스로가 부정적인 말의 타깃이 되지 않기 위해 아이들은 성적, 외모, 운동 등의 외적인 기준에 더 몰두하게 된다. 친구들에게 인기 있고 선생님들로부터 인정받으면 그렇게 상처 주는 말을 듣지 않을 가능성이 더 높아지기 때문이다. 아이들 세계에서는 신체, 외모, 공부, 예체능 등 뛰어난 것이 하나라도 있어야 더 관심을 받을 수 있는 것이다.

반면 잘하는 것이 하나도 없다면 아이들의 관심을 받지 못할 가능성은 높아진다. 상대가 못하는 것에 대해서는 꼭 신랄하게 비난하고 욕을 하기에, 이러한 분위기 속에서는 개인의 단점에 더 주목하게 되고 친구들 간의 비교 문화가 심해진다. 또한 이러한 문화는 학생들의 자존감에 치명적인 영향을 주는데, 주변 친구들과 비교하면 자신이 못하는 것만 생각하게 되기 때문이다. 오늘날 타인의 평가에 민감하고 남들과 비교하는 한국의 분위기는 이 교실 안에서부터 시작되었을 수 있다.

하지만 학창 시절에는 이런 사실을 알 리가 없다. 필터링 없이 던지며 서로에게 상처를 주는 말은 교실 속을 쉽게 돌아다니며 많은 상처들을 쌓아왔을 것이다. 그뿐만 아니라 교사, 가족들에게서까지 나에 대한 부정적인 평가와 사실의 탈을 쓴 조언을 듣는다면, 이렇게 어린 시절 상처를 주는 말들을 마음속에 담아오며 성장해 왔을 수 있다. 그리고 그러한 말들이 쌓여 나의 자존감에도 영향을 미치고 그 말들 때문에 스스로를 존중하고 사랑하는 마음이 생기기 어려워졌을 수 있다. 어릴 때부터 잘난 게 하나 없고 못하는 것만 넘친다고 생각하며, 상대의 부정적인 피드백으로 인해 스스로가 존중할 것도 사랑할 것도 없게 느껴지기 때문이다. 그렇게 교실 속에서 우리는 위축되며 낮은 자아로 성장해 왔을 수 있다. 교실에서 벗어났음에도 지금도 그런 말을 계속 듣고 있다면, 오랜 기간 동안 그런 분위기 속에 성장해 오면서 비교와 평가의 잣대가 내 안에 계속 있는 것일지도 모른다.

상처를 받았다면

① 자신의 마음 상태를 살피고 돌보기

　나에게 가까운 사람일수록 그 사람의 말로 상처를 받았을 때 타격감이 심해지고 고통스러워진다. 어떻게 그런 말을 할 수 있을까 하는 생각에 마음이 무너지고 쉽게 좌절할 수 있다. 또 자주 그런 말을 듣거나 심한 말에 노출되었다면, 무기력감에 빠지거나 가스라이팅 피해를 당해 그 관계에서 벗어나기 어려울 수 있다. 당연히 치유 과정이 필요한 상태이며 자신의 마음 상태를 살피고 돌보는 것이 가장 우선이다. 그 말로 인해 아픈 것을 부정하기보다, 마음을 먼저 진정시키고 안정시킨 후에 나에게 그 말이 충분히 아프고 상처일 수 있음을 스스로 받아들이려 노력해야 한다. 또한 그 한마디로 왜 그렇게 아프고 쓰라렸는지를 생각해 보고 고민하는 시간도 필요할 수 있다.

② 상대방에게 상처받은 말과 마음에 대해 사과를 요청할지 말지 생각하기

　생각보다 많은 사람들이 자신의 말 한마디가 상대방에게 상처를 줄 수 있다는 것을 모른다. 상대에게 상처를 주었는지 모르는 것만큼 우매한 것은 없으나 그러한 사람들은 생각보다 많기에, 상대방에게 상처받았다고 바로 표현하는 것도 필요하다. 즉 상대방에게 상처받은 말과 마음을 표현하고 사과를 요청해야 한다. 그러나 상대방의 성격이나 성향에 따라 이러한 요청을 하기 쉽지 않을 때도 있다. 그리고 사과를 요청하더라도 상대가 사과하지 않거나 바뀌지 않는 경우도 있기에, 상황에 따라 사과를 요청하는 것이 자신에게 도움이 될지, 해가 될지 잘 판단해서 결정을 내려야 한다.

③ 상처를 준 상대와의 관계에 대해 고민하기

　사과를 요청하기도 받기도 어려운 상황이라면, 상처를 준 상대와의 관계에 대해 고민하는 것이 더 나을 수 있다. 쉽게 말해서 나에게 상처를 준 그 사람과 앞으로 어떻게 지낼지를 스스로가 결정하는 것이다. 그 말이 상처였음을 표현하더라도 상대가 그게 왜 상처냐고 부정하거나 자신의 말이 상처인지도 모르며 계속 상처를 주는 경우에는 상대에게서 바람직한 변화를 기대하기보다는 내가 상대와의 관계를 어떻게 할지를 선택하는 것이 더 빠른 대처일 수 있다.

이러한 고민을 할 때는 관계의 선택권이 모두 자신에게 있다는 사실을 잊지 않아야 한다. 그렇게 했을 때 관계에 끌려다니지 않고 상대에게 휘둘리지 않을 수 있다. 관계에서의 현명한 선택을 위해 상대가 나에게 정말 좋은 사람인지, 그 상대와 관계를 지속하는 것이 좋을지, 사과를 요청할 것인지, 자신의 마음을 표현하면 상대는 조심할 사람인지, 앞으로 나에게 상처를 반복해서 줄 사람인지, 상대와 거리를 두고 지낼지, 피해서 지낼지 등 여러 측면에서 신중하게 고민하는 것이 필요하다.

④ 자신을 보호할 수 있는 방법 찾기

이러한 고민과 선택조차 할 수 없는 상대도 분명 있다. 가족처럼 끊어낼 수 없는 관계이거나 교실에서 계속 보는 사이라고 한다면, 상처 주는 말에 자신이 계속 노출될 수 있기 때문이다. 그래도 그 관계 속에서 나를 지키고 보호할 수 있는 방법을 최대한 많이 찾아야 한다. 도움을 요청하거나 심리적 피신처를 찾고, 나 자신을 위해 다른 환경이나 다른 관계를 선택할 방법이 있는지도 살펴보아야 한다. 상처 주는 환경에 계속 노출되는 것보다 더한 지옥도 없기 때문에, 나 자신을 1순위로 삼고 해가 되는 상대와의 관계 속에서 스스로를 보호할 수 있는 방법들이 무엇이 있는지 진지하게 고민해야 한다.

상처를 주지 않으려면

① 말하기를 참기

말하기를 참는다는 것은 내가 묻고 싶은 것이 있거나 말하고 싶은 것이 있어도 나의 욕구대로 바로 말하지 않고 참아내는 능력이다. 우리는 당장 궁금한 것, 생각나는 것, 떠오르는 마음들을 검열 없이 그대로 말하려는 욕구가 크다. 자신의 말하기 욕구를 해소하기 급급한 것이다. 그렇게 급히 말할 때 실수를 저지를 가능성이 높아지기에, 말하고 싶어도 스스로 참아보는 연습을 하는 것도 필요하다.

② 필터링하기

필터링이란 말을 하기 전에 자기 검열, 생각에 대한 생각, 메타 인지* 등의 과정을 통해 자신이 말하는 것을 미리 생각해 보는 과정이다. 말은 가벼울수록 실수를 범하기 쉬워지고, 상대의 입장과 감정을 한 번 더 고민하고 필터링을 거친 말일수록 무거워지고 진중해진다. 말을 하기 전에 자신이 할 말을 생각해 상대방에게 말을 해도 괜찮다고 생각하면 말하고, 실례가 될 것 같으면 말하지 않아야 한다. 말을 할 때마다 반드시 이런 필터링을 거치도록 연습해야 한다.

③ 내가 틀릴 수 있다는 것을 생각하기

내가 경험한 것이 모두 옳고 정답이라는 생각 또한 누군가에게 위험하게 다가올 수 있다. 나의 말이 정답이 아닐 가능성과 누군가에게 상처로 다가올 위험성도 고려하며 말해야 한다. 혹시 나의 말에 오류가 포함되었다면 바로 잘못을 인정하고 사과하고 반성을 빠르게 표하는 태도가 필요하다.

상처를 주지 않기 위해 말하기에는 위와 같은 세 가지 과정이 필요하다. 그런데 이 과정들은 꽤나 귀찮게 느껴질 수 있다. 우리 중 대부분은 상대를 고려하지 않은 채 자신의 욕구와 궁금증만을 먼저 해소하고자 하는 경향이 크고, 타

---

* 메타 인지(meta 認知): 자신의 인지 과정에 대하여 한 차원 높은 시각에서 관찰·발견·통제하는 정신 작용.

인의 입장보다는 자신을 중심에 둔 채로 관계를 맺는 사람들이 더 많기 때문이다. 또한 타인과의 관계가 멀수록 타인의 입장에 대해 더 소홀해지는 경향이 있다. 그럼에도 나의 말에 누군가가 상처를 받을 수 있다면, 그러한 실수를 줄이기 위해 이 과정이 당연히 필요할 수밖에 없다. 사람들과 관계를 잘 맺고 유지하려면 상대방을 고려한 대화는 더욱 중요하다.

   그러면 묻고 싶은 것은 어떻게 해야 하는지 궁금해질 것이다. 우리가 하는 질문에 대해서도 당연히 말하고 싶은 욕구를 참고 필터링하는 과정이 필요하다. 그저 그 사람의 이야기를 들어주다가 그 사람이 먼저 자신이 궁금한 것과 관련된 이야기를 꺼내면 그때 물어보는 것이 가장 안전하다. 먼저 이야기를 했다는 것은 상대와 이것에 대해 말하고 싶은 마음이 있다는 것을 의미하기 때문이다. 말해주면 고마운 것이고, 말하지 않는다면 묻지 않은 채로 그 마음 자체를 존중해 주어야 한다.

장난의 탈을 쓴 괴롭힘

지나친 장난으로 인해 상처받은 날

오늘도 내 노트가 없어졌다. 분명 책상에 놓았는데 어디 있지? 여러 번 노트가 없어져서 다시 노트를 사기도 했다. 누군가 가져간 거 같은데 누구인지 모르겠다. 주변 친구들한테 묻는다. 내 노트 봤어? 친구들은 모른다고 한다. 모른다고 하는데 웃음을 짓는 것 같은 느낌도 든다. 이상하게 느껴진다.

선생님한테 노트가 없어졌다고 말씀드렸다. 그러자 선생님이 조회 시간에 노트를 가져간 친구가 있으면 오늘까지 나오라고 했다. 더 민망하게 느껴졌다. 그냥 말씀을 안 드릴 걸 그랬나…. 선생님이 무섭게 나오니 방과 후에 어떤 친구가 내 노트를 전해주었다. 그리고 그 친구는 선생님이 사과하라고 해서 나에게 사과했다. 당황하는 내 반응이 웃겨서 그랬다고 했다. 장난이라고 그랬다. 내 반응이 어땠길래.

그래도 노트를 찾아서 다행이다. 없어졌으면 엄마한테 또 혼났을 수 있는데. 그런데 그렇다고 기분은 좋지 않다. 친구들의 장난이 나에게는 장난처럼 느껴지지 않는다. 과하게 괴롭히는 것도 아니라서 뭐라고 하기도 애매하다. 친구들이 재밌어서 했다는데, 그냥 이해해 줘야 하나. 그런데 이렇게 장난치는 일이 점점 많아지는 것 같다. 내가 정색을 안 해서 그런 건가. 내가 만만해서 그런 건가. 장난인지 괴롭히는 건지 헷갈린다.

장난이 학교 폭력이 되려면

학교생활에서 친구들 간의 장난은 무수히 많다. 친구들끼리 재미를 위해 혹은 친구들에게 웃음을 주기 위해 장난을 친다. 때로는 장난 덕분에 학급에 웃음꽃이 피어나기도 한다. 장난의 긍정적인 점들만 있으면 좋겠지만, 장난으로 인해 교실 속 누군가가 마음에 상처를 입는 일이 생길 때도 있다. 한 학생만을 타깃으로 여러 학생이 장난을 치거나, 수업 시간에 공개적으로 장난을 쳐 무안을 주기도 하고, 반복적으로 친구의 결점을 장난이라 하며 놀리기도 한다.

이러한 형태의 장난이 계속되고 점점 더 심해지면 이는 장난이 아니라, 괴롭힘이라는 학교 폭력에 해당할 수 있다. 그럼에도 증거가 불분명하고 욕설·폭행이 섞이지 않은 교묘한 형태의 장난 혹은 괴롭힘은 학교 폭력 사안으로 처리하기 어려울 수 있다. 장난이나 괴롭힘의 형태가 직접적이지 않고 심각하지 않으면, 그저 청소년기에 일어날 수 있는 자연스러운 현상으로 취급될 수 있기 때문이다.

또한 학교 폭력 대책 심의위원회(학폭위)[13]가 열리려면 여러 절차를 거치고 여러 조건을 충족시켜야 하기 때문에 장난을 괴롭힘으로 생각하여 학교 폭력으로 처리하는 것은 쉽지 않을 수 있다. 학교에서 학교 폭력 사안을 인지하면 사안 조사를 한 후 학교장 자체해결 요건 네 가지에 해당하는지를 살펴본다. 첫째, 2주 이상의 신체적, 정신적 치료를 요하는 진단서를 발급받지 않은 경우, 둘째, 재산상 피해가 없거나 도난당한 물품을 즉각 돌려받은 경우, 셋째,

학교 폭력이 지속적이지 않은 경우, 넷째, 학교 폭력에 대한 신고, 진술, 자료 제공 등에 대한 보복 행위가 아닌 경우. 이 네 가지가 모두 '그렇다'에 해당하는 경우와 피해 학생 및 그 보호자가 심의위원회 개최를 원하지 않는 경우에는 학교장 권한으로 학교 폭력 사건을 학교 자체적으로 해결할 수 있다. 반면, 이 네 가지 요건에 모두 해당하더라도 피해 학생과 피해 학생의 보호자가 학교 폭력 대책 심의위원회의 개최를 원한다면 요청할 수 있다.

학교 폭력 대책 심의위원회에 해당 사안이 올라가더라도 가해 학생에 대한 조치는 심각성, 지속성, 고의성, 가해 학생의 반성 정도, 가해 학생과 피해 학생의 화해 정도 등 학교 폭력 가해 처벌 기준과 피해자의 피해 정도 및 심리 등을 종합적으로 평가하여 결정한다. 사안이 심각하지 않거나, 지속적이지 않거나, 가해 학생이 반성하거나 피해 학생과 화해했다면 그에 따른 조치 정도도 낮게 나올 수 있다. 그렇기 때문에 장난이 괴롭힘의 형태로 인정되려면 그만큼 사안이 심각하고, 지속적이고, 고의적이고, 가해 학생의 태도가 악의적이어야 처벌 수준도 높아진다는 이야기다.

당연히 사안이 심각하다면 학교 폭력 대책 심의위원회를 개최해야 하지만, 마냥 학폭위가 좋은 해결책이라고 말하기 어려운 부분도 있다. 학교 폭력의 처리 과정에서 지켜본 피해 학생의 힘든 마음들도 생각나기 때문이다. 피해 학생이 신고해 학급에서 일을 키우는 것에 대해 두려움과 불안한 마음이 생길 수 있고, 학급에 적응하는 데도 문제가 발생할 수 있다. 아무리 비밀로 처리한다고 하더라도 학폭위가 열리는 순간, 반 아이들뿐만 아니라 주변 아이들까지 모두 그 사실을 알게 되어 관심의 대상이 될 수 있다. 그러기에 사소한 피해를 모두 학폭위로 처리하면 피해 학생의 처지가 오히려 더 난처해질 수 있다. 또한, 아이들 간의 사소한 싸움이나 다툼에 학폭위를 요청함으로써 감정적으로 대응하는 경우도 종종 있다. 다양한 갈등을 직접 대면하여 풀어가는 경험을 하는 것도 아이들에게 교육적으로 필요할 때가 있다. 무조건 학폭위에 신고하는 것 또한 아이들이 갈등을 회피하고 직접 문제를 해결할 기회를 잃어버리게 할 수 있기 때문이다.

그럼에도 우리는 학교 폭력이 아닌 장난은 정말 괜찮은 것인지 고민할 필요가 있다. 장난과 괴롭힘, 학교 폭력의 차이는 무엇일까? 장난과 괴롭힘 속에 살아가는 아이의 마음은 정말 괜찮은 것인가? 괜찮지 않은 아이의 마음을 우리는 정말 섬세하게 살펴보고 있는가? 이런 질문들이 머릿속에 떠오른다. 꼭 학교 폭력이 되지 않더라도, 장난은 누군가에게 상처가 될 수 있음을 알고 있어야 한다고 생각한다. 그런 상황을 반복성, 공개성, 집단성을 기준으로 살펴보고자 한다.

'반복적인 장난'이 상처가 되면

장난이 반복되면 상처가 될 수 있다. 특히 학창 시절에는 외모, 체형, 키 등의 신체에 대한 장난들이 이에 해당할 수 있다. 신체 부위는 외관상으로 너무 명확하고 쉽게 노출되기에 가장 놀리기 쉬울 뿐만 아니라 많은 아이들에게 놀림의 대상이 되기도 한다. 예를 들면, 키가 작은 학생에게 "너 키가 작다.", "너 왜 이렇게 키가 작아?" "너 몇 cm야?" 같은 말을 수도 없이 할 수 있다. 실은 이렇게 반복적인 말은 대화가 아니라, 장난과 괴롭힘 사이에서 누군가를 놀리는 말에 해당한다. 그저 호기심으로 물어보는 질문이 아니라 상대방의 창피함, 당황스러움 등의 반응을 일으키려는 명확한 의도를 내포한 말이기 때문이다. 그저 장난이나 놀림의 일환으로 말했거나 그 말을 통해 자신의 우월한 위치를 확인하고 싶은 것일 수 있다.

그리고 한 번의 말로 끝나는 것이 아니라 목격할 때마다, 누군가의 단점이 보일 때마다 계속 장난을 친다. 심하게는 이러한 질문을 던지고 주변 친구들도 그 장난에 끼어 또다시 물어본다. 장난을 당하는 학생은 이러한 말들에 부끄러움, 창피함, 당황스러움 등의 감정을 반복적으로 느끼면서 아이들의 지속적인 장난에 무력감을 느낀다. 자신을 하나의 잣대로 평가하여 스스로에 대한 부정적 생각을 일으킨다. 당하는 사람의 입장에서는 그저 장난이 아니라 '상처'로 경험되는 것이다.

요즘에는 외적인 부분(신체, 외모, 성적 등)뿐만 아니라 거주지, 부모의 직업, 재력 등과 같은 경제적인 것에 대해서도 교실 속 계급을 나누고 반복적으로 장난치는 일이 일어나고 있다. 아이들은 남들과 다른 외양, 특징, 결핍 등을 다른 점으로 이해하고 존중하기보다, 그저 장난의 대상으로, 놀림감으로, 자신의 우월감을 느끼기 위한 수단으로 보고 타인의 단점을 이용할 때가 많다. 그리고 한 학급의 여러 학생이 한 명의 대상에게 장난의 말을 던지기도 하는데, 20명의 학생이 그 말을 일주일에 한 번씩만 하더라도 장난을 당하는 학생은 상처받는 말을 수십 번 반복해서 듣게 된다. 담임 선생님이 그 장난을 목격하더라도 장난을 친 학생은 한 번밖에 말한 적 없다며 그 순간을 모면할 수도 있다. 그런데 그 학생은 정말 한 번 말한 것일 수 있지만 당한 학생의 입장은 그렇지 않을 수 있다는 것도 생각해야 한다. 나에게는 한 번의 장난이 누군가에게는 수도 없이 받았던 상처일 수 있기 때문이다.

공개적인 장난이 상처가 되면

공개적인 상황에서 상대방을 민망하고 당황스럽게 만드는 부정적인 말이나 장난은 상처를 주는 요소가 될 수 있다. 자신의 의도와 달랐더라도 많은 사람들과 함께 있고 타깃이 분명해 누구인지 알 수 있는 상황이라면, 듣는 사람이 주목받게 되면서 당황스러움, 민망함 등의 부정적인 감정을 경험하게 되기 때문이다. 한 번의 경험이라고 하더라도, 익명이라고 하더라도 당하는 사람의 입장에서는 이 경험이 꽤나 충격적일 수 있다.

예를 들면 교실에서 수업 시간에 '찐빵(특정 학생을 지칭하는 말) 싫어. 찐빵 극혐'처럼 특정 학생을 지칭하는 혐오 표현을 사용하는 경우이다. 말한 학생은 특정 학생에게 한 말이 아니라고 변명할 수 있지만, 아무리 변명하더라도 그 말을 하면서 특정 학생을 바라보는 눈빛, 눈빛의 방향, 태도, 분위기, 주변 아이들의 반응 등을 통해 특정 학생을 지칭했음을 알 수 있다. 또한 이를 개그처럼 사용하면서 다른 학생을 웃게 만들고 유머인 것처럼 포장하기도 한다.

이런 공개적인 장난을 당하면 그 학생은 정말 모를까? 절대 아니라고 생각한다. 당하는 사람은 교실에서의 규칙과 문화, 분위기를 함께 경험했기 때문에 자신을 지칭한다는 사실을 알지만, 교묘하게 분명한 표현을 피하기에 뭐라고 말하기 애매한 상황이다. 그 말이 진짜 나에게 하는 말인지 분명하지 않으며, 설령 알더라도 다 웃는 분위기에서 그 분위기를 깨는 것은 결코 쉽지 않다. 그리고 때로는 나에게 상처를 주는 것인지도 명확히 인식하지 못하고 상처받았다는 것을 그저 부정하고 싶어질 수 있다. 설령 자신이 상처받았다는 사실을 안다고 하더라도, 그 사실을 받아들이기는 쉽지 않다. 나의 상처를 인정하는 순간 나는 나에 대한 (농담을 가장한) 비난을 인정하고 동시에 그에 동조하는 아이들의 모습과 교실의 분위기마저 인정해야 할지도 모른다는 두려움을 갖기 때문이다. 그렇기에 그런 장난은 감당하기 어려운 상처로 경험되며 그 상처를 그저 피하고 싶어질 수 있다. 교사가 그러한 괴롭힘을 눈치챌 수 있지만 장난을 하는 학생은 '친하다, 장난이다'라고 변명하거나 구체성을 띠지 않은 표현으로 빠져나갈 수 있다. 이런 학생들은 계속 자신의 잘못을 회피하고 부인하기에, 교사들의 생활 지도조차 때로 어렵게 만든다.

집단적인 장난이 상처가 되면

장난이 가장 위험하다고 생각되는 순간은 한 학생을 대상으로 교실 속 여러 아이들이 장난을 칠 때이다. 이러한 상황에서는 장난을 치는 학생뿐만 아니라 주변 학생들까지 동조하게 된다. 이럴 때 장난을 당하는 학생은 상처를 경험할 뿐만 아니라 집단의 압력까지 받는다. 장난을 쿨하게 여기지 않거나 웃지 않으면 분위기가 어색해지거나 집단에서 배제될 것 같은 느낌이 들 수 있다. 또한 장난을 치는 상대에게 동조하는 아이들이 많을수록 그에 대응하는 것도 쉽지 않을 수 있다. 장난치는 분위기 속에서 그 순간의 불편함을 깨닫고 친구들에게 '하지 말라'고 말하는 건 여러 명 앞에서 홀로 분위기를 깨야 하는 상황이기에, 꽤 큰 용기와 힘이 필요한 행동이기 때문이다. 많은 학생들이 한 학생에게 장난을 치며 웃을 때에도 그렇게 다 같이 웃는 분위기에 맞서 정색하거나 화를 내는 것 또한 장난을 당하는 학생에게 충분히 어려운 행동일 수 있다. 혹 장난 때문에 불편해진 마음을 용기 있게 표현하더라도 상대방이 '장난인데 왜 그래~ 왜 이렇게 진지하게 받아들여~'라는 반응을 보일 수 있다. 장난을 당한 학생은 그러한 반응에 할 말을 잃고 위축되며 자신만 이상한 사람이 된 것 같은 느낌을 받게 된다. 그런데 이런 느낌을 경험한 적이 있다면 그들이 나에게 상처를 주고 있음이 분명하다고 보인다. 장난은 서로 동의한 것이고 서로 재미있다고 느끼는 것이 기본 전제이기에, 서로 동의한 것인지, 서로 재미를 느꼈는지가 중요하다. 이러한 장난이 한쪽만 동의한 것이고 한쪽만이 재미를 느낀다면 이는 장난보다는 괴롭힘에 가까울 수 있다.

이뿐만 아니라 누군가의 직접적인 장난에 더해서 주변 사람들의 동조에 상처가 더 깊어지기도 한다. 동조하는 말, 고개를 끄덕거리는 행동, 덧붙이는 말, 갑작스럽게 관심을 보이는 모습 등 동조에는 여러 형태가 있다. 당하는 자신에게는 장난이 아니더라도 동조하는 사람이 많을수록, 동조자가 나와 가까운 사람일수록 나의 마음을 솔직하게 표현하기 어려워진다. 그래서 내 마음과는 다른 모습(표정, 태도 등)을 보이게 된다. 이는 상처의 무게를 더하는 요인이 된다. 여러 사람이 동조하는 반응이 내가 당하는 일을 당연한 것처럼, 자연스러운 것처럼, 그것을 불편해하는 내가 문제이고 잘못인 것처럼 느끼게 만들기 때문이다. 그리고 누군가에게 자신이 당한 일을 말하기 어렵게 만들 수 있다. 여러 명이 동조했다면, 다른 사람도 그렇게 생각할 것이라 여기기에 더 위축되고 놀림당하는 것을 자신의 문제로 느끼게 될 수 있다. 우리는 집단적 압력을 얼마나 자유롭게 깰 수 있을까? 틀린 것을 틀리다, 옳은 것을 옳다고 말하거나 조직 안에서 누군가를 부정적으로 생각하는 분위기가 형성되었을 때 반대 의견을 얼마나 자유롭게 말할 수 있을까? 당사자가 아니어도 쉽지 않고 당사자라면 그 분위기를 깨는 것이 더 어려울 수밖에 없다.

상처를 받았다면

① 장난이 재미를 위한 것인지, 괴롭히려는 것인지 구별하기

각자가 처한 상황에 따라 섬세한 대처법이나 접근법이 필요할 수 있지만, 장난이 상처가 될 때는 먼저 상대의 반응이 그저 재미를 위한 것인지 혹은 괴롭히려는 의도가 섞인 것인지를 구별해야 한다. 재미를 위한 장난이라면 스스로 허용할 수 있는 수준인지를 잘 생각해 봐야 한다. 우선 자신이 허용할 수 있는 수준의 기준을 세워야 한다.

② 장난의 경계 설정하기

처음에는 재미로 받아주었던 장난이 차츰 허용하기 어려운 수준으로 커져 간다면, 장난의 경계를 설정해 주어야 한다. 경계는 처음부터 설정하는 것이 가장 효과적이기에 허용하지 않은 장난을 한 번이라도 친다면, 그 장난을 조금이라도 용납하기보다 단호하게 불편함을 표현해야 한다. 보통의 장난은 상대의 반응을 보기 위해 하는 경우가 많기 때문에 경계를 설정할 때는 그동안 보였던 반응과 정반대의 반응으로 상대에게 선을 그어주는 것이 필요하다. 기분이 나쁘다고 분명하게 말하거나 정색하거나, 반응을 보이지 않거나, 무시하거나, 화를 내는 등 진지한 모습으로 그러한 장난이 나에게는 장난이 아님을 표시해야 하는 것이다.

좀 더 완곡한 형태로 표현하고 싶다면 '나 전달법'[14]을 사용해 그러한 장난을 칠 때 자신의 감정을 표현(ex. 네가 장난쳤을 때, 나는 불쾌하고 기분이 나빴어.

앞으로 하지 않아주었으면 좋겠어)해도 좋다. '나-전달법'이란, 다른 사람을 비난하고 평가 또는 해석하는 것이 아니라 내가 어떻게 생각하고 느끼는지를 진실하게 전달하는 의사소통 방법이다. '문제가 되는 상황 → 그 상황이 미친 영향 → 자신의 감정이나 느낌' 순으로 표현한다. 직접 말하기가 어렵다면 카톡이나 인스타그램 DM과 같은 채팅으로 자신의 마음을 표현해도 되지만, 채팅은 자신의 입장을 약하게 전달할 수 있기에 직접 말로 전달하는 것이 더 좋다.

③ 상황이 나아지지 않는다면, 강한 대처 방식 찾기

이렇게 경계를 설정했는데도 계속 장난을 친다면 그 장난을 멈출 수 있는 더 강한 대처가 필요하다. 이는 장난이 아니라, 괴롭힘을 당하고 있는 상황일 수 있기 때문이다. 그렇기에 상황에 따라 어른에게 도움을 요청하거나, 강한 방식으로 입장을 표현하거나, 거리를 두거나, 학교 폭력으로 신고하는 등 강한 대처 방식이 필요할 수 있다. 이러한 상황에 있다면 누군가의 도움을 찾는 것이 더 효과적일 수 있다. 도움을 요청하는 것은 부끄러운 것도 창피한 것도 아니고 그저 상처를 끊어내기 위해 꼭 필요한 과정일 뿐이다.

상처를 주지 않으려면

장난은 재미있고 관계를 즐겁게 만든다. 그래서 장난을 아예 반대하거나 하지 말라는 건 절대 아니다. 다만, 장난을 칠 때는 스스로도 주의하고 조심해야 함을 말하고 싶다.

① 타인을 함부로 도구로 삼지 않기

자신을 낮추고 자신의 일부를 유머로 사용할 수 있어도 유희 또는 유머를 위해 타인을 함부로 도구로 삼지 않아야 한다. 특히 타인의 외적인 부분에 대해서 장난치는 것을 더 조심해야 한다. 장난은 주관적으로 경험될 수 있기에 누군가에게는 상처로 다가올 위험성이 있다. 친한 사이라고 하더라도 사람의 생각은 날마다 다를 수 있어서 오늘은 즐겁게 느꼈던 장난이 내일은 속상하게 느껴질 수 있다. 또한 누군가에게는 장난이었던 것이 다른 누군가에게는 상처로 느껴질 수 있기에, 같은 장난이어도 사람에 따라 다르게 느껴질 수 있다. 그러기에 타인을 활용한 장난.은 언젠가 누군가에게는 상처가 될 수 있음을 유념해야 한다. 함부로 타인을 도구 삼아 재미를 유발하려고 장난을 치다가 큰 상처를 줄 수 있기 때문이다

② 서로 동의하고 서로 재미있다는 전제하에 장난치기

어느 정도 가까운 사이에서, 상대방이 허용 가능한 수준에서, 상호 동의하에 서로가 즐겁고 재미있기 위해 장난을 치는 것이 가장 좋다. 물론 장난을 사전에 동의받는 것 또한 현실적이지 않은 방법이기도 하다. 사전에 동의를 받고 장난을 치는 사람은 그 누구도 없을뿐더러, 말하는 순간 재미도 사라질 테니 말이다. 이때의 동의는 실제로 사전에 상대에게서 받아내는 것이라기보다, 그저 상대방이 이 장난에 동의할 것인지, 상처가 되지 않을지에 대해 상대방의 입장에서 먼저 고려해 보는 것이다. 상대방의 입장을 한 번 더 생각해 본 다음에 장난을 칠지 말지를 결정하면, 불필요한 상처를 줄일 수 있기 때문이다.

③ 주변 환경도 고려하기

공개적인 장난일수록 더 조심해야 한다. 왜냐하면 공개적인 장난일수록 많

은 사람들이 그 장난을 함께 목격하며 전체의 분위기와 문화 형성에까지 영향을 줄 수 있기 때문이다. 그래서 공개적인 장난일수록 동조하는 반응들이 많아지며, 그 대상에게 장난을 쳐도 된다는 잘못된 관념을 만들 수 있다. 그뿐만 아니라 공개적인 장난으로 피해자가 받을 상처의 크기는 단순히 상처를 준 농담 한마디의 크기가 아니며 그곳에 있는 사람들의 수만큼 커질 수 있다. 그래서 공개적일수록 화자의 의도와 다르게 전달될 가능성도 충분히 고려해서 사실 자체만 말해야 하고, 인신공격이나 모욕, 약점에 대한 장난 등은 절대 해서는 안 된다. 공개적인 장난을 칠 때는 그 사람의 입장과 마음을 더 신중하게 고려하여 장난을 칠지 말지를 결정해야 한다.

④ 동조하지 않기

어떤 말에 동의하지 않는다는 자신의 의사를 말로써, 아니면 고개를 휘젓거나 가장 최소한의 형태인 무반응으로 집단 속에서 솔직하게 표현하고 있는지 묻고 싶다. 어쩌면 우리는 장난의 대상이 자기만 아니라면, 그 순간의 장난을 가장한 폭력을 그저 즐겁고 재미있는 농담에 불과하다고 믿고 싶은 것은 아닐까. 따라서 알게 모르게 집단적 분위기에 휩쓸려, 듣는 사람이 어떤 마음이 들지에 대해 우리 모두 무관심한 채, 무분별한 동조 행동을 하고 있을 수 있다.

우리 모두에게 바라는 점은 누군가가 장난을 당하고 있을 때, 당사자가 불쾌한 마음이 들지는 않은지 살펴보고 그 상황이 부적절하다고 판단되면 자신의 생각과 일치하는 최소한의 행동을 보임으로써 장난의 행위가 멈출 수 있도록 돕는 것이다. 한 명이라도 장난을 분별력 있게 구분하여 잘못됨을 표현한다면, 누군가의 상처를 막아내는 데 분명 도움이 될 것이기 때문이다.

관계 속 소외일까, 자발적 외톨이일까

소외와 외톨이 구분하기

　이번 사례를 이야기하기에 앞서, 소외와 외톨이의 개념이 혼동되기에 이 두 개념부터 우선 구분하고자 한다. 김승윤의 논문「은근한 따돌림은 학교 폭력인가?」[15]에 따르면, 은따는 여섯 가지 유형으로 나눌 수 있다. '은따'는 눈에 띄지 않게 따돌림당하는 상황으로, 이 연구에서는 자기 인식과 타인 인식, 자발성과 비자발성이라는 두 축으로 은따 학생을 분류했다(그림1). 또래에서 겉도는 요인이 자발적인 기피인지, 아니면 타인에 의한 기피인지(자기 인식-타인 인식) 그리고 그들이 관계를 맺고자 하는 동기가 있는지(자발성-비자발성)에 따라 다르게 나눌 수 있다는 뜻이다. 연구 결과, 은따를 당하는 학생들은 외적 특이성, 상호 작용 능력 부족, 배려 부족, 이기적인 태도, 의존적 태도, 관계 비지향성 등 다양한 특성을 보였다. 그 밖의 특성으로는 어른에게 의존하는 경우 등이 있었다.

이 연구에서 중요한 점은, 무리에 끼지 못하는 상태와 무리에 끼고 싶지 않은 상태를 구분한 것이다. 이는 무리에서 겉도는 학생이라고 모두 따돌림을 당하고 학교 폭력을 당하고 있다는 것이 아니라, 학생들이 스스로 무리에 속하고 싶지 않아 하는 경우도 있다는 것이다. 이 연구에서는 은근한 따돌림을 학교 폭력으로 규정하기보다 은따의 대상을 '무리에 합류되지 못하는 배척 상태'와 '무리에

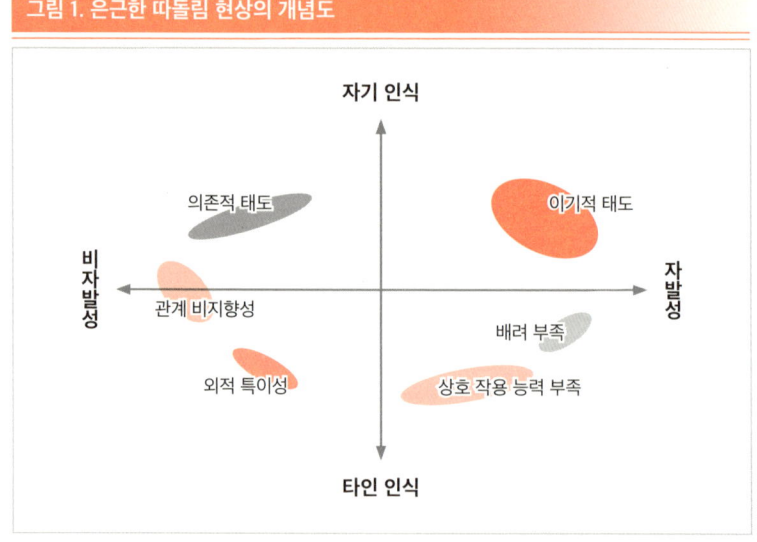

그림 1. 은근한 따돌림 현상의 개념도

* 그래프 원본을 저자가 본문의 내용에 맞춰 더 알기 쉽게 수정했음

합류할 의향이 없는 비관여 상태'로 나누어 정의할 필요가 있다고 주장했다. 따라서 '무리에 합류되지 못하는 배척 상태'는 타인이 기피하는 측면에서 '또래 관계에서의 소외'로 다루고자 하고, '무리에 합류할 의향이 없는 비관여 상태'는 관계를 맺지 않고자 하는 동기가 큰 측면에서 '외톨이'로 살펴보고자 한다.

따돌림에 가까운 소외

소외와 따돌림으로 인해 상처받은 날

반에 친했던 친구들이 있었다. 정말 재밌었고 즐거웠고 단짝 친구들이었는데 어느 순간부터 친구들이 나를 피하고 불편해하는 것 같은 느낌이 든다. 먼저 다가가려고 노력도 해보았다. "내가 잘못한 거 있어? 혹시 나 때문에 불편했던 거 있어?"라고 어렵게 관계에 대해 물어보기도 했다. 돌아오는 답은 "아니", "그런 거 없는데"라는 다소 딱딱한 반응이었다. 의도적으로 거리를 두려는 느낌이었다. 더 이상 나는 물어보지 못했다. 솔직하게 말이라도 해주면 답답하지 않은데 갑자기 거리를 두니, 너무 당황스럽고 속상하다. 함께 지낼 때 너무 재밌고 즐거웠는데 그 추억을 다시금 떠올리려 하니 눈물이 더 난다. 내가 잘못한 게 있으면 고칠 수 있는데 친구들은 왜 그렇게 대하지? 왜 나를 피하지? 정말 답을 모르겠다. 다른 반 친구로부터 그 친구들이 내 뒷담을 하고 다닌다고 듣게 되었다. 눈치가 없다고, 알아서 눈치껏 빠지지 왜 그렇게 모르는 척하는지 모르겠다고. 더 심한 욕도 있었다나. 전해 듣는 이야기라 혼란스럽고 당황스럽다. 그러고 보니 친했던 친구들 말고도 반 아이들도 차츰 나를 피하는 것 같았다. 같은 모둠이 되니 불편한 내색을 보였다. 나 빼고 무슨 이야기들이 오고 가는 걸까? 답답하다. 이 이야기를 전해준 친구는 비밀이라고 신신당부하면서 전해줬는데 이 이야기를 해야 하는 건가, 모른 척해야 하는 건가. 누구한테 말하기도 그렇고 너무 우울하다. 이렇게 혼자 계속 지내야 하는 걸까?

소외가 상처가 되면

관계 속에서 소외를 경험할 수 있는 상황들은 다양하다. 흔하게는 급식실을 같이 가는 친구들에게 같이 급식 먹자고 했는데 나를 빼고 가는 경우, 혹은 친구들과 같이 이야기를 하고 있지만 나와의 공감대를 이룰 주제나 대화는 피하려는 경우, 나를 빼고 약속을 잡고 놀고서 SNS에 올리는 경우, 나와는 약속을 잡지 않으려 하는 경우, 친구들 사이에 끼지 못하고 주위만 맴도는 경우 등이다.

최은숙의 「집단따돌림 가해, 피해 경향과 관련된 심리적 요인에 관한 일 연구」(2000)[16]에 따르면, 또래 괴롭힘의 유형 중 소외형은 은밀하고 은근하게 무리를 지어 한 사람을 소외시키는 것이다. 2명 이상의 무리가 의도적으로 한 명을 배척하거나 소외시키는 문제다. 명백한 가해 행위를 하지 않더라도 따돌림에 가까운 것이다.

사실 사람들이 무언가를 피한다는 것은 더러운 것이나, 흉측한 것, 부정적인 것을 마주할 때다. 피하는 대상이 사람일 때는 내가 그렇게 피하고 싶은 대상인지 의문이 들면서 불쾌감을 느끼고 여러 명의 집단적 분위기 속에 무력감을 경험할 수 있다. 물론 잘 지내다가 갑작스럽게 관계에서 소외된 데는 나름의 이유가 있을 수 있다. 나의 문제이거나 나의 잘못일 수도 있고, 그동안 관계에서 쌓였던 문제가 한순간에 터진 것일 수 있다. 여러 가능성이 존재하지만, 이런 이유가 있다고 하더라도 갑작스럽게 소외시키는 것은 크나큰 상처일 수 있다. 분명 관계를 개선할 여지도 있었을 텐데 그런 기회는 주지 않고 여러 명이 함께 한 사람과의 관계에 거리를 두기로 선택했기 때문이다. 이유라도 들으면 절교라도 하면서 관계를 명확히 할 수 있지만, 겉으로는 잘 표현하지 않으면서 가깝게 지내는 것을 피하는 상황이 반복되면 혼란스러운 마음과 함께 자신의 존재가 수치스럽거나, 부끄럽거나, 거부당하는 느낌이 들 수 있다.

소외도 상처인데 따돌림에 가까운 소외를 경험할 때는 관계로부터 더 큰 상처를 경험할 수 있다. 사람들과의 관계가 칼로 자르듯 명확하지 않을 때가 있는 것처럼 따돌림의 형태에도 교묘한 방식이 섞이면서 명확하지 않을 때도 많다.

그 대표적인 예가 뒷담화다. 뒷담화는 무리 안에서 특정한 한 명을 소외시키거나 배척하면서 그 대상이 없을 때 헐뜯는 행위다. 온라인이나 오프라인에서 명확한 증거를 확보할 수 있다면 뒷담화가 학교 폭력이 될 수 있지만, 무리 안의 한 명이 배신하지 않고서는 증거를 확보하기 어렵다. 그저 소문으로 내 이야기를 전해 듣거나 교실에 갔을 때 무리에 속한 친구들의 표정, 눈빛, 행동 등을 보면서 추측할 뿐이다. 나를 보면서 쑥덕쑥덕 웃고 있는 무리의 표정을 보며 '아, 내 얘기를 하고 있구나, 뒷담을 하고 있구나'라고 직감하는 것이다. 나에게 거리를 두는 행동들, 피하는 행동들, 나와 한 팀이 되지 않으려는 행동을 보면서 따돌림으로 경험할 수 있다.

따돌림의 대상이 될 때 무리에서 쫓겨나서 혼자 남겨진 느낌을 교실 안에서 온전히 견뎌야 한다. 밥을 먹으러 갈 때, 이동 수업을 할 때, 등하교를 할 때, 함께 다닐 친구가 한 명도 없어 혼자가 된 것 같은 그 느낌을 하루 종일 느끼며 순간순간을 버티고 참아내는 일은 참 힘들고 속상할 것이다. 자신을 따돌리는 분위기 속에서 나 홀로 느끼는 감정은 감히 가볍게 넘길 수 있는 수준의 고통이 아니다. 그 힘든 마음을 감히 예측하기도 어렵다. 혹여나 그렇게 소외된 기간이 너무 길었다면, 학창 시절은 오랫동안 고통이지 않았을까 싶다.

김윤영, 박종률의 「소외 학생들이 경험한 학교에서의 삶」(2022)[17]이라는 연구에서 또래 관계에서 소외된 학생들이 학교에서 살아내는 삶의 모습을 볼 수 있다. 이 연구는 과거에 또래 관계에서의 소외를 경험한 학생들을 대상으로 수집한 자료를 바탕으로, 그 의미와 주제를 추출하는 귀납적 주제 분석법으로 중심 의미와 드러난 주제, 본질적 주제를 찾아낸 후 지속적으로 비교하는 과정을 통해 신체적·시간적·공간적·관계적 차원에서 연구 참여자가 경험하는 삶을 파악했다. 또래 관계에서 소외된 학생들이 학교에서 살아내는 삶의 본질 구조는 그림 2 와 같이 구성된다. 캐나다의 교육학자 맥스 반 마넨(Max Van Manen)에 따르면 '신체성'은 스스로 느끼고 지각하고 세상과 교류하는 몸을 의미하고, '시간성'은 우리가 체험하는 실존적 시간을 말하며, '공간성'은 물리적 공간을 주관적으로 경험하고 느끼는 것을 말하며, '관계성'은 개인 간의 관계 형성, 단절, 충돌, 확장 등을 통해 경험하는 것을 말한다.

연구 결과에 따르면, '신체성'의 차원에서 또래 관계에서 소외된 학생들은 학교에서 '이승에서 체험한 지옥', '한계 상황 봉착', '내몰린 외줄 타기'를 경험하며 인격 테러와 폭력으로 지옥과 같은 고통의 날들을 보내고 있었다. 그들은 현실을 받아들이기 힘들어 부정하고 극한의 고통으로 내몰린 채 삶을 살아가고 있었다. '시간성'의 차원에서는 '고난의 뫼비우스', '잃어버린 삶의 시간'을 경험하고 소외라는 쳇바퀴를 돌며 암흑 속 기나긴 터널 속에 있는 것 같은 시간, 기억하고 싶지도 되돌아가고 싶지도 않은 시간을 보냈다. '공간성'의 차원에서는 '친숙한 땅에서의 유배', '갈 곳 없는 낭떠러지'를 경험하며 외딴 섬의 이방인이 되어 외로움을 느끼며 학교에서 벗어나고 싶지만 갈 곳 없이 하루하루를 살았다. '관계성'의 차원에서는 '끊어진 사슬', '군중 속 고독'을 경험하며, 또래들로부터 소외된 채 관계의 단절로 이어졌다. 나아질 기미가 보이지 않은 채 외로움은 반복되었고, 누군가에게 환영받길 소망하지만 그러지 못하는 상황에 비참함을 느꼈다. 신체, 공간, 시간, 관계의 차원 모두에서 또래 관계에서의 소외를 경험한 아이들은 학교에서 겨우겨우 숨만 쉬며 나 홀로 그 아픔을 참아내며, 긴 기간 동안 외롭고 고독하고 슬프게 학교생활을 하고 있었다.

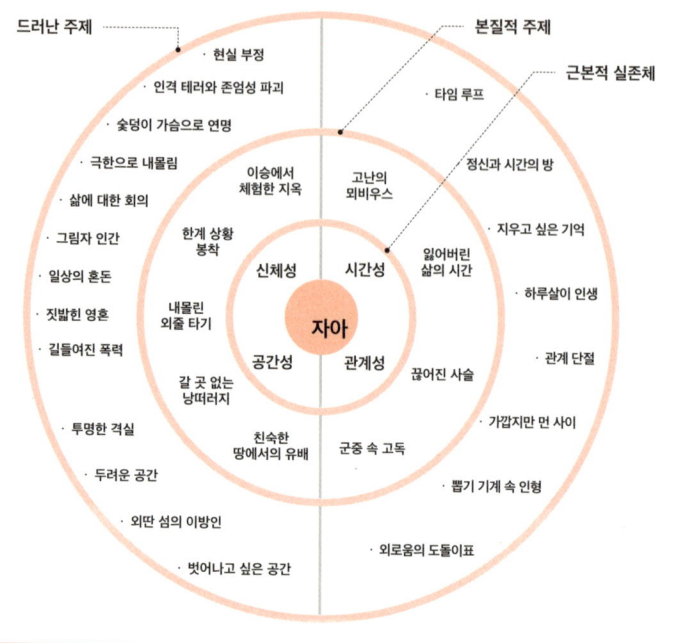

그림 2. 또래 관계에서 소외된 학생들이 학교에서 살아내는 삶의 본질 구조

또한 이 연구의 면담 회고록에서 소외를 경험한 학생들의 생생하면서도 슬픈 상처 이야기를 들을 수 있었다. 그들은 끝나지 않을 것 같은 학교생활에서 매일매일의 아픔을 겪고 있었다. 괜찮지 않지만 괜찮은 척해야 했고 친구들의 거부를 애써 모른 척해야 했으며, 아팠지만 자신의 아픈 마음을 외면할 수밖에 없었을 것이다. 자신의 마음이 아프다는 사실을 인정하건 인정하지 않건 학교에서 따돌림을 당하고 그로 인해 소외감을 느낀다는 사실은 변하지 않는 현실이었다. 매일매일 눈과 몸으로 그 소외감을 체감해야만 했다.

군중 속의 외톨이는 군중의 모습과 대비되어 그 외로움이 더 극적으로 다가온다. 학교에서뿐만 아니라 가정에서도 소외를 경험하고 있었다면 얼마나 더 사무치게 외롭고 고독했을까 싶다. 누군가에게 도움을 요청할 수 없다고 느꼈거나, 누군가에게 도움을 요청한다고 하더라도 그 분위기를 변화시키는 것은 쉽지 않다고 생각했을 수 있다. 그렇게 시간만 흐르기를 바라면서 소외감에 압도당하고 무력해졌을 것이다.

표 1. 면담 회고록

연구 참여자 ① 면담	학교에서 조별 활동 하면 정말 갈 데가 없는 거예요. 갈 데가 없으니까 어쩔 수 없이 남는 조에 들어가서 하고… 그게 너무 싫었어요. / 진짜 맨날 쉬는 시간마다 화장실에 가 있었어요. 반에서 혼자 있는 게 싫어서… 그렇게 교실을 벗어나서 회피를 했죠.
연구 참여자 ⑤ 면담	보이는 것만 가까이 있는 거지 엄청 멀리 떨어져 있는 것과 같아요. 대체적으로 지들끼리 어울리는 무리가 있잖아요. 혼자다 보니까 심심하고… 외롭고…
연구 참여자 ① 면담	그냥 자리를 피하고 약간 다가가도 모른 척하고 대화에 끼워주지도 않고… 학급에서 이루어지는 활동 하나하나에서 철저하게 소외돼서 저까지 그 소외감을 느낄 수 있을 정도로 심했어요. '그림자 인간', 뭐 그런 느낌이죠. 처참하죠.
연구 참여자 ⑥ 영화 감상문	개인의 안일한 말과 행동이 누군가에겐 죽음을 느낄 정도로 고통스럽지 않을까? 따돌림을 당하던 시절이 생각난다. 멘탈이 나갔던 그때의 하루하루…
연구 참여자 ⑤ 면담	친구도 없고 이렇게 계속 혼자 살아야 되는 건가 하는 느낌에 씁쓸하더라고요. 나 혼자만 소외된 느낌이 있고 하니까. 아, 나만 혼자 이렇게 살아야 하나, 자괴감도 있고. 내가 여기 있는 것 자체가 좀 그렇다 하는 생각도 들었어요.

혼자가 편한 외톨이

오랫동안 혼자라서 상처받은 날

올해도 그냥 조용히 있는 게 제일 낫겠다. 아무도 나를 좋아하지 않을 것이라는 생각 때문에 나는 그저 있는 듯 없는 듯한 생활을 지속한다. 누군가가 나에게 인사를 해도 모른 척하고, 나 또한 누구에게도 인사하지 않는다. 어느 순간 사람들은 나의 존재에 무관심해졌고, 나는 그 분위기가 익숙하기 때문이다. 너무나 당연해진 일이라 나도 친구들도 어떤 기대도 주고받지 않는다. 그냥 모른 척 살아갈 뿐이다. 오늘도 하루 종일 앉아만 있었다. 하루 종일 말을 하지 않은 적도 자주 있다. 핸드폰이 있어서 정말 다행이다. 뻘쭘할 때 하염없이 핸드폰을 보면 되기 때문이다. 이 생활에 적응했다고 생각했는데, 나 빼고 웃고 있는 아이들의 모습을 보면 나와 아이들의 모습이 너무 대비된다. 군중 속에 혼자 있는 것 같아서 더 외롭고 고독하게 느껴진다. 나는 원래 이렇게 지냈으니까, 나는 원래 친구가 없었으니까, '원래'라고 하면서 그 순간에 익숙해지려고 노력해 본다. 상황을 바꾸려고 노력하는 게 더 두렵다. 노력했는데 다시 무시당할까 봐, 무반응일까 봐, 무관심할까 봐, 그런 반응이 또 나올까 봐 그냥 이대로 살게 된다. 이러다 평생 혼자 지내면 어떡하지? 불안해질 때도 있다. 그런데도 난 아무것도 할 수 없다. 교실 안에 있을 때 종종 속상하고 아프지만, 그 마음을 바라볼 순 없다. 이러한 분위기 속에서 나는 매일매일 살아야 하니까.

외톨이의 삶을 선택한 이유

앞에서 살펴본 것처럼 외톨이는 무리에 합류할 의향이 없는 비관여 상태의 아이를 말한다. 그들은 자발적으로 혼자 지내며, 관계에 무관심하고, 친구 사귀기를 거부한다. 겉으로 보기에 상처를 주는 외부의 명확한 상황이 없는 것처럼 보인다. 해를 주는 상대가 없고 자발적으로 혼자 지내기로 선택한 것처럼 보이기 때문이다. 그러나 외톨이의 경우 현재의 모습보다 외톨이가 되기까지의 과정에 더 관심을 가져야 한다. 이전의 가정생활이나 학교생활에 마음이 닫힌 이유가 분명 있을 것이기 때문이다.

청소년 시기는 애착 대상이 가족에서 친구로 변화하면서 교우관계가 중요해지는 시기다. 그 어린아이가 관계에 마음을 그렇게 빨리 닫은 이유는 그저 이른 시기에 누군가와의 관계에서 상처받은 경험 때문일 것이다. 가장 가까운 곳에서 신뢰를 주는 대상인 가족에 의해 상처받았거나, 과거의 학교생활에서 상처받았기 때문일 수 있다.

이는 '은둔형 외톨이'와 관련된 연구에서도 확인되었다. 외톨이 성향이 꼭 은둔형 외톨이로 이어지는 건 아니지만, 은둔형 외톨이의 전조 단계로 친구에게서 받은 상처, 기질적 성향으로 인한 대인관계의 어려움, 교사에게서 받은 스트레스, 학교 내 친구가 거의 없는 것, 외로움 등이 있다고 한다. 또한 이러한 은둔 생활을 하는 청소년의 은둔 이유로는 개인의 기질적 성향 및 대인관계에서의 상처, 학교 폭력 피해 경험, 학업 스트레스로 인한 좌절감, 부모와의 갈등 등이 있다는 것을 파악할 수 있었다.[18] 우리는 외톨이 친구가 외톨이로 지내는 것을 원래 원하는 아이라고 생각할 수 있지만, 사실은 과거의 학교생활 혹은 가정생활에서 받았던 상처와 개인적 요인이 섞여 현재의 모습이 된 것이다. 이처럼 가정과 교실에서 상처받았거나 학교 폭력이나 따돌림 등을 경험해 상처받고, 그러한 상처로부터 벗어나고자, 혹은 스스로를 보호하고 안전해지고자 외톨이가 되기로 선택한 것일 수 있다. 외톨이로 살아가면 어떤 자극도 없이 안전하게 지내면서 마음의 상처를 받지 않을 수 있을 테니 말이다.

외톨이가 되어가는 과정

처음부터 외톨이인 사람은 없다. 외톨이가 되어가는 과정은 작든 크든 사람에게서 상처를 받아 관계에 대한 마음이 닫히면서 시작된다. 그러한 닫힌 마음 때문에 그들은 타인에게 반응하지 않고, 관계에 자발적으로 참여하지 않게 된다. 그러면 타인 또한 자신에게 반응하지 않고 멀어지는 것은 당연하다. 자신이 타인에 반응하지 않는 모습은 고려하지 않은 채 타인의 무반응에 더 민감하게 반응하면서 이를 또다시 상처로 느낀다. 외톨이의 관점에서는 다수가 나에게 반응하지 않고 투명 인간과 같이 취급하는 것처럼 느껴질 수 있기 때문이다.

그러한 무반응이 쌓일수록 상처가 되면서, '아무도 나를 좋아하지 않아. 나는 사랑받을 자격이 없어. 다 나를 무시할 거야'와 같이 자신에 대한 부정적인 신념이 형성되고, 자신감이 떨어지면서 부정적인 자아상을 형성하게 된다. 그렇기에 사회적 상황 속에서 더 위축될 수밖에 없고, 관계에 대한 불안, 두려움 등은 커지면서 사회적 관계로부터 차단되고 고립된다. 남들에게 기대하지 않고 나에게도 기대하지 않는, 그저 지금의 상황을 계속 유지하는 고립과 은둔의 삶을 선택하는 것이다. 안타깝게도 이런 삶이 길어질수록 외톨이 자신의 사회성은 점점 퇴화된다. 이러한 상황을 변화시키려는 노력조차 하지 않아 그런 상황이 그대로 고착될 수 있다. 그럴수록 오히려 변화에 대한 두려움과 사람에 대한 무서움은 더 커진다.

외톨이가 편해서 외톨이로 살기로 선택했지만 교실 안에서 홀로 지내는 시간은 그 자체로 상처일 수 있다. 사람들에게 있는 듯 없는 듯 투명 인간처럼 지내는 삶이 인간다운 삶을 경험하지 못하게 만들기 때문이다. 사람임에도 어떤 사람들에게서도 반응을 이끌어 내지 못하고 모두가 나에게 무관심하며 그저 나를 스쳐 지나가기만 한다면, 때로는 나의 존재를 스스로도 느끼지 못하고 살아갈 수 있다. 하루 종일 한마디도 하지 않고 밥도 먹지 않으며, 아무것도 하지 않는 일상은 기본적인 인간의 욕구조차 충족시키지 못한 채, 살아가는 이유가 없는 삶에 가까울 수밖에 없다. 자신도 스스로에게 실망하며, 이렇게 살아가는 것을 한심하고 부정적으로 느끼게 된다. 결국 이전의 상처받은 경험이 스스로를 이렇게 외롭고 고독한 쪽으로 몰아간 것이다.

한 반에 한 명씩 이런 친구들이 있었던 것 같다. 친구도 없고 아무 반응도 없고 급식도 먹지 않는, 그저 하루 종일 책상에만 앉아 있는 친구가 있었다. 그 친구가 신경 쓰이긴 했지만 그러한 패턴이 반복되면 다가가는 게 어렵고 그 친구는 그런 존재인가 보다, 생각하게 된다. 선생님들은 처음에 신경을 쓰며 친구를 붙여주려고 노력한다. 하지만 관계라는 것은 억지로 형성할 수 있는 것이 아니기에, 마음이 서로 맞지 않으면 친구가 되기 어렵다. 게다가 사회성이 부족한 친구라면 누군가가 모든 것을 배려해 주면서 친구의 역할을 해주는 것이 당연히 어려울 수 있다. 중학교 때부터의 친구 관계는 정말 냉정해지는데, 마음이 서로 맞지 않으면 아이들은 굳이 친구를 하지 않기 때문이다.

    선생님의 관점에서 이런 친구를 도와줄 때 어려운 점이 있기도 하다. 워낙 사람에 대한 두려움 때문에 마음을 꽉 닫은 채 어떤 노력도 하지 않는 것처럼 보이고, 친구 사귀는 것도 심리 상담을 하자는 권유도 거부한다. 계속해서 마음을 열지도, 마음을 받아주지도 않는다. 이는 그만큼 고착화된, 어려운 문제라는 뜻이다. 결코 단기간에 해결할 수 없고 혼자의 힘으로는 더욱더 해결하기 어렵다. 가까운 타인의 지속적인 도움으로 마음을 여는 것부터 시작해야 한다.

상처를 받았다면

① 관계에 대해 빠르게 결정하기

소외나 따돌림을 당했다면, 그 상황이 계속되어 타파하기 결코 쉽지 않을 수 있다. 혼자서 여러 명의 비슷한 반응을 바꾸기 어렵기도 하며, 이미 그렇게 소외당한 경험을 통해 나의 마음은 상처를 받고 무기력해졌을 수 있기 때문이다.

그럼에도 소외를 경험한다면 자신의 관계를 빠르게 판단해야 한다. 소외시킨 무리에게 대화를 요청해 볼 것인지 혹은 바꿀 수 있는 다른 관계에 집중할 것인지를 스스로 빠르게 결정할 수 있어야 한다. 상처받은 마음에 점점 무력해져서 시간만 흘러간다면, 자신도 주변 친구들도 소외시키는 분위기에 적응되어 나의 상황을 바꾸기 더 어려워질 수 있다. 자신이 상처를 받았음에도 나를 따돌리고 소외시키는 그 무리와 화해하고 놀고 싶은 마음이 있는지 스스로 먼저 생각해 보는 것이다. 그런 마음이 있다고 생각되면, 스스로 해볼 수 있는 것을 시도하겠지만, 그렇게 노력해도 관계가 잘 풀리지 않고 오히려 소외가 심해진다면 그 관계를 빠르고 과감하게 포기하고 다른 관계를 찾아야 한다. 좋았던 과거만을 붙잡고 그 관계에 미련을 둔다면, 그런 욕구와 현실의 불일치가 상처를 계속 유발하고 소외가 더 심해지면서 상황을 바꾸기 더 어려워질 수 있다.

② 따돌리는 무리를 떠나기

따돌림을 한 번이라도 경험한다면 자신을 따돌리는 무리에 대해 미련을 갖지 않고 떠나기를 바라는 바이다. 따돌림이 한 번일지라도 그 따돌림이 자신에게 상처를 주었다면 그들과의 신뢰 관계를 회복하기 어렵다고 생각하기 때문이다. 상대가 용서를 구하고 사과를 하더라도 자신을 다시 따돌리지 않을 것이라 장담하기 어렵다. 언제라도 따돌림은 반복될 수 있고, 용서해 준 것 때문에 오히려 더 얕잡아 보일 수 있으며, 무리 안에서 따돌리는 대상을 바꿔가면서 그러한 패턴을 또다시 반복할 수 있다. 그리고 언젠가는 그 분위기에 익숙해져서 자신도 누군가를 따돌리고 있을지도 모른다. 그러기에 상처를 준 상대와 다시 관계를 회복한다는 것은 다시 상처를 받겠다는 것과 비슷할 수 있다. 가장 중요한 것은 그 관계에 대한 자신의 의사이지만, 그럼에도 따돌림을 가한 친구들과는 멀리 지내는 것을 추천한다. 새로운 관계를 찾아 나서는 것이 더 현명할 수 있다.

③ 주변 사람들의 도움 받기

이러한 소외 문제는 홀로 이겨내기 어렵기에, 주변 사람들의 도움이 필요하다. 누군가가 소외되는 것을 알아차리고 중재해 준다면, 잠시라도 누군가에게 기댈 수 있다면, 그렇게 소외당하는 경험으로 받은 아픔이 순간이라도 줄어들거나 그 상처를 견딜 수 있도록 도움을 받을 수 있기 때문이다. 또한 혼자서 해결하기 어려운 문제이기에, 가까운 가족이나 친구, 선생님의 도움이 필요하다.

상처받은 경험으로 인해 마음이 굳게 닫혔다면 어떠한 도움도 받으려 하지 않을 수 있기에, 주변 사람들이 먼저 관심을 갖고 돕는 것도 필요할 수 있다. 우리가 관계에서 문제가 생기면 처음에는 너무 큰 좌절과 상처를 경험하지만 의외로 그 순간은 기회의 순간이 될 때도 많다. 그 기회란 다른 좋은 친구를 사귈 기회, 나와 맞지 않는 친구를 끊어낼 기회, 조심해야 할 사람의 유형을 배울 기회 등이다. 이렇게 관계에 대한 여러 교훈을 배워나갈 수 있다. 선생님, 다른 친구 등에게 의지하면서 그렇게 소외되는 순간들로부터 차츰 벗어나, 새롭거나 다른 친구들과의 관계에 더 집중하다 보면 그 무리는 자연스럽게 나에게 중요하지 않은 사람들이 되어 잊혀갈 것이다.

④ 자신을 외톨이라고 규정하기보다 자신의 마음을 살피기

이러한 어려움을 오랫동안 경험했더라도, 그런 아픔으로 인해 원래 나는 이런 사람이고 이렇게 살아왔다고 규정하지 않길 바란다. 그보다는 진짜 자신이 원하는 것은 무엇이고, 어떤 삶을 살고 싶은지 생각해 보면 좋겠다. 사람은 기본적으로 사회적인 동물이며 사회적인 관계 속에서 좋은 관계를 유지하며 살아가고 싶은 마음이 크다. 그러한 욕구가 있지만 그동안 살아오면서 수없이 받았던 상처들로 인해 나의 욕구는 위축되고 무력해진 것일 수 있다. 관계에 대한 자신의 마음을 먼저 살피길 바란다. 사람들과의 관계가 무섭고 두렵고 어렵게 느껴진다면, 섣부르게 새로운 관계나 상황에 도전하기보다는 안전한 사람(친구, 가족, 상담사, 치료사 등)과 먼저 그런 마음을 충분히 다룰 수 있도록 도움받는 것이 필요하다. 마음이 다친 상태에서 새로운 상처가 과거의 상처와 겹치면, 타인과 세상에 대한 부정적 관념이 더욱더 굳어질 뿐이다. 그러한 관념들이 자신이 세상 밖으로 나가는 것을 또 막을 수 있다.

⑤ 사회적 기술 키우기

오랜 기간 동안 소외되고 외톨이로 살아왔다면, 사회적인 상황에 대한 두려움은 커지고 자신감은 줄어들고 사회적 기술도 줄어들었을 수 있다. 따라서 사회성과 관련해 전문적인 도움을 받는 것이 필요하다. 관계 능력은 후천적으로 바꾸고 배워서 키울 수 있는 영역이다. 사람들과 잘 지내기 위해서는 자신을 성찰하면서 단점을 보완하며, 사회성이 좋은 타인을 모델 삼아 사회적 기술을 배우고 성장해 가야 한다. 자신만 부족한 것이 아니다. 누구나 사회성과 관련해 부족한 점이 있고, 그 부족함은 사람들과의 관계 속에서 보완하면서 성장해 나가면 된다. 집단 상담, 커뮤니티 모임 참가, 관계에 대한 교육이나 강의 등의 방법을 찾아 떨어진 사회성을 다시 키워나가는 시간들이 필요하다.

상처를 주지 않으려면

① 관계에 대해 기본적인 예의 지키기

우리는 초등학교 사회 시간부터 인권에 대해 배워왔다. 『초등사회 개념사전』에 따르면 인권은 사람으로서 당연히 가지며 누려야 할, 인간답게 살 권리로 나이, 성별, 장애 등에 관계없이 누구나 존중받고 행복하게 살아갈 권리를 말한다. 가장 기본적인 권리지만 이러한 권리는 거창한 것이 아니라고 생각한다. 상처를 주지 않는 것도 상대의 인권을 침해하지 않기 위해 관계에서 기본적으로 필요한 태도이다. 상대의 반응에는 응답할 것, 불쾌한 부분이 있다면 있다고 말할 것, 관계를 단절하기 전에 대화로 관계를 정리할 것, 갈등이 있을 때 대화를 나눌 것, 관계를 끝낼 때 헤어지는 이유를 말할 것, 학급에 적응하지 못하는 친구에게도 관심을 가질 것 등 최소한의 관심과 존중을 갖고 상대를 대하는 태도가 필요한 것이다.

② 나의 행동 성찰하기

가장 중요한 것은 나의 행동이 누군가를 소외시키고 따돌리는 행동인지 자각하는 것이다. 때로는 주변 친구들에게 휩쓸려 나도 모르게 누군가를 소외시키거나 배척하고 있을 수 있다. 한순간의 이야기라면 상관없지만, 소외시키는 분위기와 문화에 적응되고 익숙해져서 자신도 모르게 누군가를 소외시키고 있을 수 있다. 의도하지 않더라도 나의 무관심과 무덤덤함, 방관, 동조로 인해 누군가는 울고 있을 수 있다. 그렇기 때문에 우리는 순간순간 자신의 행동을 잘 알아차릴 필요가 있다. 내가 누군가를 소외시키고 있지 않은지, 누군가를 향해 인상을 쓰고 눈길을 외면하고 모른 척하고 있지 않은지 스스로를 되돌아보아야 한다.

③ 소외된 사람 살펴주기

주변에 혼자 있는 사람을 살피고 한 번씩 관심을 표하는 것만으로도 소외의 분위기를 예방하는 데 도움이 될 수 있다. 꼭 친해지지 않더라도, 먼저 말을 걸거나 인사를 해주고 관심을 표해주는 것만으로도 충분하다. 물론 상대의 마음이 잘 준비되어 있는지를 확인하고, 그에 맞춰 행동하는 것도 중요하다. 혼자 있는 사람을 위해 억지로 친구가 되거나 챙겨주거나 도움을 주는 것은 오히려 부담스럽게 느껴져, 마음을 닫게 만들 수 있기 때문이다.

  최소한의 친절한 행동으로 시작하는 것이 가장 좋다. 먼저 인사를 해주거나 이름을 불러주거나 따뜻한 표정을 지어주는 것만으로도 충분할 수 있다. 혹 용기 내서 질문을 하거나 말을 먼저 거는 등 긍정적인 반응을 보여주는 것도 그들에게 용기를 줄 수 있다. 어느 순간에 익숙해진 교실 분위기를 한 번씩 살펴보는 것도 좋다. 누군가 혼자 지내는 것이 모두에게 당연해지는 순간, 그 분위기에서 벗어나기 어려워질 수 있다. 주변을 살피고 혼자인 친구가 있는지를 자각하는 것부터가 누군가의 상처를 살필 줄 아는, 작은 관심의 행동일 수 있다.

  학교나 사회 속에 혼자 있는 사람을 위해 한 번쯤은 자신의 손을 내밀어 줄 수 있는 사람들이 더 많아지길 바란다. 한 명의 작은 행동이 또 다른 한 명의 행동을 이끌기도 하며 얼어붙은 교실의 분위기를 바꿀 수 있기 때문이다. 그 따뜻한 관심이 누군가에게는 생명의 손길이 될 수도 있다.

관계의 끝,
이별의 아픔

이별로 인해 상처받은 날

내 첫 연애였다. 생전 처음 느껴보는 감정을 그 친구를 만나면서 느꼈던 것 같다. 어색했고 풋풋했고 손을 잡은 것도 처음이었다. 첫 연애라 서툴기도 했던 것 같다. 너무 잘 사귀고 있는 줄 알았는데, 차츰 그 친구의 카톡 답장 속도가 느려졌다. 뭔가 다른 느낌이 들기도 하고, 반에서 나 말고 친하게 지내는 친구가 더 생긴 것 같았다.
오랜 고민 끝에 나에 대한 마음이 어떠냐고 물어봤다. 요즘 나한테 조금 소원해진 것 같다고 서운한 마음을 표현하기도 했다. 그 친구는 솔직하게 이성적인 호감이 있는 줄 알았는데 만나보니까 그런 마음이 안 드는 것 같다고, 미안하다고 말했다. 그 말을 듣는 순간 받아들이기 어려웠다. 좋아해서 만나자고 했으면서 갑자기 무슨 말인지 이해가 되지 않았다. 생전 첫 연애이기도 했지만 처음 차이는 것이기도 해서, 내가 너무 서툴렀나, 내가 너무 어색하게 대했나, 내가 뭐 잘못 말했나 등 나의 말과 행동을 계속해서 돌아봤다. 그래도 한 번만 다시 만나보는 건 어떠냐고 붙잡아 보기도 했다. 구구절절 매달렸고 눈물도 흘렸지만 굳게 닫힌 상대의 마음을 열 길은 없었다. 생전 첫 이별이라 더 아프고 속상하고 마음이 찢어질 것 같다.

이별이 상처가 될 때

성인의 시선에서는 아이들의 이별이 그저 어릴 적 아련하고 귀여운 추억처럼 보일 수 있다. 하지만 그 당시의 마음은 그렇지 않았을 것이다. 처음이라 더 좋았고 더 설렜던 만큼 이별의 순간은 충격적이고 아프게 다가올 수 있다. 다 큰 성인들에게도 이별은 항상 슬프지만, 어른들은 여러 경험을 통해 마음의 방어막을 단단히 만들어서 이별의 순간을 대비하기도 한다. 그럼에도 맞이한 이별은 언제나 아프다.

반면 어렸을 적 첫 연애를 했을 때는 날것의 마음으로 서로를 좋아하고 그 마음을 마음껏 키우면서 사랑했을 것이다. 그런 순수한 마음을 거절당하는 상황은, 처음으로 연애를 통해 상대방과 나의 마음이 다름을 강렬하게 경험하게 한다. 나를 좋아하지 않는다는 사실, 나에게 관심이 없다는 사실, 사랑의 유효 기간이 만료되었다는 사실, 나보다 다른 친구를 만나는 것을 더 좋아한다는 사실 등 마음의 불일치를 느끼면 관계의 끝을 받아들여야 할 시점이 다가온 것이 분명하다. 그러나 당연히 인정하기 싫다. 이별의 순간은 성인들에게도 매번 참 속상하고 힘들고 아픈 상처이기에, 이별을 경험하면 이를 받아들이는 데 일정한 시간이 필요하다. 이는 부풀어 오른 좋아하는 마음을 꾸깃꾸깃 억누르고, 한순간에 접히지 않는 마음을 계속해서 잘라내야 하는 과정이기 때문이다.

친구와도 연인과도, 다른 사람들과 관계를 맺을 때에도 상호

간 마음의 크기를 똑같이 일치시키는 것은 어렵다. 내가 좋아하는 만큼 상대가 나를 좋아해 줬으면 좋겠고, 상대가 나를 좋아하는 만큼 내가 상대를 좋아해야 하는데 그 크기가 똑같지 않음을 느끼는 순간들이 관계 안에서 종종 발생하기 때문이다. 특히 상대가 나를 좋아하는 마음이 나의 마음만큼 크지 않고 관계의 지속을 거부한다는 것을 깨닫는 순간은, 마음의 불일치를 가장 크게 느낄 때이다. 상대보다 나의 마음이 더 작으면 상대에게 미안해지고 상대보다 나의 마음이 더 크면 속상하다. 그 감정의 차이가 점점 극심해지면 나를 향한 상대의 마음이 작고 그것을 바꾸기 어렵다는 사실을 현실로 마주하는 순간이 찾아온다. 아무리 노력하고 애를 쓰더라도, 상대의 마음을 바꿀 수가 없어 무기력감을 느끼며, 관계의 끝이 다가오고 있음을 직감하게 된다. 그 사실을 애써 부인하고 외면하고 싶지만, 상대방의 말을 통해 현실로 마주한 이별의 순간은 붙잡고 있던 관계의 실타래가 모두 끊겼음을 눈으로 보아야 하는 시간이다.

어릴 때의 이별과 거절이 아플 수밖에 없는 이유가 있다. 이별 혹은 거절을 처음으로 경험했기에, 상처를 받아들이는 것이 서툴 수밖에 없기 때문이다. 그래서 처음에는 이별의 이유가 나의 문제라고 생각하고 자신의 자존감을 해치면서 그 순간을 받아들이게 된다. 자아 정체감이 혼란스러운 청소년 시기에 이별이라는 경험은 때론 자신을 성숙시킬 수도 있지만, 내가 그렇게 별로인가? 내가 그렇게 마음에 안 드나? 매력이 없나? 등 이별의 원인을 자신의 부정적인 면으로 돌리면서 자존감을 낮추는 데 영향을 끼치기도 한다. 그리고 그 이별로 인해 자신에 대한 부정적인 생각이 많이 생길 수 있다. 상대방의 마음의 문제를 나 자신의 문제로 대치하여 생각하면서 이별을 받아들이는 것이다. 그러면서 나의 자존감이 깎이고 스스로가 거절당하고 거부당한 존재로 여겨진다. 혹여나 상대가 나를 향해 부정적 언행을 하면서 이별하거나 거절했다면, 마음의 상처뿐만 아니라 나 자신의 존재에 구정물을 부은 것처럼 느껴질 수 있다. 그러한 사실을 받아들이는 것은 꼭 마음을 깎아내는 것처럼 고통스럽다. 그러하기에 이별을 받아들이는 것을 거부하면서, 이별 혹은 거절의 후유증을 더 키우고 스스로의 마음을 할퀴면서 이별을 아프고 느리게 경험한다. 이별을 나의 문제로 받아들이는 것은 자신을 부정적으로 바라보게 하기에, 당연히 쉽지 않다. 이별은 관계에서 너무나 자연스러운 이치이고 배움의 기회이지만, 이별이 처음이고 서툴수록 이별의 원인을 잘못 해석해 이별을 상처로 경험할 수 있게 된다.

    학창 시절은 꼭 연애뿐만 아니라 친구들과의 관계도 중요한 시기이다. 친구들과의 연락, 약속, 만남을 중요하게 생각하면서 내 마음을 다 내주고 친구를 나보다도 더 소중하게 생각하기도 한다. 그런데 예기치 못하게 그런 친구들과의 관계에 균열이 생겨 절교하거나, 나와 친구를 하기 싫다는 말을 듣거나, 약속을 거절하는 등의 일이 생길 때에도 친했던 친구와의 이별을 경험하고 마음의 불일치를 느낄 수 있다. 자신이 노력하겠다고 말하거나 절교를 다시 생각해 달라고 부탁해도 상대의 반응이 떨떠름하고 마음의 문이 닫혔다면, 그때에도 이별과 비슷하게 마음이 아프고 상처로 경험될 수 있다.

영원한 이별, 사별

학창 시절에 마주한 가족, 친구, 지인, 선후배, 반려동물 등과의 사별 또한 큰 상처로 다가올 수 있다. 물론 가족과의 사별이 청소년에게 가장 큰 상처로 경험될 수 있지만, 가족과의 사별뿐만 아니라 학교 안팎의 사고, 질병, 자살 등의 이유로 친구나 지인의 사망을 간·직접적으로 목격하면서 관계의 상실을 경험한 청소년도 있을 수 있다. 어린 시기에 경험한 관계의 상실은 남겨진 아이에게서 슬픔, 우울, 자기 비난, 죄책감 등 다양한 애도 반응을 더 강렬하게 일으킨다. 애도 반응은 지극히 정상적이고 자연스러운 반응이지만, 상실의 경험을 적절하게 다루지 못하면 깊은 아픔으로 오랫동안 마음속에 남아 있을 수 있다. 또한, 1년 이상 지속적인 비탄 반응과 증상들이 발생하면 '지속적 비탄장애'* 로 진단될 수 있기에(아동, 청소

---

* 지속적 비탄장애: 친밀한 사람과의 사별을 경험한 사람이 애도 반응을 지나치게 심각하게 나타낼 뿐만 아니라 애도 반응이 12개월 이상 지속되어 개인의 부적응 상태를 초래하는 경우.

년은 최소 6개월 이상), 애도 반응이 정상적인 수준에 비해 강도와 지속 기간이 지나치다면 그 어려움을 주의 깊게 살펴보아야 한다.

특히나 청소년 자살률이 증가하는 사회적 현상 속에서 학창 시절부터 지인의 자살을 경험한 '자살 사별자'도 함께 증가하고 있을 수 있다. 자살 사별자란 심리적으로 가깝던 지인을 자살로 잃은 경험이 있는 사람을 일컫는 말로, 학교에서 자살 사건이 발생하면 전교생에게 영향을 미칠 정도로 매우 큰 심리적 충격이 발생할 수 있다. 또한 사별 상대와 친할수록 슬픔, 그리움, 죄책감, 아쉬움 등 사별로 인한 심리적 영향도 더 커질 수 있다. 그러기에 사별을 경험한 청소년은 가까운 주변 사람들과 애도 과정을 충분히 거쳐야 하고, 누군가를 떠나보낸 슬픔을 함께 나누면서 상실감을 지지하고 공감하는 시간을 반드시 가져야 한다.

다만 아직 한국 사회는 애도의 과정에 서툰 측면이 있다. 사별로 인한 아픔과 어려움을 표현하기보다 마음속에 억누르고 말하지 않으려는 경향이 크기 때문이다. 어떻게 애도해야 할지, 사별로 인한 슬픔을 어떻게 돌봐야 할지 어릴 적의 나 자신은 잘 몰랐을 수 있다. 그런 탓에 사별로 인한 슬픔, 고통, 비난, 죄책감, 불안, 우울, 무기력 등의 심리적 어려움이 장기화되거나 내면화되었을 수 있고, 학교생활이나 일상생활에까지 영향이 미쳤을 수 있다. 어쩌면 아직도 제대로 애도하지 못한 채, 그 대상을 마음속 한편에 묻어두고 살아가고 있는지도 모른다.

상처를 받았다면

① 이별을 받아들이고 나의 마음만을 살피기

이별의 순간을 받아들이기 어려운가? 그 경험 때문에 지금 힘든가? 당연히 그 사실을 받아들이는 과정은 참 쉽지 않다. 이별할 때 가장 중요한 원칙 중 하나는 '타인은 통제 불가능한 범위에 있다'는 점을 깨닫는 것이다. 자신이 투입한 노력만큼 결과가 잘 나오지 않거나 예측 불가능한 상황이 생길 수 있는 것이 관계이기도 하다. 관계가 좋아질 것이라는 기대감 속에서 마주한 이별은 더 큰 좌절로 느껴지며, 실망스럽고 슬프고 그 사실을 애써 부정하고 싶어질 수밖에 없다. 너무나 당연하지만, 이별은 인정해야 아픔이 나아질 수 있다. 그저 상대의 마음을 존중하고 그 관계를 애써 붙잡지 않고 관계의 끝을 그저 받아들여야 한다. 이별이라는 경험 자체를 소화해야 나의 아픈 마음을 돌볼 수 있게 된다. 이 사실을 받아들이지 못하고 부정하고, 더 노력하고, 더 매달리거나 집착하게 되면 관계의 결과는 뻔하고, 자신에게 부정적 화살을 쏘며 더 부정적인 감정을 경험하고 자존감도 더 낮아질 수 있다. 이별을 어찌할 수 없음을 그저 받아들이고 자신의 마음을 회복하는 데 집중하며 이별을 통해 성숙해지는 것이 더 중요하다. 이는 이별 후 새롭고 더 나은 관계를 시작하기 위해서이다.

② 이별의 딱지를 상대에게 붙이기

이별을 당했을 때는 '거절당했다. 차였다. 나를 원치 않는다' 등 여러 가지 부정적인 생각들이 떠오르면서 자존감이 바닥에 떨어지는 순간을 경험했을 수 있다. 그리고 거절이 꼭 나의 마음에 붙어서 매 순간 따라다니고 있는 것처럼 느껴질 수 있다. 이러한 마음이 들 때 그 거절의 딱지를 상대에게 다시 붙여주는 것이 필요하다. 상대의 거절을 내 마음속에서 떼어내고 그것은 나의 것이 아니라고, 상대의 마음이라고 다시금 생각해 보는 것이 상대의 마음을 존중하는 데 도움이 될 수 있다. 나는 그대로인데 상대의 마음이 그렇게 변한 것을 어떻게 할 수 없다고, 이를 내가 어떻게 해볼 수 없다는 것을 이해하면서, 두 사람의 마음이 일치되면 참 좋겠지만 불일치하는 순간도 있음을 하나의 경험으로서 자연스럽게 배워가길 바란다.

이별할 때 무엇보다 놓치지 않아야 할 것은 자기 자신이다. 이별이라는 경험이 자신을 손상하지 않도록 자신을 잘 보호하고 다독이고 마음을 추스르는 것이 더 중요하다. 더 좋은 관계를 찾을 수 있는 좋은 기회라고 스스로 여겨야 한다.

③ 사별에는 애도 과정이 필요하다

어릴 적에 사별을 경험했다면, 그 경험에 대해 자신의 감정을 충분히 살피고 돌보는 애도의 과정이 반드시 이루어져야 한다. 사별 또한 이별처럼 사별했다는 사실 자체를 먼저 받아들여야 한다. 슬픈 마음을 애써 참으려 노력하기보다 주변 사람들과 슬픈 마음을 충분히 나누고 그 대상을 함께 추억하고 애도하며, 마음에서 떠나보내는 시간을 갖는 것도 도움이 될 수 있다. 사별 경험에 대해 이야기를 나눌 상대가 없다면, 심리 상담과 같은 전문적 도움을 통해서라도 애도의 시간을 꼭 가져야 한다.

상처를 주지 않으려면

① 확실하게 이별을 결정하기

애매하거나 분명하지 않게 표현하는 것도 상대에게 여지와 혼란을 주면서 상대방이 더 오래 상처받게 만들 수 있다. 그러기 때문에 이별에 대해서는 신중하게 마음의 결정을 내려야 한다. 자신의 마음이 확실하지 않고 흔들릴 수 있는 상황이라면, 섣부르게 이별하자는 의사를 밝혔을 때 불필요한 상처만을 경험하게 하기 때문이다. 관계를 끝내고자 할 때에도 최선을 다해야 한다. 상대에게 주는 상처의 크기를 최소화하려 노력하면서 상대에게 끝까지 예의를 지키고 존중해야 한다.

② 자신의 입장에서 이별을 표현하기

상대방에게 이별을 말해야 하는 상황이 생긴다면 그것 또한 망설여지고 어려운 일일 수 있다. 상대의 마음을 다치게 하지 않고 거절한다는 것은 불가능하고 스스로도 이별하는 과정을 경험하기 때문이다. 그럼에도 덜 상처 줄 수 있는 방법은 이별의 이유가 상대 때문(상대에 대한 평가, 폄하, 상대의 단점 등)이 아니라, 자신의 상황, 마음, 입장 때문이라고 따뜻하지만 분명하게 표현하는 것이다. 예를 들면, '내가 내 마음을 생각해 보니까, 나는 너를 좋아하지 않는 것 같아. 네가 부족하거나 싫어서 그런 게 아니라 내 마음의 문제야. 앞으로 너를 만나는 건 더 이상 어려울 것처럼 느껴졌어. 미안해'처럼 자신의 마음을 따뜻하지만 솔직하게 표현하면서 거절의 의사를 말하고, 상대가 스스로를 폄하하지 않을 수 있도록 존중하고 공감하는 말을 같이 해주는 것이다. 아무리 좋은 이별 방법이 있다고 하더라도 이 말을 떠올리고 상상하는 것조차, 슬프고 속상한 순간처럼 느껴진다. 끝이 있는 관계는 그저 슬프고 거절과 이별은 상처를 주지 않을 수 없는 문제이기 때문이다.

서로에게
상처뿐인 싸움

싸움 때문에 상처받은 날

미술 시간이었다. 가족을 그리는 시간이었다. 어렸을 때 부모님이 이혼하셔서 나는 엄마랑 누나, 그리고 나를 그렸다. 옆에 있는 친구가 그 모습을 보고 '아버지는 어디 갔냐'라고 물었다. 나는 아무 말도 할 수 없었다. 그렇다고 아버지를 더 그려 넣고 싶지는 않았다. 나에게 아버지는 가족처럼 느껴지지 않았기 때문이다. 친구는 또 옆에서 눈치 없이 비아냥댄다. '너희 가족 무슨 일 있는 거냐, 왜 아버지를 안 그린 거냐'라고 놀리면서 계속 장난친다. 다른 친구들도 다 듣고 있을 텐데 더 부끄럽고 민망해진다. 보고 있던 선생님이 중재했다. 다양한 가족의 형태가 있을 수 있다고, 친구의 가족에 대해 놀리면 안 된다고 경고하셨다. 그럼에도 나의 마음은 이미 상처를 받았고, 화나는 마음을 미술 시간 내내 꾹꾹 참고 있었다. 수업이 끝나자마자 옆에 있는 친구는 나에게 바로 속삭였다. '가족의 비밀 말해봐'라고. 그 말에 꾹꾹 눌렀던 마음들이 주먹으로 터져 나왔다. '그만하라고 ×발!' 그리고 이성을 잃어버렸다.

싸움이 상처가 될 때

싸움은 서로가 서로를 겨누는 행위인 만큼 상처도 같이 받게 된다. 누가 먼저 시작했는지도 중요하겠지만, 다툼이 시작되는 순간부터는 서로가 마음과 몸에 상처를 주고받으면서 모두가 상처받고, 그로 인해 싸움은 더 커지게 된다. 누군가 중재할 틈도 없이 눈빛 하나로 이성을 잃어 다툼이 시작될 수 있고 상대의 부정적 언행을 갚기 위해, 상대를 짓누르기 위해 언행의 강도를 서로 높인다. 싸움은 순간 불꽃처럼 튀어 올랐다가 누군가 물을 붓지 않으면 계속 타오르게 된다. 꼭 몸싸움뿐만 아니라 말싸움을 할 때도 누군가가 지지 않으면 싸움의 수위는 계속 높아질 수 있다. 아픔을 잔인하게 주고받았던 시간만큼 마음의 상처는 더 커지게 되는 것이다.

몸의 상처가 클수록 마음의 상처도 깊어지기 마련이다. 단순한 실랑이라고 하더라도 한 번의 싸움은 꽤나 충격적으로 느껴지며, 상대가 상처 준 말과 행동이 오랫동안 기억되게 만든다. 말싸움만 일어날 때에도 서로에게 상처 주는 말을 해가면서 서로가 서로의 마음을 깊고 아프게 찔러, 상처를 준 말이 기억 속에 오랫동안 각인된다. 때로는 말싸움이 몸싸움보다 더 오랫동안 머릿속에서 아픔을 유발할 수 있다. 그런 싸움을 하고 나면 정말 다양한 감정들이 솟구치는데, 화, 흥분, 억울함, 속상함, 짜증, 미안함 등 복합적인 감정이 튀어나와 흥분된 마음을 진정시키는 데 시간이 걸릴 수 있다. 말도 잘 안 나오고 눈물만 나오면서 나의 마음을 스스로 주체 못 할 것 같은 느낌이 든다. 순간의 충격적인 상황이었기에 그 상황을 정확하게 기억하지도, 묘사하지도 못할 수 있다. 이성보다 감정이 커진 상황이기에 서로가 싸움의 이유를 다르게 기억하면서 자신의 잘못보다 상대의 잘못만을 먼저 생각하고, 싸움에 대한 억울함만 마음속에 남아 있을 수 있다.

어떤 싸움이든 벌어졌을 때는 주변 사람들이 싸우는 사람들의 안전을 확인한 후에 서로를 다른 공간으로 분리해야 한다. 이때는 반드시 다른 사람이 개입하고 중재해야 싸움이 더 커지는 것을 방지하고 싸움을 멈출 수 있다. 그런 후에는 싸운 사람들을 안정시키고 진정시키는 시간을 갖는 것이 우선이다. 자신의 마음을 진정시켜야 싸움을 되돌아보고 무엇이 잘못인지를 스스로 생각하며 싸움에 대해 반성할 수 있게 된다. 그렇지 않고 어른들이 먼저 화를 내면, 아이들은 억울한 마음이 먼저 올라와 타인의 잘못과 자신의 상처만을 보게 될 수 있다. 그렇게 진정된 상태에서 상담을 하다 보면 싸움을 촉진한 요인은 대부분 상처 주는 말 한마디였던 경우가 많았다. 그 상처 주는 말 한마디가 흥분한 사람의 이성을 잃게 만들고 싸움을 키운 것이다. 그런 상처 주는 말의 예를 들자면, 부모님의 욕이나 서로의 자존심을 건드는 말이다. 그렇게 상처 주는 한마디를 들으면, 참 아프고 스스로를 통제하기 어려워질 수 있다. 그러한 마음은 이해해 줄 수 있으나, 싸우는 행동 자체는 절대 이해해서는 안 된다. 싸우는 행위를 정당화한다면, 갈등 상황 속에서 싸움이 하나의 해결책인 것처럼 여겨지면서 반복될 수 있기 때문이다. 싸움과 같은 좋지 않은 행동에 대해서는 반드시 반성하고 싸움이 반복되지 않도록 반드시 교육해야 한다.

힘의 균형이 깨졌다면, 학교 폭력일 가능성이 높다

싸움의 과정을 명확하게 보기 위해서는 아이들 간 힘의 불균형을 고려해서 상황을 보아야 한다. 비슷한 위치에 있거나 서로 친구로서 잘 지냈던 사이에서 발생한 싸움이라면, 의외로 싸움 이후에 서로의 마음을 솔직하게 표현하면서 화해하고 관계를 회복하는 경우도 많다. 물론 화해를 하기 전에는 서로의 관계에 대한 의사가 제일 중요하겠지만, 의외로 솔직하게 자신의 잘못을 인정하고 서로에게 사과하면서 악감정을 툴툴 털어버리고 더 친밀한 관계로 발전하기도 한다. 그러한 싸움을 통해 상대가 어떤 부분에서 예민하고 상처를 받았는지를 분명하게 알게 되고, 상대의 솔직한 마음과 마주하는 기회를 가질 수 있기 때문이다.

반면 같은 학생이라고 하더라도 교실 내에는 힘의 불균형이 존재하는 관계도 있다. 가령, 인기 있는 학생, 공부나 운동을 잘하는 학생, 신체적으로 우위에 있는 학생 등 교실 내에서 어느 영역에서 우월한 위치에 있는 학생이 누군가에게 언어적 혹은 신체적으로 폭력을 행한다면, 이는 단순히 친구들 간의 싸움이 아니라 학교 폭력일 가능성이 높다. 꼭 한 명이 우월한 위치에 있는 학생이 아니더라도 다른 학생이 힘이 약한 편에 속한다면 이 또한 힘의 불균형이 존재하는 것이다. 예를 들면, 자기주장을 어려워하는 학생, 소심하고 내성적인 학생, 특수 학급 학생, 경계선 지능 학생 등 또래 학생에 비해 폭력과 싸움에 대응할 힘이 부족한 학생과 평범한 학생과의 싸움이 일어났을 때에도 힘의 균형은 깨진 형태이다. 다수 대 소수 혹은 한 명을 대상으로 집단적으로 싸움이 발생할 때도 그렇다.

 이런 상황일 때 좀 더 약한 위치에 있는 학생들은 상황에 대응하기가 어려워진다. 그냥 폭력을 당하거나 순응하기도 하며 위협을 당해도 못 본 척, 모르는 척하며 아파도 그저 참게 될 수 있다. 이는 잘못 대응했다가 더 큰 위협을 당할 수 있다는 두려움과 불안 때문이다. 힘의 균형이 깨진 관계는 학교 폭력의 가해자-피해자 관계를 지속시키고 폭력 피해를 커지게 만들며, 피해자가 '학습된 무기력'[19]을 경험하게 할 수 있다. 학습된 무기력은 피할 수 없거나 극복할 수 없는 환경에 반복적으로 노출된 경험을 학습하여, 실제 자신의 능력으로 피할 수 있거나 극복할 수 있음에도 그런 상황을 극복하려 하지 않고 자포자기하는 현상을 뜻한다. 어른들에게 도움을 요청하거나 학교 폭력을 신고하는 방법이 있다고 하더라도, 피해 학생은 그 방법을 선뜻 행하기 어렵고 그렇게 폭력을 당하는 상황에 그저 적응하고 무기력해질 수 있다.

 이러한 불균형을 고려해 피해 학생을 이해할 수 있어야 한다. 피해 학생에게 "왜 신고를 안 했어?"라고 질문하는 것도 실은 불필요한 말일 수 있다. 힘의 균형이 깨졌다면, 학교 폭력을 신고하는 데는 자신의 부족한 힘과 가해자의 힘을 합친 크기만큼의 용기가 필요하기에, 신고하기 쉽지 않을 수 있다. 그런 질문은 그저 피해를 입은 책임을 피해자에게 돌리는 말일 뿐이다.

    이러한 이유로 학교 폭력을 바라볼 때는 힘의 불균형과 피해자의 취약성을 항상 고려해야 한다. 이런 힘의 불균형 속에 폭력에 지속적으로 노출된 학생을 구출할 수 있는 방법은 누군가의 도움일 가능성이 높다. 따라서 우리는 주변에서 벌어지는 다툼이 단순한 싸움인지, 아니면 둘 중 누군가는 두려움을 느끼는 폭력인지를 확인하고 살펴보아야 한다. 이렇듯 균형적인 관계 속에서 싸움이 발생할 때도 서로에게 몸과 마음의 상처를 줄 수 있지만, 불균형적인 관계 속에서 싸움이 발생할 때는 피해자에게 트라우마와 같은 더 심각한 심리적 상처를 남기게 된다.

상처를 받았다면

① 속상한 마음을 참지 말기

    주변 사람들과의 갈등과 다툼으로 인해 마음의 어려움을 경험했다면 혼자서 그 마음을 삼키지 않길 바란다. 누군가에게서 자신을 욕하고 비난하는 말을 듣고 상처받은 시간을 보낸 그 경험은, 혼자 참아낸다고 기억 속으로 사라지지 않을 것이기 때문이다. 그 시간을 혼자서 참아내는 것은 몸도 마음도 아픈 상황에서 스스로를 외롭게 만들고, 그 상황이 잔인하게 느껴지게 만든다. 그 마음을 누군가에게 충분히 털어놓고 마음을 진정시키는 것이 필요하다.

② 관계 회복에 대해 고민하기

마음이 진정된 후에는 상대와의 관계를 어떻게 하면 좋을지 충분히 고민해 보아야 한다. 관계 회복을 원한다면 상대에게 마음을 표현하고 사과를 요청할 것인지, 누군가의 도움이 필요한지도 생각해 본다.

그리고 서로 간의 관계를 회복하기로 결정했다면, 그 싸움이 다시 일어나지 않게 하는 방법도 함께 고민해야 한다. 혼자서 해결하는 것이 어렵다면 부모님, 선생님, 다른 친구와 같은 중재자가 개입해 관계를 회복하는 것도 도움이 될 수 있다. 결국 가장 중요한 것은 이러한 싸움이 다시 반복되지 않게 하고, 갈등이 있을 때 소통으로 해결해 나가는 방법을 배워가는 것이다.

③ 싸움에 현명하게 대처하기

상대와의 싸움이 커질 것으로 예상되면 그 자리를 피하는 것이 가장 좋다. 피하는 것이 지는 것이라고 생각할 수 있으나, 서로에게 상처가 될 수 있는 상황을 미리 막고 예방하는 것일 뿐이다. 서로가 진정되고 흥분을 가라앉힌 뒤에 소통하자고 제안한 후에 그 자리를 피하는 것이 가장 현명할 수 있다.

그럼에도 상대가 계속 시비를 걸 경우 그 싸움을 중재할 수 있는 누군가를 찾거나 사람들에게 도움을 요청해서 싸움을 예방해야 한다. 자신은 소통으로 해결하고자 노력했음에도, 상대방이 계속 싸움을 걸고 비슷한 갈등 상황에서도 싸움이 반복된다면, 그 관계가 나에게 위험한 것은 아닌지, 자신이 상대로부터 정말 안전한지를 진지하게 고려해야 한다.

④ 힘의 균형이 깨진 것인지 고려하기

상대와의 싸움이 대등하지 않고 관계가 불균형적인지를 스스로 살필 수 있어야 한다. 상대가 두렵고 무섭게 느껴진다면, 이것은 자신이 취약한 위치에 처하는 관계로 변화했다는 것을 의미할 수 있다. 힘의 균형이 완전히 깨지기 전에 그 관계에서 벗어나야 한다. 모든 관계는 대등하고 안전해야 한다. 상대로부터 신체적, 심리적 위협을 느낀다면, 그 위협은 관계가 위험에 처해 있음을 알려주는 신호이다.

상처를 주지 않으려면

① 상처받아도 참아내기

다툼과 싸움 속에는 상처받은 마음과 상처 주는 마음이 섞여 있기에, 상처를 주지 않고자 노력하는 것은 내가 상처받아도 참아야만 하는 어려운 상황일 수 있다. 상처를 받았기에 나도 상처를 줘야 한다는 생각이 들 수 있기 때문이다. 물론 상대로부터 비난이나 상처를 받는 순간, 그 상처를 참아내는 것은 그 자체로 너무 속상하다. 화를 참기 어려울 수 있다. 또한 화를 참는 것이 상대에게는 꼭 자신이 이기는 것처럼 착각을 일으켜 상대가 더 심한 행동을 할 수 있기도 하다.

그럼에도 우리는 상처를 받고서도 상처를 주지 않고자 노력하는 태도를 배워야 한다. 자신이 폭력 행위를 해 상대를 이긴다고 하더라도 정말 통쾌한 승리감이 들지에 대해서도 다시금 생각해 봐야 한다. 그러한 행동이 상처에 대한 복수는 아니며, 결국 자신의 마음과 상황을 더 위험하게 만들 수 있다. 오히려 서로에게 상처만 준 채, 더 큰 싸움으로 이어져 폭력 사건으로 처리될 수도 있다. 마음은 억울할 수 있지만 스스로가 더 상처받지 않기 위해서, 상대와 똑같은 사람이 되지 않기 위해서, 그리고 더 큰 싸움으로 발전되지 않기 위해서 상처받은 마음을 참아내는 것도 배워야 한다.

② 감정 조절 능력과 건강하게 소통하는 능력 키우기

우리 사회는 폭언과 폭력을 용납하지 않는다. 각각의 상황에 따른 이유가 있더라도, 폭력과 폭언을 하면서 갈등을 해결하면 그것을 학습해 다른 상황에서도 비슷하게 문제를 해결할 수 있기 때문이다. 갈등을 잘 해결하기 위해서는 감정을 조절하는 능력을 키우고 건강한 소통 방식을 배워야 한다.

감정 조절 능력은 상대방과 갈등이 생겼을 때 감정적으로 행동하지 않고, 자신이 흥분되고 감정적으로 행동할 것 같으면 그 자리를 피하거나 그 감정을 참아낼 수 있는 힘을 말한다. 이를 위해서는 순간의 충동과 흥분을 잘 파악하고 자신의 상태를 다스리는 힘이 사전에 필요하다. 자신이 흥분하고 평소와는 다른 상태임을 빠르게 감지해, 감정대로 행동하기 전에 자신의 행동을 먼저 바꿀 수 있어야 하기 때문이다.

그리고 감정이 진정된 후에는 대화로 상대와 풀 수 있는 소통 능력이 필요하다. 상대로부터 상처받은 마음을 솔직하고 건강하게 표현하며 사과를 요청하고, 상대방의 입장도 충분히 듣고 다시 싸움이 발생하지 않도록 대화로 소통할 수 있어야 한다. 즉, 감정적으로 대응하는 것이 아니라 상처받은 마음을 말로 표현할 수 있어야 한다. 따라서 우리들은 상처받은 마음을 더 명확하게 표현하고, 서로가 그 마음을 수용하며, 상처받은 경험을 통해 갈등을 조율하고 관계를 성장시킬 수 있어야 한다.

교사에게서 받은 상처

선생님에게서 상처받은 날

"네가 그럼 그렇지. 도대체 언제 잘할래? 너는 왜 이렇게 사고만 치니?" 오늘도 한 소리를 들었다. 내가 공부를 안 하고 숙제를 못 한 것이고, 친구들이랑 놀고 싶은 마음만이 있는 것은 분명 내 잘못이라 인정할 수밖에 없었다. "죄송합니다…."라고 그 순간에 말할 뿐이다. 나는 공부에 큰 흥미가 없는데 선생님들은 왜 자꾸 공부를 강요하는지 모르겠다. 역시 나는 선생님들의 기대를 충족시키기 어려운 사람인가 싶다. 더 공부하기 싫어진다. '너의 미래는 깜깜하다. 이렇게 해서 어떻게 살래? 너 같은 애는 어떻게 살아갈지 눈에 뻔하다' 매일매일 학교를 갈때마다 선생님들께 이런 소리를 듣는다. 나도 내가 문제라는 걸 알지만, 그 소리를 또 들으면 슬퍼지기도 하고 화가 나기도 한다. 내 미래를, 나의 한계를 선생님이 모두 정해놓는 것 같다. 나는 진짜 희망이 없는 사람인가? 한심한가? 나도 그렇게 느끼긴 하지만 근데 공부만이 꼭 답인 걸까. 공부 외에는 성공할 방법은 정말 없고 내 미래는 어둡고 난 문제아로만 살아가는 것일까. 학교가 가기 싫어진다. 학교는 나 같은 사람은 싫어하고 내 존재가 무가치하게 느껴지게 만든다.

교사의 말이 상처가 될 때

학교 속 힘의 불균형이 발생하는 또 다른 관계로는 교사와 학생 간의 관계가 있다. 어른과 청소년은 그 자체로 나이와 지위의 불균형이 있기 때문이다. 상담실에서는 어른들의 말과 행동으로 상처를 받은 학생들의 이야기도 종종 들을 수 있었다. 상처를 준 어른은 부모님, 조부모님, 친척, 학교 선생님, 학원 선생님 등 다양한데, 꼭 아동 학대나 가정 폭력이 아니더라도 그저 자신에 대한 부정적인 말 한마디로 아이들은 상처를 받고 아파했다. 그 말을 한 어른이 아이들에게 가까운 사람일수록 상처를 더 크게 느꼈다. 특히 교사는 학창 시절에 아이들과 오랜 시간을 함께 보내고 롤 모델이 되는 성인이며, 아이들은 기본적으로 교사로부터 사랑과 관심을 받고 싶어 하기에, 교사가 준 작은 부정의 말도 상처로 느꼈다.

때로는 아이의 잘못에 대한 지도와 교육의 일환으로 어른들이 상처 주는 말을 사용하기도 한다. 단순한 말로는 문제 행동을 그만두지 않아, 다소 강압적이거나 통제적인 형태로 아이를 대할 수도 있기 때문이다. 참 어렵다. 선생님 혹은 부모의 말을 안 듣거나 문제 행동을 보이는 아이를 어떻게 지도해야 하는 것일까? 어른으로서 아이를 교육해야 하는 상황에서 마음의 상처와 교육이 충돌하는 지점이 있다. 아이들 또한 상처가 되는 상황과 교육을 받아야 하는 상황을 구분하지 못하고, 조금의 쓴소리도 상처로 자주 인식하기도 한다. 요즘에는 교권 침해 문제도 자주 발생하기에, 교사와 학생 간 힘의 불균형이 있다고 상처가 일방향으로만 발생하는 것도 아니다. 그럼에도 교사와 학생 간의 복잡한 상황 속에서 그동안 아이들의 교육에 집중하느라 놓쳐왔을 수 있는, 교사로부터 상처받은 아이들의 경험을 좀 더 다루어보고자 한다.

아이들이 교사로부터 상처를 경험하는 첫 번째 지점은 자신의 입장을 충분히 들어주지 않고 교사가 가진 고정 관념과 생각으로 아이를 판단할 때이다. 아이의 상황을 잘 파악하지 않고 내뱉는 교사의 강압적인 말은 아이들에게 억울한 마음이 들게 하고 자신에 대한 부정적 평가처럼 느껴지기에, 상처로 느껴질 수 있다. 예를 들면, 문제아라고 생각하던 아이가 문제 행동을 할 때 왜 그런 행동을 했는지 이유를 물어보지 않고 바로 '너 또 사고 쳤냐, 문제 좀 일으키지 마라' 같은 표현을 한다면, 아이가 그렇게 행동한 이유를 스스로 생각해 보는 것이 아니라 교사의 부정적 잣대에 따라 스스로를 보게 만들 수 있다. 자신을 문제아라는 틀에 가두고 학급 아이들 사이에서도 그러한 관념이 형성되어 '낙인 효과'처럼 문제아의 행동 방식에서 벗어나지 못하고 비슷한 행동을 반복할 수 있다.

아이들에게 부정적인 말을 할 때는 아이를 바라보는 교사의 편견이 내재된 표현이 있는지를 잘 구별해야 한다. 쉽게 내뱉은 어른의 말 한마디, 생각 없이 한 행동 하나가 힘의 불균형 때문에 아이들에게 더 큰 상처를 주고 학생 스스로의 자존감을 낮추고 자신의 한계를 만들 수 있기 때문이다. 그리하여 스스로도 그러한 부정적 관념에 갇혀, 더 엇나가고 반항적으로 될 수 있다. 또한 상처받은 경험과 그렇지 않은 경험을 스스로도 잘 구별하지 못하여 더 방어적이 되거나 어른으로부터 상처받은 경험을 누구에게도 표현하지 못하고 마음속으로 삭힐 수 있다. 아이는 어른과 힘이 불균형할 뿐만 아니라 어른의 부정적 반응이 반복될까 봐 두려워, 마음속에서만 상처를 곪게 할 수 있기 때문이다. 칭찬과 관심을 원하는 시기에 교사로부터 받은 부정적 평가는 아이를 크게 좌절하고 위축되게 만든다. 그러면서 스스로를 한없이 낮추고 상처조차 표현하지 못한 채 상처받은 마음을 갖고 계속 살아가게 만들어, 자아를 형성할 때에도 부정적 영향을 줄 수 있다.

교사에게서 상처를 경험하는 또 하나의 상황은 교사가 어른으로서 적절하지 않은 반응을 보이고 적절한 역할을 하지 못할 때다. 예를 들면, 학교 폭력이나 성폭력을 신고했을 때 어른이 해야 할 일, 아이를 보호하고 돌보고 대처하는 일을 하지 않았을 때 아이는 오히려 어른으로부터 2차 가해를 입고 신뢰할 수 있는 어른이 없다고 느낄 수 있다. 갈등이나 폭력, 괴롭힘이 있을 때 개입하지 않는 행동, 아이의 의사와 상관없이 사과나 화해를 강요하는 행동, 아이의 문제에 무관심한 행동, 아이들의 상처를 무시하거나 방치하는 행동 등 아이의 어려운 상황에 적절한 반응을 보이지 않고 적절한 도움을 주지 않는 어른의 모습을 보는 것 자체가 상처로 느껴질 수 있다. 아이들이 어른에게 도움을 청하거나 고민 상담을 할 때, 자신의 기대와 다른 어른의 부적절한 반응이 나온다면 아이에게는 상처로 느껴질 수 있다.

그뿐만 아니라 용기 내어 자신의 고민을 말했을 때, 아이의 입장을 충분히 고려하지 않고 어른의 입장에서 섣불리 행동할 때에도 그런 교사의 반응에 당황스럽고 괜히 이야기했다는 생각이 들 수 있다. 교사의 입장에서 아이를 돕는다고 생각하고 한 행동일 수 있지만, 아이에게 충분히 설명하고 어떤 점에서 도움이 될 수 있는지를 말하지 않는다면 아이의 입장에서 원치 않은 결과를 마주한 것처럼 느껴질 수 있다. 그러한 결과를 기대한 것이 아니었다는 생각에 마음을 다쳐 '이제 누구도 믿을 수 없고 그 누구에게도 속마음을 이야기하지 않아야겠다'고 잘못 생각하게 만들기도 한다. 때론 적절한 방식도 아이들은 적절하지 않은 방식이라고 오해할 수 있기 때문에, 사전에 아이를 보호하기 위한 어른의 행동임을 충분히 설명하고 설득해야 할 필요가 있다. 아이의 마음을 살핀다는 것은 그동안 어른의 시선으로 살아왔던 세상을 다시 아이의 시선에서 바라보는 과정이다. 그렇지 않으면 너무나 여리고 작은 새싹을, 어른인 우리가 무심결에 짓밟을 수 있기 때문이다.

상처를 받았다면

① 또 다른 믿을 만한 어른을 찾기

교사에게서 상처를 받았다면, 상처를 준 행위에 따라 경험하는 건 다를 수 있지만 상처가 상처인지 모른 채 불쾌한 감정만이 남은 채로 상처를 경험하고 있을 수 있다. 혹은 그 행위에 담긴 부정의 강도가 높다면 더 무섭고 두렵고 불안한 채로 홀로 그 상처를 견디고 있을 수 있다. 특히나, 자신을 보호해 주고 교육해야 할 존재인 교사가 약한 아이를 대상으로 실제로 상처 주는 행위를 한다면 아이는 어른으로부터 큰 상처를 받고 모든 어른 그리고 세상에 대한 신뢰도가 낮아질 수 있다. 그러기에 그 누구에게도 이야기하지 못한 채 그 상처를 혼자 참아내려고 더욱 애쓰고 있을지 모른다. 어린아이의 자아가 어른에게 맞선다는 것은 힘의 불균형 때문에 쉬운 일이 아니기 때문이다. 그래서 어른이 더 두렵게 느껴지고 무섭고 불안한 채로 또다시 상처를 받을까 전전긍긍하며 홀로 그 무서움을 견디고 있을 수 있다.

앞서 말했듯이, 어떠한 관계에서도 1순위는 자신임을 잊지 않아야 한다. 아무리 어른이라도, 부모님 혹은 선생님이라도 나에게 상처를 주고 부정적인 행위를 했다면 좋은 어른이 아닐 수 있다고 유연하게 생각해야 한다. 어른과 아이의 관계에서 아이를 더 낮고 약한 존재가 아닌, 자신과 동등한 인격체로 존중하며 상처를 주지 않고자 노력하고, 상처받은 어린 마음을 보호하고자 노력하는 어른이 진정으로 좋은 어른이라 할 수 있기 때문이다. 어른의 행위가 나에게 부당하고 정당하지 않게 느껴진다면 그 상처로부터 안전할 수 있도록 부모, 다른 선생님, 경찰 등의 신뢰할 만한 또 다른 어른의 도움을 찾아야 한다. 어른에 대한 신뢰가 없다고 하더라도 학생은 어른보다 약한 위치에 있을 수 있기에, 자신에게 더 힘을 실어줄 수 있는 또 다른 어른의 도움이 필요하다.

② 어른의 말 경계하기

어른의 말을 들을 때는 그 말을 경계하는 태도를 가져야 한다. 자칫하면 그 말에 대해 스스로 생각하지 않고 그대로 흡수해 버릴 수 있기 때문에, 자신에게 필요한 말을 골라서 들을 수 있는 능력이 필요하다. 어른들의 생각도 틀릴 수 있다는 점을 항상 인지하며 누군가의 말을 고정적으로 듣는 것이 아니라,

유연 하게 듣고 필요하지 않은 말은 버리고 필요한 말들만 자신이 소화할 수 있어야 한다. 어른의 말은 영향력이 커서 오랫동안 스스로를 가두고 한계를 짓게 만드는 위험이 있다는 점도 명심해야 한다. 그러기에 평소에 타인으로부터 나에 대한 말을 들을 때는 한 번 더 생각하는 과정이 필요하다. 진짜 나에게 도움이 되는 말인지, 나에게 상처가 되는 말인지, 나에게 필요한 말인지 등을 고려해서 자신을 위한 말을 잘 선별할 수 있어야 한다. 아무리 좋은 말이라도 나에게 상처를 주는 말이라면, 좋은 말도 아니고 나를 위한 이야기도 아닐 수 있다.

③ 착한 아이 콤플렉스가 있는지 살피기

어른의 말에 상처를 더 쉽게 상처를 받는 사회적 이유가 있기도 하다. '착한 아이'가 되라고 강하게 압박하는 우리 사회의 분위기 때문이다. 이런 사회적 관점에서의 '착한 아이'의 정의는 어른의 말에 순응하고 순종하는 아이이기에, 우리는 어른들로부터 칭찬과 관심을 받고 어른을 실망시키지 않고자 어른의 기대에 과도하게 맞추며 성장했을 수 있다. 그러한 노력이 과도해지면 착한 아이가 되기 위해 자신의 욕구는 억제하고 어른의 말만 들으려 애쓰는 '착한 아이 콤플렉스'가 발달할 수 있다.

착한 아이 콤플렉스를 가진 채로 부정적으로 평가하는 어른의 말을 들으면, 아이에게는 그 말이 더 아프고 충격적으로 느껴진다. 이러한 말을 누구에게도 하기 어려워, 마음속으로 삼킬 수밖에 없기도 하다. 그렇게 어른의 기준에 자신이 미치지 못했다는 느낌으로 인해 자아 존중감도 낮아지게 된다. 어린아이들이 어른의 말에 너무 순응하고 순종하며 자라게 될 때의 가장 큰 맹점은 스스로 생각하는 힘을 잃어버리고 어른에게 끌려다니며 살아가는 태도만을 길러낼 수 있다는 것이다. 즉 나의 자율성은 잃어버릴 수 있는 것이다. 그렇기 때문에 어른들의 작은 말에도 영향을 많이 받으며, 어른들이 만들어낸 알맹이 없는 이미지를 자신의 자아라고 착각하며 어른이 될 수 있다. 어쩌면 어른이 되어서야, 자아가 없다는 것에 혼란을 느끼고 자아를 다시 찾아야 할지 모른다. 너무 늦게 이러한 사실을 깨닫지 않도록 어른으로부터 받은 상처를 통해 착한 아이 콤플렉스가 자신의 상처를 그저 참아내게 만들지는 않는지, 어른의 기대가 자신에게 맞지 않고 스스로를 더 힘들게 하지 않는지, 무조건적으로 어른의 기대를 충족하고자 애쓰고 있지 않는지 등을 생각해 보아야 한다.

상처를 주지 않으려면

① 아이들의 마음을 살피기 위해 노력하기

교사로서 아이들을 교육하는 과정은 결코 쉽지 않고 녹록지 않다. 밀집된 교실 속에서 다양한 아이들이 말을 듣지 않고 제멋대로인 상황을 마주하면 아무리 교사라도 아이를 원하는 방향으로 통제하고 교육하기 어렵기 때문이다. 수업 활동 및 준비, 다양한 행정 업무, 여러 가지 사안들이 쌓였는데 교사는 한 명이며, 그 한 명이 다양한 아이들의 마음을 하나하나 살핀다는 것도 현실적으로 어려운 일일 수 있다. 그러기에 복잡하고 힘든 교육 활동 속에 가장 먼저 소홀해질 수 있는 것은 어쩌면 아이들의 마음일지 모른다.

이는 학부모들도 비슷하다. 자신에게 다양하게 부과된 위치들 속에서 부모의 역할을 수행하는 것이 때로 버겁고 힘들기에, 아이의 마음까지 섬세하게 생각하기 어려울 때가 자주 있다. 또한 자신도 공감받지 못하고 적절한 돌봄을 받지 못한 채로 성장했다면, 자신의 아이에게 공감해 주고 따뜻한 말을 하는 것조차 어떻게 해야 할지 잘 모르겠고 힘들게 느껴지기도 한다.

그럼에도 어떠한 이유든 간에, 어른은 아이를 보호하고 교육하는 존재이다. 자신이 학창 시절의 상처를 경험했던 것처럼, 아이들도 상처를 받으면 그 마음이 오랫동안 지속되고 잊히지 않을 수 있음을 생각해야 한다. 분명한 것은 나도 상처받고 살았다는 이유로 잘못 없는 아이들에게 그 상처를 돌려서는 안 된다는 것이다. 상처로 짓눌렸던 어린 시절을 생각하면서 그 아픔을 잊지 말고, 우리의 아이들은 똑같은 상처를 경험하지 않을 수 있도록 어른들은 노력해야 한다.

② 교사의 소진 예방하기

교사로서 아이들에게 상처를 주지 않기 위해 가장 먼저 필요한 것은 교사의 소진 예방이라고 생각한다. 교육 활동을 하면서 교사가 마음의 여유가 없어 소진되거나 심리적인 어려움을 경험하면, 아이들의 마음을 살펴보는 것은 당연히 어려울 수 있다. 아이들의 상처를 생각하기 전에 바쁘고 복잡한 교육 활동 속에서 교사로서 마음의 여유 공간을 확보하는 것이 가장 먼저일 수 있다. 교사로서 소진되거나 어려움을 경험하면, 이를 해결할 수 있는 방법을 찾고 치유의 시간을 꼭 가져야만 한다.

③ 아이를 대하는 자신의 행동 성찰하기

그러한 여유 공간을 확보한 후에는 교사로서 아이를 대하는 자신의 말과 행동을 스스로 자주 돌아볼 수 있어야 한다. 평소에 아이들에게 부정의 말을 하고 있지 않은지, 아이들의 말을 잘 경청해 주지 않고 있는지, 아이들의 목소리를 무시해 버리고 있지 않은지, 어른의 관념으로, 그 틀로 아이들을 바라보고 있지 않은지, 어른의 욕구를 아이들에게 투영하면서 압력을 가하고 있지 않은지, 상처받은 아이의 마음을 알아차리고 있는지, 아이들을 성장하는 존재가 아니라 고정된 존재로 생각하고 있지 않은지 등 여러 차원에서 아이를 대하는 자신의 생각과 말을 자주 점검하는 습관을 가져야 한다.

④ 학생과 권위 있는 관계 설정하기

학생과의 관계를 어떻게 형성해 갈지 스스로 많이 고민하고 설정해 나가는 것이 필요하다. 미국의 발달심리학자 다이애나 바움린드(Diana Baumrind)가 제시한 부모의 양육 방식[20] 중에 '권위 있는 양육'이 있는데, 이 유형을 교사와 학생과의 관계에도 적용하기를 추천한다. 바움린드의 양육 방식은 애정과 통제 수준에 따라 권위 있는 양육, 권위주의적 양육, 허용적 양육, 거부적 양육, 이 네 가지로 분류된다.

그중 권위 있는 양육[21]이란, 가장 바람직하고 이상적인 방식으로 높은 수준의 애정과 통제를 보인다. 부모는 자녀의 행동을 주의 깊게 관찰하며, 자녀들의 행동에 합리적이고 일관적인 기준을 설정한다. 또한 대화와 설득을 통해 아동의 행동 변화를 추구하며 자녀의 의견을 존중하고 독립적 사고를 권장한다. 부모가 위엄과 권위를 보이며 품행에 대한 명확한 기준을 자녀에게 제시함으로써 자녀가 부모의 기대에 부응하게 한다. 이와 비슷하게 교사와 학생도 '권위 있는 관계'를 형성해야 한다고 생각한다. 학생들에게 일관된 기준을 적용하고 그에 따라 통제하면서 교사의 권위를 잃지 않아야 한다. 동시에 민주적이고 수평적인 모습을 보이면서 학생을 존중하며 지지해 줄 수 있어야 한다. 중요한 것은 권위와 민주성을 둘 다 유지하는 것이다. 둘 중에 하나라도 잃어버리면 한 영역이 지나치게 강해지거나 다른 영역이 지나치게 약해질 수 있기 때문이다.

특히나 아이들의 마음에 상처를 주지 않기 위해서는 민주성이 정말 중요하다고 생각한다. 선생님이 자신을 존중하고 수용하고 지지할 것이라는 기대가 있어야, 설령 교사로부터 상처를 받았더라도 아이들이 솔직하게 표현할 수 있고 그러한 관계에서는 아이들이 상처를 받을 가능성도 줄어든다고 생각한다. 또한 그러한 관계가 바탕이 되어야 교실 속 상처를 받는 아이들이 교사에게 자신의 어려움을 편하게 말하고 도움을 편하게 요청하여, 아이들의 문제에 빠르게 대처하고 해결할 수 있게 된다.

⑤ 아이들의 지지와 회복에 집중하기

이미 상처가 넘치는 사회 속에서 우리 아이들은 태어났다. 어른들이 상처를 주지 않더라도 아이들은 누군가로부터 언제든지 상처를 받을 수 있으며, 앞으로 마주하고 극복해야 할 상처들도 이미 차고 넘친다. 그렇기에 어른이 집중해야 하는 것은 그 상처로부터 아이를 보호하고 지켜주고 상처 난 마음을 회복할 수 있도록 돕는 것이다. 우리는 어른으로서 연약한 아이들의 마음에 불필요한 생채기를 만드는 것이 아니라, 상처받은 아이들의 마음을 따뜻하게 안아주면서 상처 넘치는 사회 속에서도 견딜 수 있도록 아이들을 지지해 주어야 한다. 그러한 어른의 품속에 있어야, 아이들은 상처를 받아도 더 단단해지고 더 빨리 회복되며 건강하고 바르게 성장해 나갈 것이기 때문이다.

온라인 괴롭힘

사이버 폭력에 상처받은 날

익명 게시판에 나를 저격하는 글이 또 올라왔다. 차마 누구에게 말하기조차 어려울 정도로, 나에 대한 선명한 욕과 비난의 글이었다. 그 글에 동의하는 댓글들도 계속 달리고, 좋아요 수도 계속 올라간다. 나를 싫어하는 사람이 이렇게 많았나. 내가 그렇게 큰 잘못을 했나…. 내일 학교 가기가 두려워진다. 그 글을 썼던 아이도 댓글에 동의한 아이도 글에 좋아요를 누른 아이도 모두 학교 안에 있을 텐데 그 공간을 가야 하는 게 싫어진다. 자기가 아닌 척, 모르는 척하는 것을 본다면 더 힘들게 느껴질 것 같다. 누군지 몰라서 답답하고 억울하다. 의심은 가지만 물어보면 아니라고 할 게 분명한데 어떡하지? 다 나를 비난하는 것 같다. 어디서부터 잘못된 걸까. 이 글이 다른 아이들에게까지 유포되면 어떡하지? 나를 비난하는 친구들이 더 많아지면 어떡하지? 왕따가 될까 봐 두렵다…. 글을 삭제했다고 하더라도 어딘가 나를 비난하는 글이 남겨져 있을 것만 같다. 나 몰래 주고받고 전달되는 뒷담들도 계속되지 않을까.

피해가 선명한 사이버 폭력

우리 모두는 스마트폰에 많이 의지하며 현재를 살아간다. 이제는 온라인 공간이 삶에서 필수 불가결한 세상 중 하나가 되었다. 태어날 때부터 스마트폰을 갖고 태어난 지금의 청소년들에게 온라인은 너무나도 당연해졌다. 디지털 기기를 통한 편리성과 이점들은 늘어났지만, 그에 따른 사이버상의 관계들도 확장되면서 부작용으로 범죄 행위와 상처를 주는 행위도 증가했다. 게다가 온라인을 통해 폭력의 피해는 더 증폭됐다. 이제 사이버 세계는 상처가 생겨나는 장소 중 빼놓을 수 없는 공간이 되어버린 것 같다.

2023년 사이버 폭력 실태 조사[22] 결과에 따르면, 우리나라 청소년의 40.8%가 사이버 폭력(가해+피해+가해·피해)을 경험한 것으로 나타났고 전년도보다 0.8%가 감소했다고 한다. 사이버 폭력 피해 경험 비율은 21.6%로 전년 대비 0.6%가 증가했다고 한다. 사이버 폭력을 경험한 청소년들의 비율이 계속해서 청소년 전체의 40%를 넘긴다는 것은 결코 적은 비율이 아니다. 청소년들 사이에서 사이버 폭력 가해와 피해가 만연하고 흔하게 일어난다고 보인다. 또한, 사이버 폭력 가해 후 심리 상태의 결과에서 가해 행동을 흥미롭거나 재미있다고 인식하는 경우가 전년 대비 증가(13.3%→17.2%)했다고 한다. 이는 사이버 폭력의 심각성을 인지하지 못하고, 놀이 또는 유희적 행위로 인식하고 가벼운 장난으로 여기는 분위기가 확산된 것이다.

표 1. 사이버 폭력의 유형

유형	설명
사이버 언어폭력	인터넷, 스마트폰 문자 서비스 등을 통해 욕설, 거친 언어, 인신 공격적 발언 등을 하는 행위
사이버 명예 훼손	사실 여부와 상관없이 다른 사람/기관의 명예를 훼손하는 글을 인터넷, SNS 등에 올려 아무나(불특정 다수) 볼 수 있게 하는 행위
사이버 스토킹	특정인이 원치 않음에도 반복적으로 공포감, 불안감을 유발하는 이메일이나 문자(또는 쪽지)를 보내거나, 블로그, SNS 등에 방문하여 댓글 등의 흔적을 남기는 행위
사이버 성폭력	특정인을 대상으로 성적인 묘사 혹은 성적 비하 발언, 성차별적 욕설 등 성적 불쾌감을 느낄 수 있는 내용을 인터넷이나 스마트폰을 통해 게시하거나 음란한 동영상, 사진을 퍼뜨리는 행위
신상 정보 유출	개인의 사생활, 비밀 등을 인터넷, SNS 등에 언급 또는 게재하거나 신상 정보(이름, 거주지, 재학 중인 학교 등)를 유포하는 행위
사이버 따돌림	인터넷 대화방이나 스마트폰, 카카오톡 등에서 상대방을 따돌리는 행위
사이버 갈취	인터넷에서 사이버(게임) 머니, 스마트폰 데이터 등을 빼앗는 행위
사이버 강요	인터넷에서 다른 사람에게 그 사람이 원치 않는 말/행동을 하도록 강요하거나 심부름을 시키는 행위

출처: 방송통신위원회·한국지능정보사회진흥원(2024, 177), 조계원(2024, 재인용).

다양한 사이버 폭력 중 언어폭력이 전체의 18.1%로 가장 흔하게 일어나고 있다. 학교 폭력 실태 조사 결과에서도 언어폭력이 가장 높은 비율로 나타나고 있듯이, 요즘 시대에는 사이버 폭력과 오프라인의 폭력이 분리되기보다 오프라인의 현상이 온라인의 세상에서도 그대로 발생하고 있다는 것을 알 수 있다. 어쩌면 오프라인에서 드러나지 않는 문제의 심각성이 온라인에서 더 드러나고 있을지 모른다. 오프라인에서만 폭력이 일어나기보다는, 이제는 온·오프라인에서 동시에 폭력이 겹쳐서 일어나며, 사이버 세상에서 피해가 시작되어 오프라인에서까지 피해가 발생하거나 오프라인에서 피해가 시작되어 사이버 세상에서까지 피해가 함께 일어날 수 있다. 이제는 어느 한 곳에 피해가 발생하면 온라인 혹은 오프라인의 다른 곳에서도 피해가 없는지를 함께 확인하는 것도 중요해졌다.

청소년의 경우 온라인 게임이나 문자 및 인스턴트 메시지, SNS 등을 통해 사이버 가해·피해를 경험한다. 이는 온라인 세상이 발달하면서 사이버상의 폭력이 이루어지는 경로들이 더 다양해지고 많아진 것이다. 우리가 흔히 알고 있는 페이스북, 인스타그램, 카카오톡뿐만 아니라 랜덤 채팅 어플, 텔레그램, 다크웹 등 우리가 잘 모르는 어플도 무수히 생겨나 사이버 폭력이 일어나는 장소들은 다양해졌고 익명성은 강화되었으며 피해의 증거들은 더 잘 숨겨지게 되었다. 온라인의 발달이 오히려 사이버 폭력의 가해자를 유리하게 만들고 피해의 흔적을 음지화시키면서 피해를 수면 아래로 감추기 때문이다. 이는 온라인의 발달 속도와 청소년들의 온라인 습득 능력에 발맞춰, 어른들이 알아야 할 정보들도 더 많아지고 있다는 뜻이기도 하다. 하지만 현실은 변화에 발맞춰 나아가기보다, 피해가 발생한 후 뒤쫓아 따라가기도 바빠 보인다.

사이버 폭력의 특징[23]은 첫째, 비대면성과 무경계성으로 인해 가해자와 피해자가 직접 대면하지 않아도 언제든지 시공간의 제약을 받지 않고 폭력으로 인한 피해가 발생할 수 있다는 것이다. 또한 SNS상에서 대면하지 않아도 당사자들 간의 폭력은 언제든지 개별적이고 직접적으로 일어날 수 있기에, 제삼자가 사이버 폭력의 발생을 미리 막거나 피해자에게 도움을 주는 데 더 큰 한계가 생겼다. 즉, 사이버 폭력은 가해자도 분명하지 않고 목격자도 존재하지 않으면서 오로지 피해만을 더 손쉽게 발생시킬 수 있는 것이다.

둘째, 익명성 때문에 가해자와 피해자 사이의 힘의 불균형이 매우 크다는 점이다. 가해자가 자신의 신원을 감추고 위조하고 드러내지 않으면서 피해자를 타깃으로 가해할 수 있다는 점에서 피해자가 더 취약한 위치에 있기 쉬워졌다. 이러한 이유 때문에 가해자는 익명성 뒤에 자신의 가해 행동을 숨기며 잘못에 대한 책임을 회피할 수 있다. 익명성뿐만 아니라, 온라인을 통한 집단적 가해도 더 쉬워져 피해자의 취약성과 심리를 이용하여 협박, 가스라이팅 등을 함으로써 가해는 더 오래 지속되고 가해자의 힘은 더 커진다. 그에 비해 피해자에게는 피해의 증거들만이 분명히 남은 채로, 재발이나 유포, 보복에 대한 두려움과 공포만이 커진다. 이렇게 피해자의 취약성이 더 심화될 수 있다. 이렇게 피해가 지속될수록 가해자와 피해자의 힘의 차이가 계속해서 벌어질 수 있다.

셋째, 빠른 전파성 때문에 피해를 막거나 최소화하기 어렵다. 사이버 공간에서의 행위는 완벽히 흔적을 제거하기 쉽지 않고 거의 영구적으로 남기 때문에 피해자의 대처 의지를 약화시켜 피해자를 무력하게 만들 수 있다. 피해의 증거들이 익명의 사람들에게까지도 빠르게 전달될 뿐만 아니라 전문업체의 손을 빌려 온라인상 피해의 증거를 아무리 제거하더라도, 이미 개인의 핸드폰에 저장한 피해의 증거들까지 완전히 삭제하기는 현실적으로 어려울 수 있다. 이러한 전파성 때문에 피해자는 피해 상황에 쉽게 무력감을 느끼며, 어디선가 자신의 피해 흔적이 전파되고 남아 있을 것 같은 막연한 두려움을 경험할 수 있다. 특히나 피해 부분이 피해자의 사생활이나 성적인 부분에 해당하면 두려움이나 공포, 불안 등의 감정이 극심해지며 더 큰 심리적 어려움에 빠질 수 있다. 그러한 상황 속에서 피해자는 개인적으로 피해에 대처해 보려 애쓰지만, 피해의 증거가 무한정 퍼져가고 언제든지 다시 피해가 일어날 수 있기에 좌절하게 된다. 게다가 가해자의 보복과 위협으로 인해 자신의 피해를 신고하는 것조차 더더욱 두려워지고 용기를 잃을 수 있다. 가해자가 피해자의 약점을 잡고 협박함으로써 사이버 폭력의 피해를 더 음지화시키고 지속시킬 수 있기 때문이다.

넷째, 사이버 폭력은 손쉽게 가해 대상을 발견할 수 있고 폭력을 행사하기 용이하므로 피해자가 가해자가 되는 악순환이 발생할 가능성이 높다. 2023년 사이버 폭력 실태 조사 결과에서도 주된 가해 동기는 보복(38.6%), 상대방이 싫어서(30%) 등이 높은 비율을 차지했다. 이는 상대방으로부터 온·오프라인으로 상처를 받고 그 상처에 대한 앙갚음으로 익명성과 접근성이 높은 사이버 세상에서 가해를 행한다는 뜻이기도 하다. 사이버 폭력의 피해 경험으로 사이버 폭력 가해 행동을 학습하기도 하고, 오프라인에서의 보복, 복수보다는 사이버 폭력을 가하는 것이 접근성과 충동성의 측면에서 더 쉬울 수 있기 때문이다.

온라인 세계가 중요한 청소년 시기에는 사이버 폭력의 피해 경험은 큰 충격처럼 느껴질 수 있다. 오프라인에서만큼, 혹은 그 이상으로 위협감과 두려움, 불안, 공포, 답답함 등의 감정을 크게 느낄 수 있다. 피해가 실시간으로 발생하고 상처의 증거를 눈으로 목격하며 피해를 막기도 없애기도 어려운, 통제 불가능한 상황에 처한 것처럼 경험되기 때문이다. 직접 대화해서 갈등을 풀 수 있는 상황도 아니고 찰나에 나의 약점을 잡힘으로써 피해에 계속 노출되기도 하며 아무리 대응하더라도 소용없는 것 같은 무력감을 느낀다. 그러다 보면 부정적 감정들이 순식간에 증폭될 수 있다.

또한 청소년들의 온라인 세계가 망가지면, 필연적으로 오프라인 세계에도 부정적인 영향을 미친다. 오프라인의 일상에서도 같은 일이 일어날까, 혹은 보복당할까 하는 두려움, 가해자와 현실에서 마주칠 수 있다는 공포, 친구들에게까지 피해의 흔적이 전파될까 하는 무서움, 오프라인에서도 폭력이 발생할까 하는 위협감 등 다양한 공포와 위협적인 감정들이 일상생활에서까지 이어질 수 있기 때문이다.

상처를 받았다면

① 주변 사람에게 도움 요청하기

사이버 폭력의 피해로 취약해지고 무력해진 탓에, 어떻게 대응할지를 생각하기보다 두려움, 공포, 불안 등의 부정적 감정들에 계속 휩싸여 있는 상태일 수 있다. 때로는 실제 위험보다 부정적 감정에 마냥 압도되어 오프라인 세계 또한 피하고 집 밖에 나가지 못하고 있을 수 있다. 이렇게 취약해진 피해자에게는 온라인 세계에서 빠져나와, 어떻게 대처하면 좋을지 함께 고민해 주는 주변 사람들이 필요하다. 다만 이를 위해서는 피해자가 누군가에게라도 자신의 피해를 말해야 하는데, 사이버 폭력을 당했을 때 홀로 그 어려움을 참기보다 가장 믿을 만한 사람 한 명에게라도 도움을 청하기를 추천한다.

전파성을 고려한다면 피해를 당했을 때 즉시 피해를 신고하는 것이 가장 좋겠지만, 늦었다고 생각해서 피해를 신고하는 것조차 포기해서는 절대 안 된다. 사이버 폭력의 유일한 장점인 증거가 남는다는 사실을 이용해 피해 증거를 잘 모아둔다면, 경찰, 한국사이버성폭력대응센터 등과 같은 전문 기관의 도움을 얻어 피해 상황을 해결하고 가해자를 처벌할 수 있기 때문이다. 그러기에 피해 증거는 꼭 자신만의 안전한 공간에 별도로 보관해 놓는 것이 중요하고, 그 증거를 안전하게 보관해 줄 사람에게 전달해 놓는 것도 도움이 될 수 있다. 피해자의 잘못이 아니기에 자신을 지지하고 걱정해 주는 사람들의 도움을 받아, 힘들더라도 사이버 폭력의 피해를 더 알리고 이성적으로 대응해야 한다. 그렇지 않으면 위축된 피해자를 보며 가해자들은 더 웃고 있을 수 있기 때문이다.

② 사이버 폭력 피해자를 돕기

　사이버 폭력 혹은 사이버 범죄는 이제 우리 시대의 사회악 중 하나가 되었다. 악플과 같은 사이버 언어폭력, 온·오프라인을 넘나드는 스토킹 범죄, N번방·딥페이크, 사이버 플래싱* 같은 사이버 성폭력, 보이스피싱의 피해 증가, 텔레그램을 통한 청소년들의 마약 유통, 온라인 도박의 증가 등 접근성이 높아진 만큼 다양한 온라인 가해·피해가 우리 주변의 사람들에게까지 일어나고 있기 때문이다.

　보이스피싱 전화를 받았던 경험이 떠오른다. 검찰이라고 사칭해 가해자의 권력을 만들고 나의 마음에 위협감과 불안감을 조성하여 계좌 비밀번호를 보낼 뻔하게 만들 정도로, 가해자는 순간의 취약해진 피해자의 마음을 잘 이용했다. 비밀번호를 보내려던 순간, 룸메이트가 내 폰을 떨어뜨리면서 비밀번호를 보내려던 그 행위를 멈출 수 있게 되었다.

　그러고 나서 어안이 벙벙하며 당황스러웠고 내가 왜 속았지 하는 억울함, 보이스피싱 전화에 빨려 들었다가 현실로 돌아온 느낌, 전화를 받던 순간의 위협감, 불안감, 당황스러움, 공포 등의 감정들도 순식간에 증폭되었다. 그 전화를 받는 순간, 혹시나 하는 마음에 룸메이트에게 채팅을 하며 전화를 받았던 것이 나의 소중한 돈을 지킬 수 있게 한 것이다. 이러한 경험을 통해 느낀 점은 사이버 폭력의 피해를 당할 때에는 피해자는 사이버 세계에 순간적으로 몰입하면서 현실을 망각하고 이성적인 판단 능력이 흔들리고 순식간에 부정적인 감정에 사로잡힐 수 있다는 것이다. 그런 피해자들이 사이버 세계로부터 빠져나오기 위해서는 현실 속 사람들의 도움이 필요하다는 것을 알 수 있었다.

　주변 사람들이 피해자들의 현실 감각을 깨우며, 안정감을 되찾고 부정적 감정이 진정될 수 있도록 도와야 한다. 그런 다음 피해의 정도를 분명하게 파악한 뒤 전문 기관의 도움을 받아 피해를 최소화하고 가해의 재발을 막을 수 있도록 전문 기관과 피해자를 연결해 주어야 한다.

* 사이버 플래싱(cyber flashing): SNS나 온라인 커뮤니티 등으로 나체 사진이나 성적 이미지를 불특정 다수에게 보내 성적 수치심을 주는 것.

③ 2차 가해로 더 아파하지 말기

사이버 폭력을 경험해 보지 않은 주변 사람들은 쉽게 피해자를 나무라기도 한다. 네 잘못이다, 왜 그 사진을 전달했냐, 왜 그 사람이랑 연락했냐 등의 말을 하면서 2차 가해를 하기도 한다. 이는 사이버 폭력의 피해를 과소평가하며, 자신은 피해를 당하지 않을 것이라는 오만과 착각에서 비롯된 잘못된 행동이다. 욕을 하더라도 가해자들에게 욕을 해야 하며, 비난을 피해자에게로 돌리는 것은 똑같은 가해 행동일 뿐이다. 분명한 것은 가해한 것이 잘못이지 피해를 당한 것이 잘못은 아니라는 점이다.

주변의 2차 가해로 더 아프지 않았으면 좋겠다. 그런 사람들이 있다면 눈과 귀를 닫고 잠시 피신해 있어도 좋다. 피해의 책임을 피해자 자신에게 전가하면서 위축되어 그 피해를 그저 참고 있지 않길 바란다. 이미 피해가 발생했다면, 가장 중요한 것은 피해자의 보호와 회복이다.

상처를 주지 않으려면

① 사이버 세상에는 증거가 남음을 잊지 않기

충동적 혹은 감정적으로 사이버상에서 한 한마디나 한 번의 전달 행위로도, 한순간에 학교 폭력 가해자가 될 수 있음을 잊지 않아야 한다. 또한 온라인이라는 매체를 이용해 그것이 잘못인지 잘 인식하지 못하고 그 행위를 했을지라도, 아무리 순간의 잘못이고 실수였다고 변명하고 후회하더라도, 그때에는 이미 늦을지 모른다. 조금이라도 가해가 되는 행위를 했다면 자신이 가해를 한 것은 너무나 분명하고 영원히 지우지 못할 수 있다. 이는 익명성에 기대어 폭력을 너무 쉽게 저질렀지만, 증거가 남는다는 사실은 너무 쉽게 망각했던 것일 수 있다. 사이버 폭력의 가해에 따른 책임과 결과는 보이지 않는 것처럼 보일 뿐, 분명히 남아 있다는 것을 잊어서는 안 된다. 순간의 충동적인 감정에 따라 저지른 행위가 때론 가해 학생에게 평생의 증거로 남아 학교 폭력 가해자라는 꼬리표가 계속 따라다닐 수 있다.

② 온라인에서도 상처받은 마음 참아내기

사이버 폭력의 가해 동기 중 '보복'의 비율이 가장 높았던 것에서 알 수 있듯이, 누군가로부터 부정적 감정을 경험하고 상대에게 앙갚음하고 싶은 마음에서 가해 행위가 시작될 수 있다. 이는 앞의 '서로에게 상처뿐인 싸움'에서도 이야기했듯이, 상대로부터 상처를 받더라도 상처받은 마음을 참아내는 힘도 필요하다는 뜻이다. 자신의 상처를 온라인에서 복수할 수 있다는 착각은 접어두고 상처를 주는 행위도 참으며, 상처를 크게 받았다면 자신이 가해하기보다 주변 사람들의 도움을 통해 건강하게 해결할 수 있는 방법을 찾는 것이 더 현명할 수 있다. 온라인 세계에서도 순간의 충동적 감정을 조절하고 건강하게 대처할 수 있는 방법을 고민해야 한다. 언제든지 손쉽게 악플을 작성할 수 있는 키보드의 유혹에 넘어가다가, 하루아침에 학교 폭력의 가해자가 되어버릴 수 있기 때문이다.

범죄가 남긴 **외상**, 잊을 수 없는 **기억**들

폭력으로 상처받은 날

어떤 선배에게 찍힌 것 같다. 그 선배의 전 여자친구랑 최근에 사귀기 시작했는데 여자친구도 그 선배랑 사귈 때 엄청 무서웠다고 했다. 무슨 상관인가 싶었다. 어차피 헤어진 사이이고 아는 선배도 아니기에 그게 중요한가 싶기도 했다.

그런데 얼마 뒤 다른 친구들로부터 그 선배가 내 욕을 한다고 곧 부를 거라고 들었다. 어떡하지? 진짜 뭐라고 하려나? 무섭게 느껴졌다. 그 선배가 어떻게 알았는지 나한테 DM을 보냈다. 진짜 ○○이랑 사귀냐? 연애할 때 꼬리 친 거 아니냐, 바람핀 거 아니야? 등 꼬투리를 잡으면서 사과받아야겠다고 한다. 어디로 몇 시까지 나오라고 했다. 안 나오면 내 여자친구도 괴롭힌다고 협박했다. 신고해도 찾아올 거라 했는데 진짜 무서웠다.

애들한테 연락 안 되면 신고하라고 하고 나갔고 그 선배들 무리가 보였다. 띠꺼운 표정들과 욕, 담배와 술이 난무했다. 그 선배가 나한테 다가왔다. 다짜고짜 나를 때리기 시작했다. 주변 선배들도 한 대씩 때리기 시작했다. 그리고 잠시 기억이 끊긴 듯했다. 정말 무차별적인 폭력이었다. 맞을 이유도 없고 잘못한 것도 없는데 왜 맞아야 하는 건가.

범죄 피해라는 무거운 외상의 현황

지금까지 살펴봤던 상처 주는 행동들은 강도가 심해지면 모두 범죄가 될 수 있다. 범죄 행동은 그저 심각하고 특별한 행동만을 의미하는 것이 아니라, 사소하고 작은 상처 주는 행위에서부터 차츰차츰 시작되기 때문이다. 범죄 피해로 고통받은 아이를 만나면, 그 공간의 공기까지 함께 무거워지고 어두워진다. 감히 공감과 위로를 전하기조차, 그리고 말을 꺼내는 것조차 조심스럽고 어렵다. 말을 하지 않아도 그 분위기를 주변 사람들도 함께 경험할 수 있다면 아이를 짓누르는 어려움은 감히 예측할 수 없을 만큼의 엄청난 무게일 것이다. 피해의 종류에는 학교 폭력에 해당하는 언어폭력, 신체 폭력, 집단 따돌림, 사이버 폭력, 금품 갈취, 협박 등이 있을 뿐만 아니라, 일반 범죄에 해당하는 재산 범죄(절도, 사기, 횡령 등), 폭력 범죄(공갈, 폭행, 상해 등), 흉악 범죄(살인, 강도, 방화, 성폭력) 등이 있다. 그뿐만 아니라 어른에 의한 아동 학대나 가정 폭력도 범죄 피해에 해당할 수 있다.

교육부의 2023년 학교 폭력 실태 조사(그림 1)[24] 결과에 따르면 피해 응답률이 1.9% 정도로 2020년부터 계속 상승하는 추세에 있다. 학교 폭력 피해 유형은 언어폭력(37.1%), 신체 폭력(17.3%), 집단 따돌림(15.1%) 순으로 나타났으며, 2022년 1차 조사 대비 언어폭력(41.8%→37.1%)과 사이버 폭력(9.6%→6.9%)의 비중은 감소했지만 신체 폭력(14.6%→17.3%)의 비중은 증가했다. 집단 따돌림, 사이버 폭력은

그림 1. 2023년 학교 폭력 실태 조사 결과

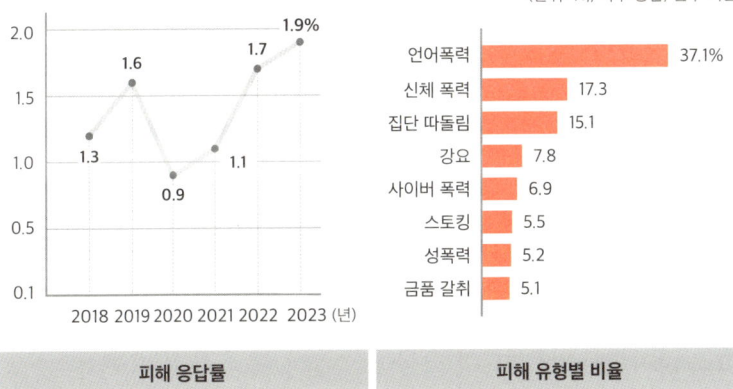

(단위: %,, 복수 응답, 건수 기준)

출처: 교육부

표 1. 초중고등학생 일반 범죄 피해자 수 및 피해자 비율

단위: 명(%)

	추정 피해자 수(추정 피해자율)							
	초등		중등		고등		계	
	2017	2021	2017	2021	2017	2021	2017	2021
재산 범죄	171,485 (13.0)	292,311 (21.7)	266,136 (19.4)	284,823 (21.1)	227,877 (20.8)	142,806 (16.9)	665,497 (17.6)	719,940 (20.3)
폭력 범죄	102,232 (7.8)	218,282 (16,2)	74,170 (5.4)	145,205 (10.8)	48,223 (4.4)	37,548 (4.5)	224,625 (5.9)	401,034 (11.3)
성범죄	-	79,569 (5.9)	28,149 (2.1)	88,251 (6.5)	15,143 (1.4)	31,731 (3.8)	43,292 (1.8)	199,551 (5.6)
전체 범죄	227,307 (17.3)	398,724 (29.6)	317,236 (23.2)	376,438 (27.9)	255,546 (23.4)	169,772 (20.1)	800,089 (21.2)	944,934 (26.7)
총 응답자	1,315,271 (100.0)	1,347,960 (100.0)	1,370,152 (100.0)	1,348,855 (100.0)	1,093,247 (100.0)	843,554 (100.0)	3,778,670 (100.0)	3,450,369 (100.0)

출처: 한국형사·법무정책연구원

학교급이 높아질수록 응답률이 높게 나타났고, 과잉 접근 행위(스토킹), 신체 폭력은 학교급이 낮아질수록 응답률이 낮게 나타났다. 2021년 아동·청소년 범죄 피해 조사[25] 결과(표1)에서도 2021년 기준 전체 피해자 비율(26.7%)은 2017년 기준 전체 피해자 비율(21.2%)과 비교할 때 높은 편인데 성적 괴롭힘을 성범죄에 포함한 점, 일부 피해 항목이 변경/추가된 점, 온라인 피해 항목이 추가된 점 등을 고려하더라도 전반적으로 피해를 경험한 학생들이 4년 전에 비해서 다소 증가했다. 재산 범죄 피해(절도, 사기), 폭력 범죄 피해(갈취, 폭행·협박), 성범죄 피해(성희롱, 카메라 촬영, 성추행·강간)의 세 가지 범죄 피해 유형 중 적어도 한 개 이상 범죄 피해를 당한 피해자의 수는 전체 345만 369명 중 26.7%에 해당하는 94만 4,934명으로 추정되었다.

주목할 것은 2017년 결과와 비교해 초등학생의 피해 경험이 중·고등학생에 비해 높아졌다는 점이다. 성범죄를 제외하더라도 범죄 피해의 저연령화 현상은 뚜렷하게 확인할 수 있었다. 여성가족부의 2022년 아동·청소년 대상 성범죄 발생 추세와 동향 분석 결과[26]를 통해 성범죄 피해 아동 현황도 알아보았다. 성범죄 피해 아동·청소년의 평균 연령은 13.9세로 5년 전의 14.6세에 비해 낮아졌고 피해자의 91.5%는 여성이라고 한다. 또한 피해자의 25.4%가 13세 미만으로 나타났다. 또한 최근 디지털 성범죄가 증가하는 상황 속에 2023 디지털 성범죄 피해자 지원 보고[27]를 확인한 결과, 디지털 성범죄 피해자 지원 센터에서 2023년에 지원한 전체 피해자 8,900

여 명 중 약 25%에 달하는 2,200여 명이 10대 아동과 청소년이었던 것으로 나타나고 있다.

학교 폭력의 피해 비율뿐만 아니라 아동·청소년 범죄 피해자의 수도 나날이 증가하고 있는 것으로 보인다. 아동·청소년 범죄 피해 조사는 2021년에 진행됐지만 그 당시 피해 아동·청소년이 이미 94만 명이 넘는다는 것은 결코 적은 피해는 아니었다고 생각한다. 몇 년이 지난 지금도 얼마나 많은 아동·청소년이 범죄로부터 고통받고 있을지 모르는 것이다. 또한 피해 아동의 연령이 낮아지고 있는 현상을 보면, 오늘날 학교도 사회도 가정도 범죄로부터 어린아이들을 잘 지켜주고 있는지 의문이 든다. 아동, 청소년을 대상으로 하는 범죄의 경우, 꼭 같은 또래 학생이 가해한다기보다는 많은 나쁜 어른들이 범죄에 취약한 아이를 타깃으로 저지르는 범죄들도 많은 것으로 보인다.

아동·청소년이 범죄에 더 취약한 이유는 호기심으로 인해 위험한 자극과 그렇지 않은 자극을 구분하지 못해 위험에 쉽게 빠지거나, 범죄 상황에서 자기 방어 능력이나 대처 능력이 부족해 어떠한 대응을 하지 못하고 피해를 경험하기 때문이다. 또한 가족 간의 갈등, 가정 폭력, 아동 학대 등의 가정 문제로 인해 가정에서 아동을 적절히 돌보지 못하는 상황에 처해 있다면, 아동이 범죄에 더 노출되거나 취약해지기 쉬워진다.

또한 가해자의 협박과 보복이 두려워 피해를 당하더라도 누구에게도 말하지 못하고 신고도 하지 못하면서 혼자서 계속 외상을 입으며 피해가 커지는 경우도 있다. 아동·청소년을 대상으로 이루어지는 범죄는 아동·청소년의 취약성을 이용한다. 이런 범죄를 저지르는 범죄자들은 아이들이 좋아할 만한 유인책을 통해 아이들의 마음을 유혹하고 범죄를 당할 위험성을 높일 뿐만 아니라 힘의 불균형으로 범죄 피해를 지속시킬 수 있다. 어린 시기에 경험한 범죄 피해는 심각한 트라우마를 발생시켜, 신체적으로도 정신적으로 아이를 더 취약하게 만드는 악순환에 빠지게 한다.

범죄 피해가 남긴 상처는

학교라는 공간에서도 범죄에 준하는 사건들이 발생하기도 한다. 모든 것이 통제되어 학교가 그저 안전하고 행복한 공간이면 참 좋겠지만, 아무리 교사라도 아이들에게 닥친 불행한 사고를 모두 막을 수는 없기에 이런 사건들은 지속적으로 발생한다. 그래서 그런 사건들이 발생할 때마다 상담실 안과 밖의 모습은 그 대비가 뚜렷해 더 비극적으로 느껴진다. 어린 나이에 충격적인 외상을 경험했기에 아이의 상처는 되돌릴 수 없는 아픔으로 깊게 남겨지기 때문이다. 아무리 도와주고 상담을 하더라도 상처가 없던 시절로 돌아갈 수 있는 방법은 전무하다. 상처를 회복하는 데도 시간이 오래 걸리고 잘 낫지 않을 수 있다. 그리고 외상을 입은 후에도 가정과 주변 환경이 변화하지 않으면 다시 위험한 자극에 노출되거나 비슷한 외상을 반복해서 경험하기도 한다.

어렸을 때의 학교 폭력, 성폭력, 범죄 피해 등은 필연적으로 신체적·심리적 상처를 넘어 오랫동안 트라우마를 경험하게 만든다. 개인에게 가해진 물리적인 외상은 마음에도 몸에도 같이 상처를 내는데, 몸의 상처가 다 나았음에도 마음의 상처는 오랫동안 지속되는 경우가 많다. 구체적으로 우울, 불안, 무기력 등의 심리적 어려움뿐만 아니라 학교생활, 학업, 진로, 관계 영역 등 일상생활 영역 중 하나 이상을 악화시킬 수 있다. 그뿐만 아니라 증상이 심해지면 심리치료 혹은 약물치료, 입원치료를 해야 할 수 있다. 고립 및 은둔, 폭식 혹은 거식 등의 식이 문제, 반복적인 자살 및 자해 충동 등을 경험하며 평범한 일상이 중단될 정도의 큰 파괴력을 낳기도 한다. 2021년 범죄 피해로 인한 정신적 외상 분석 결과[28]에서도 범죄 피해 경험의 여부에 따라 문제 행동 증후군 점수를 비교해 보았을 때, 범죄 피해 경험이 있다고 응답한 집단의 문제 행동 총점 평균이 피해 경험이 없다고 응답한 집단보다 통계적으로 매우 유의미하게 높았다.[29] 또한 내재화*·외현화**를 포함한 문제 행동 증후군 내의 모든 하위 척도 점수에서도 피해 경험이 있는 집단이 피해 경험이 없는 집단에 비해 더 많은 정서 행동 문제(우울 문제, 불안 문제, 신

---

* 내재화(內在化): 불안, 신체화, 우울 등 과잉 통제된 행동.

** 외현화(外現化): 공격, 파괴성, 비행과 같은 과소 통제된 행동.

체화 문제, 반항 행동 문제, 품행 문제, 강박 증상, 외상 후 스트레스장애 등)를 보고했다고 한다. 이러한 결과를 통해 범죄 피해 청소년의 정신 건강이 범죄 피해를 경험하지 않은 청소년의 정신 건강에 비해 매우 저하되어 있다는 것을 보여주며, 범죄 피해 경험이 정서 행동의 다양한 차원에 걸쳐 부정적인 영향을 미치고 있음을 알 수 있다.

범죄 피해에서 가장 억울한 점은 가해자들은 그저 잘 지내는 것처럼 보이는데 피해자만 그 시간 속에 갇혀 벗어나지 못하고 어려움을 계속 겪는다는 것이다. 그 사건을 잊고 싶지만 잊을 수 없고 자신의 일상은 모두 마비된 채 멈췄는데, 세상은 너무나도 평온하게 잘 돌아가는 것처럼 보인다. 나에게만 이런 일이 일어난 것에 대해 억울한 마음과 함께, 내가 부주의해서 일어난 일인 것처럼 후회와 죄책감에 사로잡히기도 한다. 충격적인 사건을 경험한 내담자들에게 회복의 과정도 참 쉽지 않음을 느낀다. 회복 과정에서는 그 사건을 다시 떠올리고 마주해야 하는 과정이 필연적으로 발생하기에, 내담자도 때론 주변 사람들이나 상담자도 그 외상을 감당하기 두려워질 수 있다. 그저 스스로 그 사건을 다시 마주할 수 있을 때까지 내면의 힘을 계속 채워주는 작업과 함께 견뎌주고 지지해 주는 시간이 꽤나 오랫동안 필요할 수 있다.

피해자들은 자신의 외상에 짓눌려 가장 어둡고 힘든 시간을 보

---

* 신체화(身體化): 의학적으로 확인된 질병이 없음에도 신체적 불편 또는 통증을 호소하는 것.

내며, 간신히 자신의 삶을 지탱해 간다. 너무나도 두려운 그 상처를 부정하고 외면하려 한다. 그 상처를 감당하는 것이 아이들에게는 너무나도 힘들게 느껴지기 때문이다. 때론 그 아이들의 상처가 일상에 미친 영향력이 너무 커서, 아이들은 학교조차 나가지 못하고 자신의 일상을 가장 먼저 포기하기도 한다. 집 밖에 나가는 것이 안전하지 않다고 생각하며 학교를 가는 것 자체가 두렵고 트라우마를 다시 경험할까 두려움을 느끼기 때문이다. 학교에서 친구들과 즐겁고 행복하게 웃고 있는 아이들을 바라보면 고통 속에서 삶이 멈춘, 그 아이들의 표정이 대비되어서 떠오르기도 한다. 그 일만 아니었다면 혹은 그 범죄만 피할 수 있었다면, 하고 나 또한 범죄가 일어나기 이전으로 돌아갔으면 하는 마음이 계속해서 떠오른다. 당연히 피해 아이들도 주변 사람들도 오랫동안 이러한 마음을 느끼며 이미 일어난 범죄를 없는 일인 것처럼 만들고 싶어진다. 그 상처를 계속 부정하고 한탄하며 그 범죄 피해를 억지로 잊으려고 하고 그 순간으로부터 벗어나고자 더 발버둥 치기도 한다. 그럼에도 일어난 일은 없는 것이 되지 않기에, 피해를 인정하지 않고 잊으려 노력할수록 오히려 상처의 영향은 지속되고 피해 아동도 그 주변 사람들도 상처받은 상태에 계속 머무를 수 있다. 그보다는 다음의 방법을 통해 트라우마가 회복될 수 있도록 나아가야 한다.

상처를 받았다면

① 전문적 도움 받기

누군가 범죄라는 외상에 홀로 노출되고 혼자 힘겹게 싸우고 있다면, 그 사람이 꼭 내 앞에 있지 않더라도 너무 안쓰럽고 속상할 것 같다. 혹 어릴 때 입은 외상을 어느 누구에게도 말하지 못하고 오랜 시간 가슴속에 묻어두기도 하는데, 그것 또한 분명 그럴 만한 이유가 있을 것이라 생각한다.

그럼에도 범죄 피해라는 외상은 그 영향력이 너무 커서 시간만 흐른다고 해결되지 않으며, 혼자서는 결코 감당할 수 없을 정도의 무게일 수 있다. 그런 큰 어려움이기에 더더욱 가장 믿을 수 있고 안전하고 전문적인 사람의 도움을 받아야 한다. 범죄로 피해받은 마음을 치유하는 시간은 필연적으로 필요하기에, 외면하지 말고 두렵다고 피하지 말고 도움을 꼭 받길 바란다. 과거의 외상 때문에 현재에 집중해서 살기 어렵다면, 그 이유를 찾는 치유의 시간을 지금이라도 꼭 가져야 한다. 지금도 과거의 트라우마로 고통받는다는 것은 그 과거로부터 아직 벗어나지 못한 것일 수 있으며, 이제는 그로부터 자유로워지고 싶다는 마음의 신호일지 모른다.

따라서 피해를 경험했을 때 트라우마에 대한 치료 방법(상담 전문가, 정신건강의학과 등)을 찾아 안정적이고 전문적인 도움을 받아야 한다. 지금의 외상으로 자신의 삶이 끝난 것이 결코 아니기 때문에 도움을 받고 자신의 회복을 위해 집중해 나가는 것이다. 전문적인 도움을 통해 자신을 압도하고 짓누르던 외상으로부터 벗어나, 외상 이전에 꿈꿨던 삶을 외상과 연결하여 다시 꿈꾸어 나가는 것이 필요하다. 외상과 나의 삶을 연결한다는 것은 외상으로 인해 자신의 삶을 포기하거나 좌절하기보다는, 치료나 상담을 통해 자신의 삶에 외상을 더 잘 소화시키면서 외상으로 흔들린 자신의 정체성을 앞으로 나아갈 삶의 방향이나 의미로 흡수하고 그 방향대로 삶을 다시 꿈꾸어 나가는 것을 말한다. 안타깝게도 외상을 인정하고 받아들이고 치료를 해야, 외상을 자신의 삶에 잘 통합시키면서 나의 삶을 다시 찾아갈 수 있다. 그러기에 힘들더라도 전문적 도움을 받으며 회복하는 시간이 꼭 필요한 것이다. 어린 시절의 무거운 피해로 아팠던 그 시절을 안아주고 위로하고 돌봐주어야, 그 아프고 여린 마음에 새살이 돋기 때문이다.

② 일상 속에서 안정감 찾기

외상으로 인해 일상을 평범하게 지내기 어렵다면, 가장 중요한 점은 안정된 환경을 찾고 일상 속에서 안정감을 조금씩 찾아가는 것이다. 가정과 학교, 주변 사람들은 피해자에게 최대한 안정된 환경을 제공해 주고, 피해자가 일상에서 안정감을 회복할 수 있도록 도와야 한다. 심리적 어려움 속에 피해자가 홀로 방치되지 않아야 하며, 수면과 식사와 같은 작은 일상들이 중단되지 않고 조금씩이라도 계속 이루어질 수 있도록 해야 한다. 또한 주변 사람들이 피해자와 함께 회복의 길을 걸으면서 일상 속의 사소한 즐거움이나 행복감, 안정감을 줄 수 있는 활동을 조금씩 해나가는 것도 중요하다. 그런 시간과 활동들이 쌓이면서 세상 혹은 학교에 대한 공포나 두려움이 차츰 줄어들고 마음의 안정을 되찾아 가는 데 도움이 될 수 있다.

③ 자신의 지지 자원을 찾거나 가까이하기

무거운 외상을 경험한 피해자에게는 지지를 제공해 줄 수 있는 타인이 회복에 가장 중요할 수 있다. 지지 자원, 즉 지지해 주는 타인이 많을수록 일상을 되찾고 용기와 에너지를 얻는 데 큰 힘이 될 수 있기 때문이다. 반면 지지 자원이 부족할수록 피해자는 더 방황하고 두려움에 사로잡히며 외상에 다시 노출되거나 반복해서 위험에 처할 수 있다.

그러한 관점에서 피해 아동과 상담할 때는, 특히 지지 자원이 부족한 피해 학생일수록 상담자의 에너지를 모두 모아 몇 배의 노력을 들여서 상담하고자 한다. 나의 에너지를 내담자에게 더 많이 줌으로써 지지의 에너지를 내면에 채워갈 수 있도록 돕기 위해서이다. 또한 필요한 경우에는 피해 학생의 입장에서 최대한 보호자 역할을 해주려고 한다. 피해자의 목소리를 대신하고 외상으로부터 벗어날 때까지 안정적이고 지속적인 관계를 맺으면서 학생을 끝까지 보호하고 돌본다. 안정적인 관계는 치료에도 도움이 되지만, 잃어버린 사람과 세상에 대한 신뢰를 주변 사람들로부터 다시 찾는 데에도 도움이 되기 때문이다. 주변에 지지 자원이 부족하다면, 전문적인 자원을 통해서라도 자신의 외상에 지지하고 공감해 줄 수 있는 타인을 찾길 바란다. 힘들 때는 기대야 한다. 홀로 아픔을 외로이 참아내서는 안 된다. 타인에게 잠시 기대어 힘을 얻고, 자신의 삶을 차츰차츰 회복시켜 나가길 바란다.

상처를 주지 않으려면

① 가해 행동에 책임지기

　가해 학생을 상담하기도 한다. 물론 쉽지 않고 어려운 상담이지만, 이야기를 하다 보면 그 학생들에게도 나름의 힘든 상황과 어려움들은 존재했다. 가해자지만 한때는 피해자였던 아이들도 많고 가정에서 적절히 돌보지 못했기에 방황의 시기를 경험하는 경우도 잦았다. 하지만 아무리 어린 학생이라도 자신의 가해 행동에 대해서는 책임지는 태도를 배우는 시간이 필요하다. 나의 행동이 상대에게 얼마나 큰 상처를 준 것인지를 마음속 깊이 깨닫고 반성할 수 있어야 하고, 다시 그 행동을 반복하지 않도록 변화하고자 노력하는 과정들이 필요하다. 때론 한순간 충동적으로 저지른 가해 행동이라고 말하기도 하지만, 그러한 말은 자신의 행동에 대한 변명이고 피해자에게는 그저 상처를 주는 말일 수 있다. 피해를 준 만큼 그 가해 행동을 변명하기보다 자신의 잘못을 인정하고 피해자의 마음을 진심으로 공감하고 사과하며 반성하는 태도로 살아가는 것이 더 중요하다.

② 아이의 가해를 인정하고 부모의 몫을 다하기

　아이도 아이지만, 이러한 큰 문제에 대해서는 부모의 노력이 더 필요하기도 하다. 특히 부모가 자녀의 가해를 부정하는 행동은 아이들이 또다시 가해를 저지를 가능성을 높이고, 자신의 행동에 책임지지 않고 책임을 피하는 방법을 배우게 만들 수 있다. 자신의 자녀가 가해를 저질렀다는 사실이 분명하게 확인된다면 그 사실을 있는 그대로 받아들여야 하고 피해자에게 충분히 사죄하고 자녀가 가해를 반복하지 않도록 최선을 다해 교육해야 한다. 자신의 자녀가 가해자라는 사실, 범죄를 저질렀다는 사실은 부모로서 열심히 아이를 키워온 세월을 한순간에 무너뜨리고 후회와 한탄이 가득할 정도로 충격적인 사실처럼 느껴질 수 있다. 그러한 낙인을 갖고 살아간다는 것 또한 부모로서 받아들이기 힘들고 너무 어려운 일이겠지만, 그럼에도 그 사실을 부모가 계속 부인한다면 아이도 부모도 평범하게 살 수 있는 마지막 기회를 정말 놓치게 될 수 있다.

　청소년에게 보호 처분을 내리는 이유도 이와 마찬가지이다. 범죄를 저질렀더라도 청소년이고 이 아이가 사회에서 살아갈 날이 더 많기에, 빨간 줄을 긋기보다 교화의 기회를 제공하는 것이다. 이러한 사실을 아이도 부모도 악용한다면, 아이가 달라질 기회는 더 이상 없을 수밖에 없고 아이의 잘못은 일생 동안 계속될 수 있다. 작든 크든 가해가 정말 사실이라면, 그 사실 자체를 먼저 받아들이고 부모로서 아이의 잘못에 진심으로 책임지고 반성하는 태도를 보이는 것이 필요하다. 부모가 피해자의 아픔에 사죄하고 용서를 구하는 모습을 보이며 아이의 가해에 대처하고자 아이의 몫까지 부모로서 최선을 다해야 한다.

그런 후에 자신의 아이가 왜 범죄를 저질렀는지, 어떤 부분에서 문제가 발생했는지, 아이의 결핍과 어려움은 무엇인지를 생각해 보게 한 뒤, 아이도 스스로 반성하고 책임을 다하며 어떻게 바르게 살아갈지를 고민할 수 있도록 도와주어야 한다. 충동적으로, 또래 집단에 휩쓸려 가해를 저지르는 경우도 많기 때문에 행동하기 전에 생각하기 훈련을 시키는 것도 도움이 될 수 있다. 순간적으로 가해 행동을 하기 전에 그 행동이 자신의 삶에 도움이 되는지를 찰나에 고민하고 그 순간으로부터 벗어날 수 있는 행동을 선택할 수 있도록 충동성을 조절하는 훈련을 하는 것이다.

그리고 더 중요한 것은 아이가 비행 청소년 무리에 있다면, 그 무리로부터 벗어나게 해야 한다. 비행 집단 안에 계속 머무르게 되면, 또래 집단의 영향으로 가해에 동조하지 않기가 어렵기 때문이다. 가족과 함께하는 시간을 늘림으로써 비행 집단이 아닌 가족 안에서 안정감과 즐거움을 느낄 수 있도록 더 애정과 관심을 기울여야 한다.

큰 잘못을 저질렀다고 아이의 인생이 끝났다고 생각해서는 안 된다. 그 시기를 통해 그동안 방치해 왔던 아이의 삶에 부모의 관심과 사랑을 더 주며, 아이가 달라질 수 있게 부모가 진심으로 도와주어야 한다. 부모가 먼저 진심 어린 마음을 보이고 그 아이를 지도하고 지원한다면, 아이는 방황했던 마음에서 벗어나 다시 부모 곁으로 돌아오며 차츰 달라질 것이다. 이러한 모든 과정을 위해 부모가 무너지지 않고 그 시기를 견뎌낼 수 있는 힘도 필요하다.

③ 교사로서의 한계를 구분하여, 할 수 있는 영역에 초점 맞추기

교사 또한 학교 폭력이나 비행을 저지르는 아이를 어떻게 지도하고 교육할지에 대해서 고민이 많을 수 있다. 개인적으로 교사의 힘만으로는 범죄나 비행

속에 있는 아이를 완전히 변화시킬 가능성은 적다고 생각한다. 이러한 문제에 대해서는 교사, 학부모, 경찰, 상담 선생님 등 많은 어른들의 관심과 상담, 교육 등이 함께 필요하다.

아이가 변화되기까지는 시간이 많이 걸릴 수 있다. 그래서 가정과 협력 관계를 맺고 부모와 일관된 기준을 갖고 함께 교육해 나가야 한다. 가정과의 협력이 잘되지 않는다면 교사 혼자서 아이의 문제를 해결하기 어려울 수 있다. 이때에는 아이의 문제를 교정하는 것도 물론 중요하지만, 자신의 가해에 대해서 책임질 수 있게 지도하되, 아이의 가정 문제에도 관심을 갖고 아이가 어떤 가정적·정서적 어려움을 경험하고 있는지를 확인하여 그 결핍감에 따뜻함을 제공해 주는 것도 필요하다.

교사가 아이를 지도할 때 아이가 감정적으로 흥분해 교권 침해가 발생할 수 있는 문제도 있다. 너무 흥분되고 감정적인 아이가 있다면 그 순간 지도하고자 애쓰기보다, '타임아웃' 기법*을 활용해서 잠시 공간을 분리해 흥분을 가라앉힌 후 지도하는 것이 교사에게도 학생에게도 안전할 수 있다. 가해 아동을 변화시켜야 한다는 과도한 책임감보다는 문제 행동에 대한 변화 목표를 작게 쪼개어 개입하면서 교사로서 한계 영역이 있음을 받아들이기도 해야 한다.

* 타임아웃(time-out) 기법: 부적절한 행동을 했을 때 다른 장소에 가서 마음을 진정하고, 잘못된 것이 무엇인지 스스로 생각할 수 있도록 하는 방법.

Part 3

♥

교실 속 상처는
어떻게 치유할까

4교시

아직
학교에

남겨진
아픈 마음

상처인 줄 몰랐던
상처

어린아이는 상처와 함께 커간다

    어린 시기에 마주한 상처는 아이의 내면에 지속적으로 존재해 가며, 아이가 커감에 따라 함께 커질 수 있다. 찰나의 사소한 상처일지라도 어린아이의 내면에서 상처가, 그리고 그 영향이 어떻게 커질 수 있는지, 그 과정을 어릴 적 상처받은 나의 이야기를 통해 소개하고자 한다.

    초등학교 6학년 때의 일이었다. 반 아이들과 참 재미있게 놀며 그저 해맑게 지내던 나날들이었지만 여름이 갈수록 그 당시 교실의 분위기가 조금씩 이상해짐을 느꼈었다. 그 이상한 분위기는 청소년기의 자연스러운 과정인, 성에 대한 관심이 높아지면서 시작되었다. 교실에서 남학생, 여학생끼리 야한 이야기를 주고받으며 컴퓨터실에서 야한 동영상을 보는 남학생들이 있었다. 남학생, 여학생들끼리 서로의 신체 중요 부위를 때리고 도망가는 장난들이 차츰 많아졌다. 당시에는 학교에서 성교육이 잘 이루어지지 않았고 성에 대해서는 더 은밀하고 억압적인 분위기였다. 그런 장난을 보며 거북함과 의아함, 이상함을 느꼈지만 나는 무지했고 그저 내 일이 아니라고 생각했다. 갑작스러운 분위기 변화에 적응하기 어려웠을 뿐이었다.

당시는 핸드폰이 많지 않았던 시절로, 학교에는 복도에 전화기 한 대가 있었고 부모님께 전화해야 하는 상황이 생겨 아이들과 함께 줄을 서서 내 차례를 기다리고 있었다. 신체 접촉을 하며 장난을 치던 남학생도 그 줄에 함께 서 있었다. 그 아이는 기다림이 길어지자 다른 여자아이들과 성적 장난을 치기 시작했고 슬며시 나에게도 다가왔다. 그리고 나에게 성적 접촉을 하고 도망갔고 나는 그 접촉을 제지하려다 옆에 걸려 있던 그림 액자를 깨뜨렸다. 와장창창! 다른 아이들의 눈에는 내가 팔을 휘두른 것만 보였을 것이다. 그 순간 당황스러움, 놀람, 수치감 등의 복잡한 감정들이 들었다.

담임 선생님께 이 상황을 말해야겠다고 생각했고, 그 아이와 함께 담임 선생님께 방금 일어난 일을 설명했다. 선생님은 그 이야기를 듣자마자 남자애한테 잘못에 대해 사과하라고 했고 둘이서 액자 유리를 교체해 오라고 지시하며 상황은 그렇게 종료되었다.

나는 그 친구와 함께 액자를 맞추러 가는 것이 너무 불쾌해서 혼자 액자를 들고 집으로 가기로 했다. 내가 액자를 깨뜨렸으니 책임을 지겠다고 나섰던 것이다. 작은 체구로 큰 액자를 들고 더운 날씨에 힘겹게 걸어가는 상황에 처하자, 그 순간 여러 감정들이 솟구쳐 올랐다. 엄마한테 어떻게, 뭐라고 말하지? 부모님께 말하는 것이 더 두렵게 느껴지기도 했다. 그리고 선뜻 남자애의 사과를 받았지만 화를 내지 못한 나의 모습에 속상했다. 뜨거운 날씨에 눈물과 땀으로 얼룩진 채로 액자를 들고 가는 내 모습이 참 안쓰러웠다. 선생님의 말씀에 순응했지만, 속상함과 불쾌함, 그리고 분노를 주체할 수 없었다. 그 어린아이가 홀로 액자를 들고 울던 순간을 아직도 잊지 못한다.

집에 도착한 나는 엄마에게는 실수로 액자를 깨뜨렸다고 거짓말을 했다. 불쾌한 성적 접촉이 일어난 일에 대해 차마 사실대로 엄마에게 말하기가 어려웠다. 엄마에게 혼날까 봐 걱정이 되었고, 뭐라고 설명해야 할지 몰라 가슴이 두근거렸다. 다행히 엄마는 크게 화를 내지 않았고, 엄마와 함께 나는 깨진 액자를 다시 들고 유리가게로 향했다. 그 길에서 나도, 우리 엄마도 잘못한 게 없는데 왜 이 고생을 하고 있는지 억울한 마음이 올라왔다. 복잡한 마음을 간신히 삼켜내며 그렇게 하루를 마무리했다.

중학교 1학년 때도 그 친구와 같은 반이 되었다. 그 일이 있었는데도 같은 반이 된 것이 정말 믿기지 않았다. 마음이 쿵 내려앉다. 1년 동안 그의 얼굴을 보는 것이 너무나 불쾌했고, 그날이 자꾸만 떠올라 그 친구를 볼 때마다 나는 얼어붙고 그 친구를 회피했다. 새 학급에 적응하는 것도 쉽지 않았다. 그럼에도 불편한 마음을 꾹꾹 눌러냈다.

그렇게 중학교 3년 동안 그날의 일을 비밀로 간직한 채 버텨냈다. 중학교를 졸업하고 고등학교에 가니, 다행히 내 상처는 더 잘 숨겨졌다. 지금 생각해 보면, 그 시절의 나는 상처를 준 대상과 함께 살아가느라 많은 감정을 더 억누르며 살아야 했다. 불쾌함, 속상함, 억울함이 뒤섞인 순간을 견뎌내느라 얼마나 힘들었을까.

그러던 어느 날 대학교 강의를 듣다가 문득, 그 시절에 일어났던 일이 성추행이었음을 지각하게 되었다. 그때 처음으로 '성추행'이라는 단어를 마주하자 나의 경험이 재구성되고 의미가 정확해지기 시작했다. 왜 그땐 몰랐었지? 왜 이렇게 어리석었지? 담임 선생님께서 그렇게 일을 축소하면 안 됐는데 너무 쉽게 사과를 받아주었던 건 아닌가? 등 여러 가지 복잡한 생각이 들었다. 그 일을 다 잊고 산 줄만 알았지만 아니었다. 그동안의 복잡한 마음들이 이해되었고 왜 그렇게 홀로 힘들었는지 알게 되었다. 말할 수 없이 홀로 버티며 참아온 그 어린 소녀가 안쓰러웠다.

대학교 때까지 남자에 대한 경계가 심했고 남자와 말하는 것, 대하는 것, 같이 있는 것 등이 불편하게 느껴졌다. 왜 그랬는지 그땐 잘 몰랐지만 그 일 때문인 건가? 불현듯 생각했을 뿐이었다. 전

남자친구 이름은 그 남자애 이름과 똑같았는데, 처음 그 이름을 들었을 때 불쾌한 마음이 확 올라왔었다. 그 이름을 보면 그 남자애의 얼굴이 자꾸 떠올라 남자친구와 그 남자애는 다른 사람임을 몇 번씩 되새겨야만 했다. 편견을 갖고 남자친구를 볼까 봐 경계했지만 그러한 노력이 필요한 것조차 의아하기도 했다. 아직도 그 이름을 부르고 듣는 건 쉽지 않게 느껴진다. 슬프고 안쓰러운 마음이 올라온다. 상처에 대한 나의 무지함에 대해서도, 그리고 나의 상처를 더 잘 살펴주지 않은 담임 선생님께도 아쉬운 마음이 들었다. 마음의 상처에 대해 잘 모르고 무관심했던 과거의 학교 분위기에 대해서도 억울한 마음이 들었다. 그 상처에 대해 누군가 더 정확히 말해주고 알려주었다면, 어린 나는 조금 더 일찍 상처로부터 자유로워졌을까? 원치 않은 접촉은 성추행이고 그 순간 당황스럽고 놀랐을 것이라고, 그리고 그 순간 마음의 상처로 다가왔을 수 있다고, 혹시 마음이 힘들고 불편하면 말하라고.

상처를 받았는지, 상처로 인해 내가 어떤 영향을 받았는지, 그 상처로 인해 내가 어떻게 성장했는지에 대해서도 너무 무지했다. 어린 시절은 어리다는 이유로, 어른이 되어서는 과거의 상처와 그때의 시기가 부정적이라는 이유로 외면해 왔다. 아직도 상처를 꺼내지 못한 누군가를 위해 이 상처를 꺼내기로 결심했다. 20년째 간직해 오던 비밀을 이제는 드러낼 때가 된 것이다.

너무 오랫동안 굳이 키워온 상처였고 나의 잘못도 아니었고 그렇게 오랫동안 영향을 받을 정도로 외상이 컸던 사건도 아니었다. 그런데 왜 이 기억을 이렇게 오랫동안 마음속에 품고 있었을까. 다 잊었다고 생각했지만 너무 잘 기억나고 정확하게 묘사할 수 있는 것으로 볼 때 그때의 일은 마음속에 상처받은 기억으로 분명 남아 있었던 것 같다. 어린 시절 상처에 대응하지 못한 자신이 너무 무력하게 느껴졌고, 상처받은 경험을 표현하지 못하고 마음속에만 품어 왔기 때문에 그 상처의 영향이 컸던 것이다. 그 당시에는 너무 어렸고 힘이 없었기에 그 상처받은 사건을 감당하기 어려웠을 수 있다. 그렇게 애써 무시하고 회피했지만 상처받은 기억은 그 자체로 또렷하게 오랫동안 마음속에 존재해 왔다.

어떻게 보면 학창 시절에 친구들 간에 너무나도 흔히 일어날 수 있는 장난이자 피해라고 생각할 수 있다. 많은 아이들은 짓궂은 장난을 치고, 아이들도 어른들도 가볍게 치부하는 피해 경험이 많기 때문이다. 누군가는 이 상처가 그저 가벼운 경험이라고 생각하고 상처받은 경험이 될 수 있다는 사실이 잘 이해되지 않을 수 있다. 하지만 그동안 상처를 그러한 관점에서 바라보고 상처받은 경험을 가볍게 평가하는 관습이 상처받은 사람의 마음을 억압하고 피해를 표현하는 것을 막아왔다. 그리고 아이가 그 상처를 그저 자신의 마음속에 숨겨두면서 상처의 영향을 그대로 흡수하게 한 뒤 상처와 함께 성장하도록 만들었다.

교실 속 상처받는 시기

무지의 시기

학창 시절의 상처가 오랫동안 기억되는 건 '어린 나'에게 일어났던 일이기 때문이다. 청소년 시기는 완전한 성숙이 이루어지는 시기가 아니라, 정서와 인지가 함께 발달해 가는 지속적인 성장 과정 중에 있는 시기다. 그렇기 때문에, 자신의 정서와 인지를 온전히 이해하기 어려울 수 있을 뿐만 아니라, 강렬한 감정을 일으키는 외상에 압도되어 상처에 대해 사고하고 대처할 수 있는 능력이 부족할 수밖에 없다. 상처를 감당할 힘이 없는 어린 시기에 상처를 경험하면 상처가 주는 불쾌한 감정을 그저 피하고 싶고, 그 상처를 준 경험에서 무엇이 맞고 틀린지도 잘 알지 못하며 적절히 대응하거나 반응하는 것도 어려울 수 있다. 또한 때로는 어떤 도움을 받아야 할지, 어떤 도움이 필요한지조차 판단하기 어려울 수 있다.

이지연(2010)의 연구[20]에 따르면, 아동기에 정서를 명확히 인식할수록 강도 높은 정서 경험의 영향을 완화할 수 있고 아동의 심리 질환이 발생할 위험을 예방할 수 있다고 한다. 이를 반대로 생각하면, 아동기의 상처로 인한 정서를 제대로 인식하지 못하고 회피, 억압할수록 상처에 제대로 대처하지 못할 뿐만 아니라 상처를 받은 경험에서 나온 강렬한 정서를 아동은 온전히 흡수할 수밖에 없게 된다는 것이다. 또한 외상을 경험할 당시, 상처를 명확히 인식하지 못하면 성인이 되어서까지 그 영향이 지속될 수 있으며 성인이 되어 바라보는 아동기의 상처에 대해 또다시 혼란을 느낄 수 있다. 당시에 제대로 상처를 지각하지 못하고 대처하지 못한 것에 대해 후회, 죄책감 등의 감정들이 떠오르면서 자신의 어린 시절을 부정적으로 느끼고 스스로를 책망할 수 있는 것이다.

충동의 시기

아이들은 사춘기를 거치면서, 감정과 행동의 변화가 심하고 불안정한 시기, 질풍노도의 시기를 경험하게 된다. 그러한 시기에, 아이들이 모인 교실 속에서는 불필요한 상처들이 생겨날 가능성도 커질 수 있다.

상처를 받은 아이들의 이야기를 들을 때 상처를 주는 행동의 무게와 속도, 빈도를 생각하게 된다. 상처를 주는 행동은 너무나도 가볍게, 순간적으로 그리고 수도 없이 발생하는 측면이 있다. 충동적이고 감정적으로 상처를 주는 행위가 발생하는 것이다. 그런 발생 과정에 비해, 한 번의 상처로 인해 경험하는 아픔은 너무나 무겁고, 오랜 기간 동안 지속적으로 이어질 수 있어 극명하게 대비된다. 특히나 어린 마음에 생긴 상처는 더 충격적이고 힘들게 느껴질 수 있다. 이 부분이 상처의 발생에서 너무 잔인한 점이다. 이를 통해 상처의 크기는 상처를 준 행위의 무게, 속도, 빈도에 달린 것이 아니라 '상처받은 마음'에 달려 있다고 볼 수 있다. 상처를 받은 사람마다 상처의 크기는 다르게 지각되며, 상처를 준 사람의 입장에서는 상처를 준 행위가 별게 아니라고 생각하더라도 상처받은 사람의 입장에서는 그 아픔이 결코 작지 않을 수 있는 것이다. 상처받은 사람이 얼마나 아픈지, 힘든지, 어려울 수 있는지를 알면 상처를 그렇게 쉽게 줄 수 있을까. 우리는 상처 주는 행위가 충동적이고 불안정하고 감정적일 수 있음을 이해하기보다 상처받은 마음을 먼저 이해해야 한다. 어른들이 아이를 바라볼 때도, 어른이 된 '내'가 어린 '나'를 이해할 때도, 아이들이 서로를 바라볼 때도, 어른이 어른을 바라볼 때에도 그 상처의 무게를 상처받은 사람의 입장에서 진지하게 고려해야 한다.

억압의 시기

우리가 마음속의 상처를 억압하고 회피하는 것은 꼭 개인의 특성 때문만은 아니다. 우리나라의 문화는 심리적 상처를 표현하기보다 억압하는 특성을 가지는데, 개인은 사회적 측면과 가족적 측면에서 우리나라 특유의 문화적 영향을 받으며 성장하기 때문이다.

먼저 사회적 측면을 살펴보자면, 한국 사회는 정신 질환에 대한 편견이 만연하다.[31] 2019년에 글로벌 리서치 기업 입소스(Ipsos)와 영국 킹스칼리지 런던의 정책연구소는 세계 29개국을 대상으로 정신 건강에 대한 태도를 조사했다고 한다. 설문 조사는 온라인 플랫폼을 통해 진행되었다. 우리나라는 '정신 질환을 가진 사람에 대해 관용적 태도를 가져야 한다'에 동의하는 비율이 31%로 29개국 중 최하위를 기록했다. 또한 2012년과 2022년의 국민 정신 건강 지식 및 태도 조사 결과를 비교한 결과, 2022년 정신 질환에 대한 지식은 높은 수준을 유지하고 있었지만 긍정적 인식과 수용적 태도 수준은 지식 수준에 비교했을 때 낮은 편이었고 10년 전보다 큰 폭으로 악화된 모습이 확인되었다고 한다(정신 질환에 대한 긍정적·수용적 태도 41.7%→25.2%). 정신 질환에 대한 이러한 우리 사회의 편견과 부정적 인식 때문에 사람들은 편견 어리거나 부정적인 시선으로 심리적 상처를 바라보고 있을 수 있다. 아직 우리 사회는 심리적 어려움도, 마음의 상처도 잘 수용하지 않을 뿐만 아니라, 오히려 그러한 상처에 대해 부정적 편견을 갖는 경향이 있기 때문이다. 그러한 편견으로 가득한 문화는 개인이 상처와 마음의 어려움을 잘 표현하지 못하게 만들고 상처를 내면으로만 억압하게 한다.

　가족적 측면[32]을 살펴보자면, 유교의 영향을 받아온 한국 가족만의 문화적 특징이 있다. 연구에 따르면 한국 가족만의 여러 특징이 있지만 청소년기 자녀에게 나타나는 특징으로 순종과 눈치, 집단주의적 가치가 있다. 첫 번째로 순종의 가치는 부모-자녀 관계에서 자녀는 부모의 말을 잘 듣고 따라야 한다고 압박을 받으며 성장하게 되기에, 자신의 솔직한 생각과 감정을 표현하기 어려워진다. 즉, 자신의 어려움을 부모에게 털어놓기가 망설여지고 어려울 수 있다는 것이다. 두 번째 특징으로는 눈치다. 아이들은 자신의 마음과 생각이 어른으로부터 판단되고 평가될까 봐 두려워 부모의 눈치를 보면서 성장하게 된다. 부모로부터 부정적인 반응이 나올 것으로 생각된다면, 자신의 마음을 잘 개방하지 않고 위축되고 참게 되는 것이다. 세 번째는 집단주의적 가치다. 아이는 자신보다 집단의 시선과 의견에 더 영향을 받으며 자신의 마음을 쉽게 희생할 수 있다. 집단에 있을 때 사람들 사이에서 튀지 않으려 하며, 자신의 생각을 표현하지 않고 숨기며 내 감정과 마음에 대해서도 집단 안에 있을 때 솔직해지기 어렵다. 이러한 문화적인 특징에 더해 권위적이거나 통제적, 폭력적인 부모의 영향을 받으며 성장했다면, 감정을 표현하는 것은 더욱더 힘들고 어려워진다. 우리는 이러한 사회와 가족 안에서 억압적인 문화의 영향을 받으며 성장했기에, 마음의 문을 일찍 닫고 상처받은 마음을 억지로 내면으로 밀어 넣은 채 성장할 수밖에 없었을 것이다.

폐쇄적 시기

우리들의 학교생활에서는 학년마다 반이 바뀌고 6년, 3년, 3년마다 학교가 바뀌어왔다. 교육의 측면에서는 너무나 당연한 과정들이지만, 이러한 교육 체계가 때론 상처받은 아이들을 더 폐쇄된 환경 안에 넣어 오랜 기간 상처의 영향을 받게 만든다. 이러한 폐쇄적인 학교생활은 상처 주는 행위와 상처받은 마음의 측면에서 그 영향을 더 크게 만든다. 폐쇄적인 교실에서 더 자주 상처받게 되고 상처의 지속 기간도 길어지기 때문이다. 주변 친구가 상처 주는 행동을 지속적으로 하거나 괴롭힘의 타깃이 되는 경우, 혹은 집단이 한 명에게 상처를 주는 경우에도 길게는 1년~3년까지 학교가 바뀌지 않는 한, 상처들이 지속적으로 발생할 위험이 있다. 그뿐만 아니라 학교에서 상처를 주는 상대를 계속 마주하기에 상처가 제대로 치유될 수도, 그 영향으로부터 벗어날 수도 없다. 더 이상 상처받는 일이 없다 하더라도 같은 환경에서 계속 함께 생활하는 것 자체가 상처받는 분위기를 계속 경험하게 만든다.

또한 우리나라의 입시 중심 교육 과정과 지나친 학업 중심주의가 오랜 시간 동안 교실 속에 학생들을 밀집시키고 교실 밖을 벗어나지 못하게 만든다. 이런 교육 체계는 학생의 심리 자체를 가볍게 여기고 마음을 돌볼 시간과 여유조차 주지 않는다. 학업과 입시만을 중시한 채 학생 자신의 감정은 공부의 방해 요소처럼 치부하고 기계적인 학습만을 강요한다. 자신의 마음은 억압시킨 채로 학창 시절을 보내도록 만드는 것이다. 많은 학생들은 학창 시절 내내 공부가 우선인 삶을 살아가며 마음의 어려움은 계속 방치하다가 자아도 자신의 마음도 잘 모른 채로 마음의 작동이 멈출 때까지 입시만을 위해 달려간다. 마음이 고장 난 후에야 자신도 부모도 상처를 돌보며 자신의 자아보다 중심이 된 학업 중심주의의 부작용을 늦게서야 자각하기도 한다. 그러나 그때는 너무 늦어버린 경우도 많다.

아직 벗어나지 못한 기억

상처에서 벗어나지 못한 마음의 증거들

말하지 못하는 답답함

많은 경우 대다수의 사람들은 그 누구에게도 말하지 못한 비밀스러운 기억이 있다. 말하지 못한 이유는 다양하지만 추측건대, 그 당시에 의지할 사람이 없었거나, 힘든 내색을 하면 약하다는 관념 속에서 성장했거나, 이미 지나간 과거인데 말해봤자 무슨 소용이겠냐고 생각했거나, 누군가에게 말할 수 없을 정도로 무겁고 큰 비밀이라 그랬을 수 있다. 또한 타인의 평가나 판단이 두려워서 말하기 어려웠을 수 있다. 중요한 것은 마음속에 묻어두었다고 상처가 없어진 것은 아니라는 점이다.

　마음속 상처는 풍선처럼 터질 듯 말 듯 한 느낌으로 내면에 불안정하게 존재해 간다. 상처와 아픔을 마음속에 억누르며 혼자서 참아왔다면, 점점 커지는 풍선처럼 상처가 마음속에서 부풀어 오르는 현상을 경험할 수 있다. 상처의 영향이 커져 마음의 압력이 높아지는 것이다. 뾰족한 바늘로 톡 터뜨리면 오히려 깃털 하나의 무게만큼 가벼울 수 있음에도 그 어려움을 마음속에 꽁꽁 숨겼기에 실체보다 더 부풀려질 수 있다. 돌아보면, 나를 더 어렵게 만들었던 과정이기도 하다. 그 상처를 숨겨온 탓에 상처의 영향들이 더 커졌기 때문이다. 상처로 인해 형성된 자신의 부정적 가치관, 관념, 생각들이 있거나 그 상처를 참아내느라 불안, 우울 등의 심리적 문제가 발생했을 수 있다. 어리면 어릴수록 상처의 영향력은 크고 자신의 정체성 형성에도 영향을 받는다. 상처의 영향을 내면에 깊이 숨기고 참아왔다면, 그 영향력을 그대로 흡수해 가며 자신의 자아를 형성해 갔을 것이다. 뾰족한 바늘로 마음속 압력을 터뜨려 주었어야 했다. 꼭 누군가에게 털어놓지 못하더라도 스스로 그 상처를 마주했어야 했다.

회상에 대한 저항감

　심리 상담을 하다 보면, 종종 내담자들이 과거를 떠올리는 것에 대해 저항감과 거부감을 표현하기도 한다. 현재가 중요한데 굳이 과거를 생각해 볼 필요가 있냐고 이야기한다. 그리고 과거는 바꿀 수 없기에 현재에 할 수 있는 것을 중심으로 상담의 초점을 맞추고 싶어 한다. 그 마음도 존중하고 나 또한 지금-현재의 중요성을 잘 알고 있다. 그럼에도 과거를 회상하는 것을 거부하는 것은 두렵고 아픈 마음을 내포한다. 과거를 보고 싶지 않다는 것은 과거를 보는 것이 그만큼 두렵다는 마음을 의미하고, 상처를 꺼내고 싶지 않다는 것은 그만큼 상처가 아직 아프다는 신호일 수 있다. 반면 자신의 과거에 아무 어려움이 없다면, 과거를 회상하라는 요청에도 저항하지 않고 편하게 이야기할 것이다. 따라서 과거의 문제에서 벗어나기 위해서는 오히려 과거를 자세히 살펴볼 수밖에 없고, 현재에 집중하기 위해서는 오히려 쌓여온 과거의 어려움을 잘 해소해야 한다. 그래야 지금 이 순간에 잘 집중할 수 있다.

우리가 한 나라를 이해하고 상처로 얼룩진 역사가 반복되지 않도록 역사 공부를 하는 것처럼, 우리의 삶에도 자신의 아픈 상처를 통해 배워야 하는 점은 분명 있기 마련이다. 우리가 상처를 제때 돌보지 못하고 치유하지 못하면 배워야 할 것을 제때 배우지 못한 채 성장할 수 있다. 그러면서 상처를 통해 성숙해질 기회를 놓치거나 나의 미성숙함만을 그대로 키울 수 있다. 당시는 너무 아파서 상처를 제대로 볼 수 없었다면, 이제는 상처를 바라볼 수 있는 힘 정도는 키워내야 한다. 물론 그러지 못한다는 것은 그만큼 아직도 아프고 어렵다는 뜻일 수 있다.

자책과 후회, 아쉬움

여러분은 아직도 학창 시절을 떠올리면 후회되고 아쉬운 마음이 드는지 궁금하다. 5년이 지나도 10년이 지나도 후회되고 아쉽고 되돌리고 싶은 과거가 있는지, 학창 시절의 기억에 미련이 생기는지 그 마음을 살펴보아도 좋다. 또한 어린 시절의 자신을 책망하고 있지 않은지, 그 시기의 나를 비난하고 탓하고 있지 않은지 걱정되기도 한다. 잘 대처하지 못한 나, 그 상처를 피하지 못한 나, 아무 말 하지 못한 나, 미련하고 바보였던 나 등 다양한 생각으로 상처의 책임을 나 자신에게 두고 있을 수 있다. 상처를 입은 사람은 나인데 그 상처의 책임을 스스로에게 계속 두고 있다면, 스스로가 더 아플 수밖에 없는 상황이 이어질 수밖에 없다. 이미 지나버린 과거에 머물면서 이러한 마음이 든다면 과거 속에 해결되지 못한 마음들이 남아 있는 것이다. 그러한 마음들은 현재에 집중하지 못하게 만들고 현재의 두려움으로 이어지게 만들면서 자신을 부정적인 틀에 가둘 수 있다. 그러한 마음 때문에 꿈에서 과거의 기억이 자주 떠오르며 그 기억에 계속 머물려고 할 수 있다. 상처를 제대로 바라보지 않고 치유하지 않았기에, 그 상처가 남긴 잔해의 영향을 지속적으로 받고 있는 것이다. 상처의 흔적에 머물지 말고, 상처를 제대로 바라봄으로써 그 영향을 해소해야 한다.

부정적 라벨링으로 인한 두려움

고등학교 시절을 '최악의 암흑기'라고 생각한 적이 있었다. 상처투성이였던 그 시기에는 아픔이 너무나도 많았고 힘들었기 때문에 그 시기를 다시 떠올리는 것조차 싫었다. 누군가는 너무 좋고 재밌었다는 학창 시절을 최악의 시기로 떠올리는 것조차 남들과 비교되면서 속상했고, 성인이 되어서도 학창 시절을 '암흑기'라고 생각했던 마음에서 오랫동안 벗어나기 어려웠다. 그렇게 라벨링을 한 탓에, 상처받은 기억을 마주하는 것이 더 두렵게 느껴지기도 했다.

학창 시절 중 떠올리면 부정적 단어로 표현되는 시기가 있는지 살펴보면 좋겠다. 그 한 단어로 학창 시절 전체를 떠올리면서 그 단어에 그 시절을 가두고 있거나 상처가 제대로 치유되지 못한 탓에, 학창 시절을 부정적으로만 기억할 수 있기 때문이다. 여러분이 학창 시절에 붙인 라벨이 무엇인지 궁금하다.

지금은 그 시기에 대한 마음이 달라졌다. 상처의 치유 과정을 통해 고등학교를 '암흑기'라고 라벨링했던 생각으로부터 벗어날 수 있었다. 그리고 학창 시절에 대해 새로운 관점을 가질 수 있었다. 어쩌면 '암흑기'라는 시기는 실은 내가 단단해질 수 있게 도와주고 세상으로부터 받은 다양한 상처를 견딜 수 있게 한 변화의 잠복기는 아니었을까. 그렇게 그 시기를 잘 지나 보냈기 때문에 '지금의 내'가 있음을 알았다. 그래서 지금은 그 시기를 버텨온 것이 오히려 대견하고 멋지다고 생각한다.

어떻게 그 완고한 라벨링을 부수고 상처받은 시기를 새롭게 정의할 수 있었을까? 그것은 상담 교사이자 상담자로서 성장해 오면서 상처를 계속 직면하고 표현하는 경험을 쌓아왔기 때문이다. 심리 상담이 상처받은 기억으로 인해 좁아진 시야와 고립된 마음에 새로운 관점을 제공했다. 또한 그러한 시간들을 쌓아오면서 상처의 새로운 의미를 찾게 되었고, 학창 시절을 상처받은 시기라고 생각했던 것에서 완전히 벗어나게 되었다. 이는 두렵더라도 상처를 마주해야 함을 알게 했다. 한 번뿐인 학창 시절을 그렇게 아픈 시간으로만 기억하지 않을 수 있도록, 딱딱해진 자신의 라벨을 벗겨보고 진짜 상처의 의미를 찾아보길 바란다.

아직 상처받은 자아로 살아가고 있다면

과거의 어른들은 아이들의 상처에 오늘날보다 더 무지했기 때문에, 지금 성인이 된 사람들은 과거에 또래는 물론 어른들에게서도 많은 상처를 받았을 것으로 보인다. 학생에 대한 체벌과 욕설이 허용되었던 시기, 아이들의 마음에 무관심했던 시기, 오직 성적으로 평가되고 성적을 잘 못 받으면 매를 맞았던 시기, 아이들의 폭력도 교사의 폭력도 난무했던 시기, 폭력에 노출되어도 어떤 어른도 보호해 주지 않았던 그 정글 같은 시기를 경험했다면, 아이들은 자신의 어린 시절을 지옥처럼 느낄 수밖에 없었을 것이다. 위험한 상황 속에서 가정에서뿐만 아니라 학교의 선생님 혹은 어떤 성인으로부터도 돌봄과 보호를 받지 못했다면, 세상에 대한 신뢰가 낮아지고 위험만을 예민하게 지각하며 자신, 타인, 세상에 대한 부정적인 인지 도식*을 형성했을 것이다.

그래서 아직도 어린 시기에 상처받았던 자아로 성인이 된 지금을 살아가고 있을 수 있다. 성인이 되었지만, 상처를 경험했을 당시의 연약하고 힘없는 어린 자아를 마음속에 품으며 나의 삶을 제한하고 낮은 자존감을 갖고 여러 두려움을 간직한 채 우리는 그렇게 살아가고 있을지 모른다. 이렇게 학창 시절에 경험한 상처는 자신의 자아상에 치명적인 영향을 미치며 성인이 되어서도 스스로를 부정적으로 바라보게 만들 수 있다. 상처를 공부해 온 우리에게 이제 필요한 것은 과거부터 현재까지 이어지는 상처의 연결 고리를 끊어내는 것이라 생각한다. 물론 오래된 상처의 영향을 한 번에 끊어내는 것은 어려울 수 있지만, 상처받은 자아는 어린 시기의 나임을, 지금의 나는 이미 그때의 자아와는 다르고 훨씬 성장했다고 여러 번 구분 짓고 실제로도 다름을 경험해야 한다. 무의식적으로나 의식적으로나 영향을 받고 있는 마음속 과거의 잣대가 있다면 이를 찾아내서 현재의 잣대로 바꾸어내야 한다. 우리는 과거에 어린 아이일 때 가진 시선으로 세상을 살아가는 것이 아니라, 현재의 관점에서 스스로에 대해 생각하고 과거와는 다른 새로운 기회를 만

---

* 인지 도식(認知 圖式): 어떤 사건에 대한 개인의 지각과 반응을 형성하는 생각의 틀. 쉽게 말하자면 세상을 바라보는 눈이다.

들며 자신의 삶을 지금의 시선에서 만들어갈 수 있어야 하기 때문이다.

과거의 잣대를 현재의 잣대로 바꾸기 위해서 먼저 스스로가 자신을 어떻게 생각하고 있는지를 점검해 보아야 한다. 특히 평소에 자신에게 하는 부정적인 말들이 무엇이 있는지를 생각해야 한다. 과거의 잣대가 '나는 못 해. 나는 안 돼. 나는 잘나지 않았어' 등 자신에 대해 부정적인 말을 하며 어떠한 경험을 하거나 새로운 시도를 할 때 작용한다면, 자신의 한계를 계속해서 긋고 스스로를 움츠러들게 만들 수 있다. 이는 과거의 상처받은 자아가 현재의 마음속에 남은 채로 스스로를 부정적이고 약한 자아로 바라보게 만들기 때문이다.

부정의 말을 찾았다면, 두 번째로는 그 말이 학창 시절의 상처받은 경험과 연결되는 지점이 있는지 찾아보아야 한다. 그 말의 역사를 따라가면, 교실 속 상처와 연결되는 부분이 있을 수 있기 때문이다. 예를 들면 '너는 공부를 못해. 너는 배려를 못하는 아이구나, 너는 좀 착하게 굴어라' 등 우리는 어른들로부터 다양한 부정의 말을 들으면서 성장하기도 했다. 물론 그 당시는 어른의 말이 맞을 수 있고 나에게 도움이 되는 말을 했던 것일 수 있다. 그리고 우리는 너무 어렸기에 그런 어른의 말을 그대로 흡수해 오며 자라왔을 것이다. 그때 당시에는 맞는 말일 수 있지만, 시간이 지났기에 지금은 틀린 말일 수 있다. 이미 전보다 우리는 자랐고 성장했기에 그러한 말의 잣대를 계속해서 가질 필요는 없다. 그런데도 지금까지 그런 잣대를 갖고 있다면, 이는 잘못된 영향을 받고 있는 것임이 분명하다. 너무 오랫동안 그 영향을 받고 자라서, 그 말들이 현재 스스로의 자아상에 확립된 채로 고정되어 버린 것일 수 있다.

또 다른 예로는 학창 시절의 친구들 앞에서 자주 놀림을 당하거나 무시를 당한 탓에, 사람들 앞에 서면 '또 무시당할거야, 내가 그렇지 뭐' 등의 부정적인 말로 자신을 관계로부터 차단하거나 회피할 수 있다. 또는 외모에 대한 부정적인 평가를 자주 들어서 스스로 외모에 대해 자신감이 없고 자신의 외적 존재를 부정적으로 생각하며 살아갈 수도 있다. 이처럼 학창 시절 동안 들었던 부정의 말들이 있다면, 그 말을 하나하나 생각해 보면서 그 말대로 지금의 나를 생각하고 있는지를 평가해 보아야 한다.

마지막으로는 상처와 연결되는 과거의 잣대를 지금의 관점에서 다시 수정하려고 노력해야 한다. 시간이 지났고 환경이 달라졌고 자신이 달라졌다는 것을 다시 알아차리고 과거와 현재를 구분지어 지금의 관점에서 자신을 바라볼 수 있어야 한다. 그 과거의 잣대는 어린 나에게 해당하기에, 지금은 달라진 나의 모습에 해당하는 잣대를 가지고 스스로를 생각하려고 의식적으로 노력하는 것이 필요하다. 오랜 시기 동안 무의식적으로 상처받은 자아로 살아왔던 만큼, 지금의 나를 다시 찾으려면 그만큼의 시간과 노력이 더 필요할 수 있다. 무엇보다 지금은 어린 '나'가 아님을, 어른인 '나'임을 잊지 않는 것부터 시작해야 한다.

　함부로 내뱉는 누군가의 말에, 어리다는 이유로 예상치 못한 상처를 받으며 우리는 자라왔을 수밖에 없다. 어린아이에게는 어른들의 말이 천국과 지옥을 오가게 할 정도로 막강한 영향력을 지니고 있었고, 또래 친구들로부터 받는 상처는 피하기 어려워 너무 아팠을 것이다. 때론 그 말이 잘못된 것인지 아닌지, 상처인지 아닌지도 구별하기 어려웠을 수 있다. 마음이 아프더라도, 속상하더라도 어른들, 친구들 몰래 눈물을 훔치며 우리는 그 상처를 그대로 삼켜내고 성장해 왔다. 이미 10년, 몇십 년이 지난 일임에도 그 어린아이가 느꼈던 공포, 아픔, 무서움, 외로움, 무기력감 등은 늦었더라도 공감받고 위로받아야 한다고 생각한다. 우리 어른들이 참 아이들의 상처에 무지했고, 잘못된 관념과 문화 속에서 오랫동안 살아오느라 많은 아이들에게 상처를 주기도 하고 상처를 보호해 주지도 못한 채 그렇게 우리를 성장시킨 것에 대해 우리 사회가 늦더라도 반성하고 용서를 구해야 한다. 그 상처받은 기억들은 우리가 경험하지 않았어야 할, 부당한 상처였을 수 있기 때문이다.

두려워도 상처를
똑바로 바라봐야 한다

앞에서 살펴본 것처럼 우리는 상처를 마주하지 않음으로써 오히려 상처의 부정적 영향 속에 계속해서 살아가고 있었다. 제대로 상처를 해소하지 못한 탓에, 지금까지 과거로부터 벗어나지 못한 삶을 살아온 것이다. 우리는 피를 조금이라도 흘리면 연고를 바르거나 반창고를 붙이고, 부모들은 어린 자녀가 아플 때 전전긍긍하며 아이들의 치료에 적극적으로 신경을 쓴다. 마찬가지로 그 깊이가 얕거나 깊은 것에 상관없이, 아무리 작은 상처라도 마음속에 남으면 부정적 영향을 줄 수 있는데 우리는 왜 그냥 시간이 지나기만을 기다리고 잊어버리려고 하는 것일까? 마음 또한 몸처럼 우리의 일부인데 왜 돌보지 않는 것일까?

학교 상담에서도 상처를 제때 돌보지 않아서 문제가 커지는 경우가 자주 발생한다. 마음이 아프다는 것을 인정하지 않아 상담을 거부하는 아이도, 아이의 심리적 문제를 인정하지 않는 부모님도 있었다. 그러나 결국에는 짧게는 몇 달, 길게는 1~2년 사이에 아이의 문제가 더 악화되어 상담실이나 병원에 가게 되거나, 놓쳐버린 치료 시기 때문에 회복이 더뎌지는 경우가 자주 발생했다. 이는 마음의 상처에 대한 우리의 인식이 잘못된 것임을 보여준다. 마음의 상처가 있다는 것, 심리적으로 어려움이 생겼다는 것을 두려워하고 부정적으로 바라보는 인식이 오히려 마음의 문제를 더 키운 것이다.

상처가 꼭 부정적인 것만이 아니고, 긍정적일 수 있다는 인식을 배워야 한다. 오히려 상처를 돌보지 않고 치유하지 않으려는 태도가 더 부정적임을 알아야 한다. 우리는 상처받은 기억 속으로 들어가 오랫동안 부정했던 자신의 상처를 마주하며, 상처를 자신의 삶의 일부로 건강하게 통합시키고 상처를 통해 자신을 성장시켜야 한다. 그렇게 해서 상처에 대해 잃어버린 주체감을 되찾아야 한다. 상처가 내 삶을 통제하는 것이 아니라 스스로가 상처를 통제할 수 있어야 하는 것이다.

이를 위해서는 상처가 발생한 그 당시 상황과 과정을 중심으로 상처가 어떻게 생겼는지를 확인하는 과정이 필요하다. '사건 중심성'이라는 심리학 용어에 주목할 필요가 있는데, 이는 과거의 상처를 하나의 상황으로 재구성해서 돌아볼 수 있게 한다. 즉, 사건 중심성이란 외상을 일으킨 사건을 경험한 개인이 그 사건과 관련된 기억을 중심으로 자신의 삶의 이야기를 구성하는 경향을 의미한다. 중요한 것은, 어떻게 그 상처받은 기억을 자신의 삶의 이야기로 통합해 갈지를 생각하는 것이다. 그 생각의 방향에 따라 상처받은 기억은 삶에 적절하게 통합될 수도, 부적절하게 통합될 수 있기 때문이다. 우리가 외상이라는 부정적 감정과 기억에만 압도되면, 우리의 삶을 구성하는 것은 오직 그 외상뿐일 수밖에 없다. 자칫하면 상처와 씨름하다가 지나치게 많은 시간을 소비할 수 있고, 자신의 삶의 이야기가 외상에서부터 시작되어 외상으로 끝나, 그 이외의 나의 이야기들은 사라질 위험도 있다. 외상 이후에 외상이 자신의 삶에 미친 영향과 의미를 새롭게 찾아가면서, 외상과 통합된 자신의 삶의 이야기를 잘 써 내려가는 것이 필요하다.

「사건 중심성과 외상 후 성장*의 관계 분석」[33]이라는 연구에서도, 사건 중심성이 높을수록 외상을 입은 후 성장 수준이 높고 사회적 지지, 의도적 반추, 삶의 의미, 긍정적 재해석과 같은 외상 후 성장 관련 변인**들의 영향력이 강화될 수 있다고 했다. 이는 외상 경

---

* 외상 후 성장(Post-Traumatic Growth, PTG): 고통스러운 외상 사건을 극복해 가는 경험 안에서 새로운 삶의 목표 설정, 깊이 있는 대인관계 증가, 자신에 대한 긍정적 인식 변화 등 외상 이전의 상태로 돌아가는 것 이상의 주관적이고 긍정적인 심리적 변화.

** 변인(變因): 어떤 연구의 대상이 되고 있는 일련의 개체.

험을 이해하고 자신의 삶에 그 경험을 통합시키며 의미를 만들어 내는 과정을 통해, 외상을 일으킨 사건을 자신의 삶에 적절히 소화 시키면서 외상에 대한 통제감을 얻고 외상 후 성장으로 나아갈 수 있다는 것을 의미한다. 이는 다른 연구[34]에서도 확인되었는데, 외상 을 의도적으로 반추함으로써, 외상을 일으킨 사건을 능동적으로 해 석할 수 있다고 한다. 외상을 일으킨 사건에 대해 문제 자체에 집중 하고 통제 가능한 방식으로 대처하면서 외상을 입은 후 성장해 갈 수 있는 것이다.

반추란 개인이 자신의 심리적 상태에 주의를 기울이고 반복적 으로 생각하는 것을 의미하는데, 침습적 반추와 의도적 반추로 구 분할 수 있다. 침습적 반추는 사건과 관련된 자극이 스스로 원하지 않음에도 불구하고 반추되는 것을 의미한다. 외상을 일으킨 사건과 관련된 기억이 자동적이고 반복적으로 나타나는 침습적 반추만을 경험하면, 오히려 무의식에 외상을 입은 경험이 남게 되면서 외상 의 영향을 지속시킬 수 있다. 그러면서 지속적이고 높은 강도의 고 통과 PTSD에 효과적으로 대처하는 데 실패하게 된다.

반면 의도적 반추는 외상을 일으킨 사건을 경험한 이후 개인이 자발적이고 능동적으로 과거의 사건을 떠올리는 과정을 말한다. 이 는 사건과 관련된 관념과 외상을 입은 경험을 긍정적인 방향으로 재구성하는 과정이기에 외상 후에도 개인이 성장할 수 있게 돕는 다고 한다. 외상을 일으킨 사건은 개인이 기존에 갖고 있던 인지 체계를 흔들리게 할 정도로 큰 영향을 줄 수 있는데, 외상에 대한 의도적 반추를 통해 이러한 변화를 활용하고 오히려 성장해 가는 방향으로 자신의 인지 체계를 재통합하면서 생각이 성숙해져 갈 수 있는 것이다. 따라서 우리는 상처에 대해 침습적 반추가 아니라, 의도적 반추를 하는 것이 필요하다.[35] 이는 우리가 상처를 경험하고 나서, 상처를 마주해야 한다는 뜻이기도 하다. 상처로 인해 부정적 감정에 짓눌리기보다 오히려 상처를 제대로 바라보고 마주함으로써 상처를 자신의 삶에 적절히 통합시키고, 그 상처가 가진 의미를 찾고 그렇게 상처를 삶의 변화와 성장을 위한 발돋움의 기회로 만들어가는 것이다.

5교시

상처를
딛고

교실 밖으로

이제는 자신의 상처받은 기억을 바라보고 상처받은 마음을 치유할 수 있도록 안내하고자 한다. 이를 위해 나는 교실 속 상처받은 기억을 치유할 수 있도록 과거의 상처와 마주하고, 상처받은 마음에 공감하며, 마음속에서 상처를 떠나보내는 3단계의 치료 과정을 고안했다. 물론 교실 속 상처만을 치유하는 마법과 같은 특별한 방법이 있는 것은 아니다. 이 치료 과정이 과거의 상처를 치유하는 완벽한 방법도, 정답과 같은 해결책도 아닐 수 있다. 그럼에도 이 치유의 과정을 통해 억압하고 외면하고 무관심했던, 자신의 교실 속 상처를 조금이라도 안전하게 바라볼 수 있도록 돕고, 자신의 마음속 상처에서 조금은 자유로워지고 좀 더 단단해진 마음으로 미래의 상처에 대처할 수 있게끔 이끌어 주고 싶었다. 그렇게 해서 자신이 스스로 상처를 돌볼 수 있는 힘을 키우게끔 안내하고 싶었다. 어둡고 어려웠던 학창 시절의 기억이 있다면, 조금이라도 다르게 채색하도록 돕고 어린 시절의 아픔과 불행이 조금은 줄어들어 자신의 학창 시절을 아프게만 회상하지 않기를 바라는 마음으로 이 치료 과정을 생각했다. 구체적인 치료 과정은 과거에 상처받았던 마음을 치유하는 데 도움이 될 수 있는 다양한 심리치료 기법을 통합하고 체계적으로 재구성한 것이다. 상처의 완전한 치유보다는, 이 책을 읽기 전보다 조금이라도 상처로부터 자유로워지는 것을 목표로 삼고 다음의 상처 치유 과정을 설명하고자 한다.

교실 속 상처와 마주하기

1단계 | 기억 속의 상처 떠올리기

  첫 번째 과정으로 교실 속에서 상처받은 기억을 바라보는 연습을 하고자 한다. 기억 속의 상처 떠올리기는 그동안 억압하고 외면했던 교실 속 상처를 마음속에 떠올려서 생각해 보는 과정을 의미한다. 그 기억을 억압하거나 평가하거나 판단하지 않고, 그저 상처받은 기억 속의 순간으로 돌아가 학창 시절 상처받은 나를 다시 바라보는 것이다. 그때의 나는 몇 살이었고, 그때 나의 모습은 어떠했으며, 어떤 상황에 처해 있었는지, 상처를 받았던 장소는 어디였고 주변에는 누가 있었고 상처를 준 상대는 누구였으며, 나는 그 상처에 어떻게 대처했는지 등을 구체적으로 그려보는 과정을 거치게 된다. 첫 번째 단계이지만 가장 어렵기도 하고 따라 하기 싫거나 거부감이 느껴질 수 있다. 상처를 바라보는 것이 스스로의 아픔을 다시 경험하는 것처럼 느껴지기 때문이다. 그럼에도 '상처를 떠올리는 것'과 '상처를 경험하는 것'은 분명 다름을 인지해야 한다. 현재는 교실 속에서 상처를 받는 시기가 아니라는 것을 스스로 다시금 생각해야 한다. 그때보다 더 성장했고 그때와는 다른 시기와 환경 속에 자신이 있음을 알아차리고 용기 내어 상처에 다가가고자 노력하길 바란다.

상처를 바라볼수록 두려움은 사라지고 상처와 관련된 자신을 다시 이해해 보며 상처에 대한 내성이 점점 생길 수 있다. 상처받은 기억을 온전하게 바라보고 생각할수록, 오히려 상처받은 기억의 영향은 줄어들고 내면의 힘은 키워지면서 외상 후 성장의 단계로서 나아갈 수 있다. 가장 중요한 것은 나의 상처에 안전하게 다가가는 것이다. 나의 안전을 해칠 것 같은 느낌이 든다면 결코 억지로 해서는 안 된다. 행동주의 심리치료˙ 기법 중 '체계적 둔감화'[36]가 있는데, 이는 이완 훈련을 해가면서 불안을 유발하는 가장 낮은 단계의 자극부터 높은 단계의 자극 순으로 노출하면서 치료하는 방법이다. 이러한 행동주의 치료법의 원리에서 중요한 것은 '이완'과 '단계적

˙ 행동주의 심리치료: 행동주의(자극에 대한 반응으로 일어나는 행동을 통해 인간의 심리를 객관적으로 관찰하려는 입장) 심리학의 이론 체계에 바탕을 두고 겉으로 드러나 관찰하고 측정할 수 있는 행동의 변화에 초점을 맞춘 치료 기법.

노출'이다. 이 원리를 활용해 '상처받은 기억 떠올리기'를 연습하는 방법을 안내하고자 한다.

상처받은 기억 떠올리기 연습

달라진 환경 속에서 안전하고 이완된 상태 만들기

상처받은 기억을 떠올리기 전에 자신의 현재 상태를 먼저 알아차려야 한다. 현재의 나는 상처받은 기억 속의 공간이 아닌 다른 장소와 시간 속에서 살아가며 더 자란 나임을 알아차려야 한다. 지금 자신을 둘러싸고 있는 환경을 보며 그러한 변화를 자각해 본다. 눈앞에 보이는 공간은 어디인지, 오늘은 며칠인지, 지금의 나는 몇 살인지, 지금 느껴지는 촉각은 무엇인지 등 여러 가지 감각을 이용해서 현재의 환경과 시간을 인지하는 것이다. 이를 통해 상처받은 기억은 이미 과거의 기억이고 상처받은 기억 속 공간과는 현재 다른 공간에 있고, 지금의 나는 그때의 내가 아님을 자각해 보는 것이다.

그렇게 충분히 인지한 후에 나의 마음이 안전하고 편안할 수 있도록 마음을 이완시키는 훈련이 필요하다. 이완된 상태를 만드는 방법으로는 심호흡이나 복식 호흡(표1), 명상 등이 있다. 잠시 눈을 감고 몇 차례 호흡하면서 편안하고 안정된 상태를 몇 분간 유지해 본다. 중요한 것은 나의 안전에 위협이 된다고 느껴진다면, 연습을 중단하고 마음의 안정을 유지할 수 있어야 한다는 것이다. 불안정하고 어려운 감정 상태에 놓여 있다면, 혼자서 연습하기보다 상담사나 치료사와 같이 나를 도울 수 있는 사람이 있는, 좀 더 안전한 치료 환경에서 이 연습을 하길 추천한다.

표 1. 심호흡 방법과 복식 호흡 방법

심호흡	복식 호흡
긴장하게 되면 자신도 모르게 '후~' 하고 한숨을 내쉬게 된다. 그것이 바로 심호흡이다. 심호흡은 숨을 코로 들이마시고, 입으로 '후~' 하고 소리를 내면서 풍선을 불 듯이 천천히 끝까지 내쉬는 것이다. 가슴에서 숨이 빠져나가는 느낌에 집중하면서 천천히 내쉬어 본다.	복식 호흡은 숨을 들이쉬면서 아랫배가 풍선처럼 부풀어 오르게 하고, 숨을 내쉴 때 꺼지게 한다. 이때는 코로만 숨을 쉰다. 천천히 깊게, 숨을 아랫배까지 내려보낸다고 상상해 본다. 천천히 일정하게 숨을 들이쉬고 내쉬면서 아랫배가 묵직해지는 느낌에 집중한다.

출처: 재난 정신 건강 지원 정보 콘텐츠 및 플랫폼 개발 연구(보건복지부 정신건강기술개발사업)[37]

학창 시절의 상처받은 기억 떠올리기

① 기억 떠올리기 방법: 상처받은 기억 하나를 구체화한다

여러 기억들이 떠오를 수 있지만 그중 한 가지만을 기억해야 한다. 내가 가장 다루고 싶고 상처를 바라볼 용기가 생기는 기억을

선택하면 좋다. 기억이 하나도 떠오르지 않을 수도 있다. 가장 쉽게 기억을 떠올리는 방법은 '학창 시절에 내가 사람으로 인해 가장 힘들었을 때'를 떠올리는 것이다. 가장 힘든 기억을 떠올리기 싫다면 그나마 조금 덜 힘들었을 순간을 떠올려도 괜찮다. 어떤 기억이든 구체적으로 떠올릴수록 더 좋다.

② 기억 떠올리기 원칙

상처받은 기억을 떠올릴 때 아래의 원칙을 따르면서 떠올려 본다.

○ **가벼운 상처를 받았던 기억부터 떠올린다**

스스로 감당할 수 있는 범위 내에서 상처받은 기억을 떠올려야 한다. 사소하거나 가벼운 상처와 관련된 기억을 먼저 떠올리고, 너무 두렵거나 무서운 상처는 감당할 수 있을 때 진행하는 것이 좋을 수 있다. 떠올리고 싶은데 사소한 상처조차도 감당하기 어렵게 느껴진다면, 앞에서 안내했듯이 좀 더 안전하고 전문적인 환경(상담사, 치료사가 있는 곳 등)을 찾아야 한다.

○ **과거의 상처받은 기억부터 먼저 떠올린다**

대개는 과거부터 비슷한 상처를 겪어온 경우가 많고 현재의 상처가 과거와 이어지는 경우도 많다. 그렇기에 과거의 상처받은 기억을 떠올릴 수 있다면, 그 기억부터 먼저 떠올리는 것이 좋다. 과거의 상처일수록 최근의 상처보다 그 고통이 덜하고 상처의 영향이 적을 가능성이 높지만, 과거의 상처 중 핵심적인 상처에 다가갈수록 더 힘들게 느껴질 수도 있다.

물론 과거일수록 희미하게 기억날 수 있기에 무엇을 골라야 할지 어렵고 잘 기억이 나지 않을 수 있다. 그렇다면 최근의 상처받은 기억을 떠올려도 괜찮다. 눈을 감고 차근차근 하나씩 떠올려 보고 그중 가장 먼저 떠오르거나 중요하게 느껴지는 기억을 찾아본다. 그 기억을 떠올린 이유가 무엇인지, 그때의 감정과 아픔은 어떤 것인지를 감당할 수 있는 만큼 생각해 본다.

○ **최대한 객관적일수록 좋다**

상처받은 기억을 떠올리면 그에 따라 정말 다양한 생각과 감정이 함께 떠오를 수 있다. 힘들게 느껴질 수 있지만 최대한 나의 감정은 제쳐두고, 상처받았던 당시의 기억을 제삼자의 관점에서 최대한 객관적으로 바라보려고 해야 한다. 상처를 남긴 기억에는 평가, 판단, 생각 등의 주관적 요소가 섞여, 상처를 준 경험의 실체를 바라보는 것을 어렵게 만들 수 있다. 따라서 상처를 준 상대나 상처를 받은 나에 대한 평가나 판단, 감정 등은 삼가고 무슨 일이 어떻게 일어났는지를 구체적으로 떠올리면서 객관적인 내용 위주로 상처받은 기억을 떠올리길 바란다.

상처받은 기억 육하원칙 객관화 연습

상처받은 기억을 떠올릴 때는 두 명의 관점이 필요하다. 상처를 준 상대와 상처를 받은 나의 관점이다. 육하원칙을 이용해 이 두 명의 관점에서 상처받은 기억을 구체화할 것이다. 어느 쪽이냐에 따라 답하는 내용이 같을 수도 있고 다를 수도 있다. 기억이기에 빈칸을 다 채울 필요도 없고 정확히 써야 할 필요도 없다. 떠올릴 수 있는 만큼만 떠올려서 상처받은 기억을 정리해 보면 좋다.

표 2. 상처받은 기억 육하원칙 객관화 연습

	상처를 준 상대	상처를 받은 나
누가	상처를 준 상대는 누구인지 (여러 명일 수도 있다.)	나 자신
언제	· 언제 발생한 일인지 · 상처를 준 상대는 그때 몇 살이었는지	· 언제 발생한 일인지 · 상처를 받은 나는 그때 몇 살이었는지
어디서	상처를 준 상대는 어디에서 상처를 주었는지	상처를 받은 나는 어디에서 상처를 받았는지
무엇을	상처를 준 상대는 당시 무엇을 했는지	상처를 받은 나는 당시 무엇을 했는지
어떻게	상처를 준 상대는 어떻게 그 상처를 주었는지 (상처를 준 방식)	상처를 받은 나는 어떻게 그 상처에 대처했는지 (상처에 대처한 방식)
왜	왜 그 상처를 주었는지	왜 상처로 경험되었는지

상처받은 기억을 일기로 쓰기 (좀 더 구체적으로 서술한 형태)

상처받은 기억을 한 번에 정리하기 어렵다면, 일기처럼 풀어 쓴 후에 '상처받은 기억 육하원칙 객관화 연습'을 정리해도 좋다. 상처받은 경험을 일기로 써보면서 나의 상처를 다시금 정리할 수 있고, 나의 글을 통해 내 상처를 있는 그대로 바라볼 수 있다.

상처받은 기억 떠올리기 연습

① 상처받은 기억 한 가지를 떠올린다.
② 상처와 관련된 두 사람을 떠올린다.

	상처를 준 상대	상처를 받은 나
누가		
언제		
어디서		
무엇을		
어떻게		
왜		

③ 상처받은 기억을 일기로 쓰기(좀 더 구체적으로 서술한 형태)

2단계 | 상처를 마주하지 못하게 하는 장애물 찾기

이번 단계는 우리가 그동안 상처를 마주하지 못하게 막았던, 마음의 장애물을 찾는 과정이다. 이는 그동안 우리가 심리적 상처를 어떻게 대처하고 해결해 왔는지와 관련된 부분일 수 있다. 또한 이 단계는 상처 떠올리기 육하원칙 중 '상처를 받은 나는 어떻게 그 상처에 대처했는지'와 관련이 있다. 1단계의 과정을 따라오면서 누군가는 기억을 떠올리는 연습을 하지 않았거나, 기억을 떠올리다가 중단했을 수 있고, 따라 했지만 그 과정이 어렵게 느껴졌을 수도 있다. 그러한 이유들이 나의 상처를 마주하기 어렵게 하는 장애물이 될 수 있다. 그동안 내가 상처를 어떻게 해결해 왔는지를 다시금 생각해 보는 시간을 가져야 한다. 그리고 그 방식이 정말 나의 상처를 잘 떠나보내는 데 도움이 되었는지를 평가해 보는 과정이 필요하다. 상처로 인한 나의 감정을 회피하고 억압하여 상처를 그저 쌓아두지 않았는지, 나의 심리적 어려움을 계속 심화시키지 않았는지를 살펴보는 것이다.

상처에 대한 방어 기제의 종류

프로이트의 정신 분석[38]에 나오는 '자아 방어 기제'라는 개념을 통해 상처에 대처하는 방식을 찾아보고자 한다. 자아 방어 기제란, 외부의 위험한 상황으로부터 오는 감정과 생각, 갈등에 대처하고 자신을 보호하기 위해 개인이 사용하는 무의식적인 심리적 전략이다. 방어 기제에는 억압, 부정, 투사, 합리화, 반동 형성, 치환 등 여러 가지가 있다. 상처를 받았을 때 자주 사용할 가능성이 높은 방어 기제를 중심으로 설명해 보고자 한다. 1단계를 하면서 기억을 떠올리는 것을 막았던 방어 기제가 있거나 그동안 상처에 대처했던 방식과 가까운 나의 방어 기제가 있는지 찾아보길 바란다.

억압/억제

억압은 수용하기 힘든 불쾌한 경험이 머릿속에 떠오르지 못하도록 무의식 속에 눌러두는 방식이다. 억압과 비슷하지만 억제는 의식적으로 기억하지 않고 잊으려고 노력하는 방식이다. 억압은 무의식적으로, 억제는 의식적으로 이루어진다는 점에서 차이가 있다. 즉, 억압과 억제는 심리적 상처를 받았을 때 무의식적 혹은 의식적으로 상처를 마음속에 억누르고 생각하지 않으려고 하는 대처 방식과 연결될 수 있다. 예를 들면, 상처를 받고 잠을 더 자려고 하거나 술을 더 마시거나, 더 놀거나 게임을 하는 등 특정한 행동에 몰두함으로써 그 생각을 회피하고 상처받은 기억을 억누르는 것이다.

부정/부인

자신의 감각이나 사고 또는 감정을 심하게 왜곡하거나 인식하지 못함으로써 고통스러운 현실을 부정하는 방어 기제이다. 심리적 상처를 받았을 때 상처를 받은 과정 자체를 인정하지 않으려 하거나, 자신의 상처받은 감정, 경험, 생각을 받아들이지 않고 거부하는 것과 관련된다. 상처를 받았지만 상처를 받지 않았다고 생각하거나 상처를 받았음에도 상대방에게 괜찮다고, 상처받지 않았다고 말하는 행동을 그 예로 들 수 있다.

투사

자신이 받아들일 수 없는 생각, 감정, 욕망 등을 다른 사람에게 돌리고 탓하는 방어 기제이다. 상처를 받고서 경험하는 짜증, 분노, 슬픔 등의 감정을 타인에게 돌려서 그 사람이 나에게 짜증이나 화를 낸다고 생각함으로써, 자신의 불편한 감정들에 대한 책임을 해소하는 방식이다. 어렵게 느껴질 수 있지만, 상처받은 나의 감정은 나의 것이 아니라 타인의 것이라고 생각하는 것이다. 예를 들면, 상처를 받고 난 후에 자신이 화가 나고 짜증 난 상태임을 스스로 인지하지 못하고 상대가 나에게 짜증 내고 화풀이를 한다고 생각하는 것이다.

합리화

상처를 받은 과정을 그럴듯한 이유로 정당화함으로써 불안을 회피하고 자신의 상처를 정당화하는 것이다. 즉, 상처받은 경험과 그 이유에 대한 합리적인 설명을 만들어내는, 일종의 자기기만이라 할 수 있는 방어 기제이다. 특히 상처받은 자신의 마음은 무시한 채 상처를 준 상대의 입장만을 지나치게 생각하면서 그 사람의 입장에서 그럴 만한 이유가 있었을 것이라고 생각하는 것과 연결될 수 있다.

반동 형성

용납할 수 없는 감정, 충동들이 있을 때 이를 억제하기 위해 오히려 반대되는 사고와 행동을 함으로써 불안을 회피하는 것이다. 예를 들면 상처를 받았을 때 오히려 그 사람에게 더 잘해준다거나, 슬프고 속상한데 더 기쁘고 즐거운 척하는 것이다.

치환/대치

자신의 부정적 감정과 충동을 관련 당사자에게 표출하지 않고 덜 위협적이거나 안전한 상대에게 표출하는 것이다. 예를 들면 직장 상사로부터 상처를 받은 후 경험하는 불안, 스트레스, 분노 등을 가까운 가족에게 화풀이함으로써 그 감정을 해소하는 것이다.

지성화/주지화

정서적인 주제를 이성적인 주제로 전환해 사고적, 분석적, 이성적으로 생각하면서 불안을 회피하는 것이다. 예를 들면 이성으로부터 거절당했을 때, 그 이성의 심리와 이성 관계에 대해 지적인 분석을 하면서 자신의 고통과 상처를 회피하는 것이다.

승화

불쾌하고 부정적인 감정과 충동을 사회적으로 수용될 수 있는 건설적인 행동으로 변환하는 것이다. 예를 들면 공격적인 욕구를 스포츠 활동을 통해 해소하는 것이다. 물론 상처를 받았을 때 스트레스나 부정적 감정을 운동으로 해소하는 것은 긍정적인 방법이다. 그러나 운동에만 집중함으로써 상처를 바라볼 기회를 갖지 않는다면, 이 또한 상처를 마주하지 못하게 막는 장애물이 될 수 있다.

물론 방어 기제는 충격적인 상황에서 스스로를 보호하기 위해 작동한다. 그래서 심리적 어려움을 덜 경험하게 하고 당시의 고통을 조금이라도 완화할 수 있다. 그럼에도 상처를 치유하고 돌보는 과정에서도 방어 기제를 계속해서 사용한다면, 스스로가 상처를 온전히 바라보기 어려워질 수 있을 뿐만 아니라, 상처를 마주할 때마다 방어 기제를 사용하게 되어 상처를 치유할 기회를 잃어버릴 수 있다. 우리가 상처에 대해 방어 기제를 사용하고 있는지, 그 방어 기제가 상처를 치유할 기회를 막고 있는지조차 스스로 모른다면, 우리는 진짜 상처에 다가가서 상처의 영향을 줄일 기회도, 상처를 통해 성장할 기회도 얻지 못할 수 있다. 방어 기제를 사용한다고 해서 마음속 상처의 영향이 없어지는 것은 분명 아니기 때문이다.

자신의 방어 기제로부터 벗어날 수 있는 방법은 자신의 불안이나 상처받은 경험, 문제에 계속 다가가 보는 연습을 하면서 나의 힘든 부분을 용인할 수 있는 능력을 키워나가는 것이다. 그 방법으로 혼자서라도 상처에 다가가는 연습을 계속해 가는 것을 추천한다. 스스로 상처와 마주하는 과정은 누군가에게 들킬 위험이 있는 것도 아니며, 누군가에게 평가받을 가능성이 있는 것도 아니다. 그동안 우리의 상처를 방어 기제로 꽁꽁 싸서 마음 안에 잘 숨겨왔다면, 이제부터 우리의 방어 기제를 조금씩 벗겨내 보자. 어떤 방어 기제로 나의 마음을 감춰왔는지를 한번 자각해 보고, 사용했던 방어 기제를 버리면서 우리의 진짜 상처에 솔직하게 다가가는 시간을 갖길 바란다.

상처의 방어 기제 찾기

표 1. 상처의 방어 기제 찾기

	상처를 받을 때 어떤 방어 기제를 자주 사용하는가?	해당되는 것을 모두 체크하라
억압/억제	마음의 상처를 받았을 때, 상처를 억압하거나 억제하려고 하는가? 다른 활동을 하면서 상처받은 경험을 억누르려고 노력하는가?	
부정/부인	마음의 상처를 인정하기 어려운가? 부정적 감정, 상황, 상처 등 모든 것을 스스로 잘 받아들이지 못하는 편인가?	
투사	마음의 상처를 받고 자신의 마음을 상대방의 탓으로 돌린 적이 있는가? 자신의 부정적 감정을 잘 인지하지 못하고 상대가 나에게 화풀이만 한다고 생각하는가?	
합리화	마음의 상처를 받을 때 그럴듯한 이유나 설명을 생각하는 편인가? 상처가 일어날 만한 나름의 이유가 있다고 생각하고 자신이나 타인의 행동을 포장하거나 미화하려고 하는가?	
반동 형성	마음의 상처를 받을 때 감정과 반대되는 행동을 하는 편인가? 화나고 속상하더라도 오히려 괜찮은 척, 상처받지 않은 척하는 편인가?	
치환	마음의 상처를 받을 때 다른 대상에게 표출하는 편인가? 좀 더 쉽고 편한 대상 혹은 자신보다 약한 대상에게 화내거나 짜증을 내는 편인가?	
지성화/주지화	마음의 상처를 받을 때 정서적인 주제를 지나치게 이성적, 사고적으로 생각하는 편인가? 상처받은 상황에 대해 그때 느낀 감정을 다루기보다 분석하고 평가하는 편인가?	
승화	마음의 상처를 받고 스포츠, 예술, 음악 등의 건설적인 활동을 함으로써 마음의 상처를 해소하는 편인가?	

자신의 방어 기제의 효과 평가

표 2. 자신의 방어 기제의 효과 평가표

효과 평가	매우 그렇다	그렇다	보통	그렇지 않다	매우 그렇지 않다
방어 기제가 나의 상처를 치유하는 데 정말 효과가 있는가?					
방어 기제가 상처의 영향을 감소시키는 데 도움이 되는가?					
나의 상처를 마주하기보다 방어 기제를 계속 사용하고 싶은가?					

3단계 | 상처가 남긴 영향 평가하기

　이 단계에서는 관계 속에서 상처를 받게 되는 과정 중 세 번째 단계, 부정적 감정과 생각을 지속시키는 상처의 영향을 살펴보고자 한다. 상처가 힘들고 어려운 이유는 마음속에 그 상처가 계속 남아 있으면서 나에게 부정적 영향을 계속 미치기 때문이다. 때로는 괜찮은 줄 알았지만, 새로운 상처로 인해 과거의 상처가 건드려지면서 심리 상태가 급격히 나빠지거나 상처를 받은 후에도 애써 참으며 지냈지만 두통, 복통 등의 신체화 증상들로 건강에 부정적 영향을 받기도 한다.

　이 단계에서는 상처가 남긴 영향을 평가함으로써 상처로 인해 우리가 얼마나 아프고 힘들었는지, 그리고 얼마나 영향을 받으며 살고 있는지 생각해 보고자 한다. 부정적 영향의 정도에 따라 우리가 스스로에게 어떻게 도움을 주면 좋을지에 대한 아이디어도 제시한다. 상처가 자신에게 미친 영향을 생각할 때는 과거와 현재 시점 모두에서 살펴볼 필요가 있다. 상처를 받았던 과거에 자신이 어떤 영향을 받았으며 현재에도 그 영향이 지속되는지를 파악하는 것이 중요한데, 상처가 오래 지속될수록 상처의 영향이 크다고 볼 수 있기 때문이다. '상처의 영향 체크 리스트(표1)'의 물음에 스스로 답변해 보면서 상처로 인해 어떤 영향을 받았고, 그 영향이 지금도 이어지고 있는지를 생각해 보자.

표 1. 상처의 영향 체크 리스트

		당시(과거)에 받았던 영향	현재 지속되는 영향
상처의 지속 기간은 얼마나 되는가? (상처받은 과거와 현재 시점의 차이)			
자신	① 상처와 관련된 나의 감정은 어떠한가?		
	② 상처와 관련된 나의 생각은 어떠한가?		
	③ 상처와 관련된 나의 행동은 어떠한가?		
타인	④ 상처를 주었던 상대에 대한 나의 감정은 어떠한가?		
	⑤ 상처를 주었던 상대에 대한 나의 생각은 어떠한가?		
	⑥ 상처를 주었던 상대에 대한 나의 행동은 어떠한가?		
상처의 영향 점수	⑦ 상처가 나에게 준 영향은 몇 점인가?	영향이 작다　　　　　영향이 크다 1점　2점　3점　4점　5점	영향이 작다　　　　　영향이 크다 1점　2점　3점　4점　5점

표 2. 상처의 영향 평가표

과거와 현재 시점 사이의 시기		길다 / 짧다
상처의 영향의 형태		일반적인 형태 VS 일반적이지 않은 형태
과거와 현재 영향의 차이 패턴	패턴	과거↑ 현재↓ 과거↓ 현재↑ 과거↑ 현재↑ 과거↓ 현재↓
	패턴 변화 이유	시간의 영향, 상처의 치유, 상처의 영향을 지속시키는 요인 등
과거 영향과 현재 영향 점수의 합 (표1 의 ⑦번 척도)		8점 이상일 때 영향이 큼

상처의 영향 평가하기(표 2)

상처의 지속 기간 고려하기(상처받은 과거와 현재 시점의 차이)

일반적으로 과거와 현재 시점 사이의 시기가 길수록 현재 상처에 대한 영향력이 과거보다 줄어들 수 있다. 반면 두 시점 사이의 시기가 짧을수록 상처가 미친 영향력이 과거나 현재나 비슷할 수 있다.

상처의 영향이 이러한 일반적인 형태와 다를 때 우리는 더 관심을 가져야 한다. 예를 들어 과거와 현재 시점의 차이가 10년 이상이 날 정도로 긴데 상처의 영향이 그대로거나 더 커졌다면 그 영향력이 정말 크고 상처의 영향이 오랫동안 지속되는 것이다. 그런 경우 시간이 많이 지났다고 하더라도 현재라도 상처를 치료해야 한다는 의미일 수 있다. 따라서 상처의 영향이 어떠한지를 살펴볼 때 과거와 현재 시점 사이 시기의 길이를 고려하여, 상처의 영향이 일반적인 형태인지 일반적이지 않은 형태인지 살펴보아야 한다.

일반적인 형태 vs 일반적이지 않은 형태

① 과거와 현재 시점의 차이가 큰 경우
- 일반적인 형태: 현재로 올수록 상처의 영향은 줄어든다.

> vs 일반적이지 않은 형태: 현재로 올수록 상처의 영향이 줄어들지 않는다면(과거와 비슷하거나 더 증가했다면) 더 고려할 필요가 있다
>
> ⇨ 시간이 흘러도 상처의 영향이 줄어들지 않는다는 것은 그만큼 상처가 준 영향이 크다는 것일 수 있다. 스스로 상처를 대처하고 치유하려 하더라도 상처가 치유되지 않을 수 있기에 전문적인 도움이 추가적으로 필요할 수 있다.

② 과거와 현재 시점의 차이가 작은 경우
- 일반적인 형태: 과거와 현재의 상처의 영향은 비슷하다.

> vs 일반적이지 않은 형태: 과거와 현재 사이 상처의 영향이 급격히 변화한다면(급격하게 증가했다면) 더 고려할 필요가 있다.
>
> ⇨ 상처를 받은 지 얼마 되지 않았는데 영향이 급격히 변화했다면 오히려 좋지 않을 수 있다. 상처가 치유되는 데에는 기본적으로 일정한 시간과 치유 과정이 필요하다. 특히 급격히 그 영향이 증가한다면, 자신이 위기 상황에 있는지 파악해야 한다. 급격히 하락한다면, 어떻게 영향이 줄어들었는지를 생각하고 방어 기제(부정, 부인 등)의 영향은 아닌지를 살펴야 한다. 다만 긍정적인 영향이라면, 자신이 가진 회복 탄력성으로 인해 낮아졌을 가능성도 있다.

과거와 현재의 영향 차이 패턴 고려하기

과거와 현재의 영향이 어떻게 변화했는지, 그 변화의 패턴을 살펴보아야 한다. 과거의 영향은 매우 컸는데 현재의 영향은 매우 적다고 한다면, 과거의 상처가 정말 잘 치유되었는지, 어떻게 그 영향이 줄어들 수 있었는지를 점검해 보아야 한다. 시간이 흐르면서 상처의 영향이 줄었을 수 있지만, 그 상처가 정말 잘 나았는지, 제대로 치유되었는지를 다시 한번 확인해 볼 필요가 있다.

한편 과거의 영향은 매우 작았는데 현재의 영향이 커진 것도 관심을 가질 필요가 있다. 이런 경우에는 과거부터 현재까지 그 상처의 영향을 지속시키고 있는 다른 요인이 있을 수 있다. 어떤 이유로 그 영향이 커졌는지를 살펴보는 것이다. 당연하지만 과거에도 현재에도 상처의 영향이 적다면, 굳이 그 상처받은 기억을 바라볼 필요는 없을 것이다. 그럼에도 상처의 영향은 없는데 그에 관한 기억이 떠올랐다면 그 이유가 무엇일지는 생각해 봐야 한다. 무의식적으로라도 영향을 받은 무언가가 있다는 신호일 수 있다.

> **과거와 현재 영향의 차이 패턴**
>
> **과거↑ 현재↓** 어떻게 영향이 줄어들었는지를 점검한다.
> ⇨ 상처가 정말 나았는지를 다시금 확인한다. 자신의 상처 대처 능력과 연결될 수 있는 부분이기도 하다.
>
> **과거↓ 현재↑** 어떤 요인이 그 영향을 키웠는지를 점검한다.
> ⇨ 상처의 영향을 키운 다른 요인이 있을 수 있다. 그 요인이 무엇인지를 생각해야 한다.
>
> **과거↑ 현재↑** 비슷하게 높은 영향을 보인다.
> ⇨ 상처로 인해 계속 어려운 상태일 수 있다.
>
> **과거↓ 현재↓** 비슷하게 낮은 영향을 보인다.
> ⇨ 영향이 낮은데도 기억으로 떠오른 이유를 살펴본다.

'과거의 상처'와 '현재의 상처'의 영향 점수를 합산한 값을 고려하기

과거와 현재의 상처의 영향 점수를 합산한 값은 상처의 영향이 어느 정도의 크기인지를 알 수 있게 해준다. 전반적으로 영향 점수가 높거나 과거나 현재의 영향 점수 모두가, 혹은 둘 중 하나만 높다고 하더라도 상처가 치유되지 못한 것은 아닌지, 치유가 정말 되었는지 점검할 필요가 있다. 자신의 상처를 치유하려 노력했다고 하더라도 상처의 영향 점수가 높다면, 좀 더 전문적인 방법들이 필요하거나 치유가 어려울 정도로 큰 상처였다는 의미일 수 있다. '상처가 나에게 준 영향은 몇 점인가?(225페이지 표1 의 ⑦번 항목)'의 과거와 현재의 점수를 합해 자신의 상태를 점검해 보길 바란다.

> **과거와 현재의 영향 점수 합산**
> - **과거와 현재의 영향 점수가 합쳐서 8점 이상일 때: 상처의 영향이 크다.**
>   ⇨ 상처를 치유하는 과정이 필요함을 의미한다. 전문적인 도움이 필요한지를 생각해 본다. 혼자 치유하기 어렵다고 생각되면, 상담이나 치료와 같은 도움을 받을 방법을 찾아본다.
>
> - **과거와 현재의 영향 점수가 합쳐서 6~8점일 때: 상처의 영향이 무엇인지 파악해 본다.**
>   ⇨ 전문적인 도움이 필요하지 않을 수도 있으나, 상처의 영향이 없지 않은 상태일 수 있다. 과거나 현재의 상처의 영향이 무엇인지를 잘 알아차려야 할 수 있다.
>
> - **과거와 현재 시점 사이의 기간도 고려하여 평가**
>   ⇨ 과거와 현재 시점의 차이가 큰데 상처 영향 점수도 높다면, 흘렀던 시기만큼 상처의 영향이 큰 상태일 수 있다. 과거와 현재 시점의 차이가 작고 상처 영향 점수가 높다면, 최근의 외상으로 인한 심리적 고통, 트라우마들로 인해 높은 영향을 받고 있는 것일 수 있다.

| 교실 속 상처와 마주하기 적용 사례와 연습 |

상처의 치유 과정을 적용하고 연습할 수 있도록 4교시의 '상처인 줄 몰랐던 상처'에서 나오는 나의 일화를 적용해 치유 과정을 연습해 보고자 한다. 타인의 상처를 바라볼 때에는 어떠한 잣대보다는 그 사람의 입장에서 최대한 이해해 보고 그 마음을 알아차리기 위해 노력해 보는 것이, 자신의 상처를 이해하고 공감하는 데에도 도움이 될 수 있다. 또한 다음 사례를 살펴보면서 자신의 상처받은 경험에도 적용해 보고 연습해 보길 바란다.

1단계 | 기억 속의 상처 떠올리기

상처받은 기억 떠올리기 연습

① 상처받은 기억 한 가지를 떠올린다.
② 상처와 관련된 두 사람을 떠올린다.

	상처를 준 상대	상처를 받은 나
누가	같은 반 남학생	나 자신
언제	초등학교 6학년 때	
어디서	학교 복도	
무엇을	성적 접촉을 하며 장난을 치던 남학생이 내게로 다가왔다. 그리고 내게도 성적 접촉을 하고 도망가 버렸다.	그 접촉을 제지하려다가 옆에 걸려 있던 그림 액자를 깨뜨려 버렸다.
어떻게	성적으로 접촉했다.	너무 찰나라 막을 수 없었다. 담임 선생님께 신고했다.
왜	장난으로 한 것 같았다.	불쾌하고 수치스러웠다. 장난으로 동의한 적이 없기 때문이다.

③ 상처받은 기억을 일기로 쓰기(좀 더 서술한 형태): 4교시 중 '상처인 줄 몰랐던 상처' 일화 참고

> 나에게 그 기억은 오랫동안 상처로 남아 있었다. 초등학교 6학년 때 일이다. 부모님께 전화를 해야 하는 상황이 생겨 아이들과 함께 줄을 서서 기다리는 순간이었다. 장난을 좋아하는 남학생도 그 줄에 서서 함께 기다리고 있었다. 그 아이는 기다림이 길어지자 다른 여자아이들과 장난을 치기 시작했고 그 장난의 형태는 성적 접촉이었다. 그 아이는 슬며시 나에게도 다가왔다. 그리고 나에게 성적 접촉을 하고 도망갔고 나는 그 접촉을 제지하려다 옆에 걸려 있는 그림 액자를 깨뜨렸다. 다른 아이들의 눈에는 내가 팔을 휘두른 것만 보였을 것이다. 그 순간 당황스러움, 놀람, 수치감 등의 복잡한 감정들이 들었다. 너무 찰나라 막을 수도 없었고 나는 그 장난에 동의한 적도 없었기에 불쾌하고 수치스럽고 화났었다. 담임 선생님께 이 일에 대해 신고를 하였지만 그 속상하고 불편한 마음이 오랫동안 계속되었다.

2단계 | 상처를 마주하지 못하게 하는 장애물 찾기

억압/억제

고통스러운 생각, 기억, 충동 등을 의식적인 수준에서 무의식 수준으로 억누르는 방어 기제를 사용해 왔던 것 같다. 나의 상처를 그냥 모른 척하고 참고 억눌렀다. 그 당시에는 무슨 일이 일어났는지 제대로 인지하지도 못했고 장난처럼 한 행동이었기 때문에 내가 예민하게 느낀다고 생각하기도 했었다. 성에 대해서도 무지했고 누군가에게 편하게 말할 수 있는 시기도 나이도 아니었기에, 어느 누구에게도 말할 수 없었고 마음속으로 참을 수밖에 없었다.

3단계 | 상처가 남긴 영향 평가하기

표 1. 상처의 영향 체크리스트

		당시(과거)에 받았던 영향				현재 지속되는 영향			
상처의 지속 기간은 얼마나 되는가? (상처받은 과거와 현재 시점의 차이)		17년							
자신	① 상처와 관련된 나의 감정은 어떠한가?	부끄러움					부끄럽지는 않다 약간의 짜증			
	② 상처와 관련된 나의 생각은 어떠한가?	속상함					어려웠겠다. 힘들었겠다.			
	③ 상처와 관련된 나의 행동은 어떠한가?	억누름, 참음					이성과 편하게 친해지지 못함			
타인	④ 상처를 주었던 상대에 대한 나의 감정은 어떠한가?	원망스러움, 화					약간의 짜증			
	⑤ 상처를 주었던 상대에 대한 나의 생각은 어떠한가?	싫다					동명이인을 보면 떠오름			
	⑥ 상처를 주었던 상대에 대한 나의 행동은 어떠한가?	회피					마주치지 않기에 따로 없음			
상처의 영향 점수	⑦ 상처가 나에게 준 영향은 몇 점인가?	영향이 작다			영향이 크다		영향이 작다			영향이 크다
		1점	2점	3점	④점	5점	1점	②점	3점	4점	5점

상처의 영향 평가표

과거와 현재 시점 사이의 시기	⟨길다⟩ / 짧다	
상처의 영향의 형태	⟨일반적인 형태⟩ VS 일반적이지 않은 형태	
과거와 현재 영향의 차이 패턴	패턴	과거↑ 현재↓
	패턴 변화 이유	시간의 영향. 상처를 계속해서 회피해 왔기에 치유가 더디고 상처의 영향이 꽤 오래 갔음
과거 영향과 현재 영향 점수의 합 (표1 의 ⑦번 척도)	6점	

상처받았던
어린 나를 안아주기

1단계 | 상처에 공감하기

　나는 누군가가 상처받은 기억을 떠올린 것만으로도, 바라보려고 노력한 것만으로도 너무 대단하다고 응원해 주고 싶다. 상처받은 기억을 생각한다는 것은 그때의 아픔이 떠오르더라도 그 어려움을 마주해 보겠다는, 용기 있는 행동이기 때문이다. 상처받은 기억을 떠올리면서 여러 가지 부정적 감정들이 다시 떠오르고 그 감정에 흔들리는 것처럼 느껴질 수 있다. 어린 나 자신의 모습이 떠오르면서 스스로 또 약해졌다고 생각할 수 있다. 하지만 자신을 아프게 했던 기억이고 아직 치유되지 않았기 때문에 너무나 자연스럽게 들 수 있는 감정이다. 마음이 약해진 것이 아니라, 자신이 단단해져 가는 과정을 겪는 것이다.

이제는 그 기억과 관련된 감정을 마주할 시간이다. 이 감정들 또한 온전히 느낀다는 것이 결코 쉽지 않다. 꼭 그 감정에 압도될 것 같기도 하고 계속 자신을 아프게 만들 것 같기도 하며 일상을 짓누를 정도로 큰 감정일 수 있기 때문이다. 아픈 감정을 혼자서 다루는 과정이 두렵게 느껴진다면, 상담사나 의사 선생님, 가족 등과 같이 좀 더 안전한 대상과 함께 있을 때 그 감정을 마주해도 괜찮다.

우리의 아픈 감정은 상처 때문에 참 아팠고 힘들었고 속상했기에 너무나 당연하고 자연스럽게 올라온 것이다. 우리의 잘못이 아닐 수 있음에도, 우리는 그 감정을 어떻게 대했는지를 다시금 생각해 보아야 한다. 그 감정 자체가 감당하기 두려워서 회피했거나 마음속에 묻었을 수 있다. 혹은 그 감정이 떠오른 것이 꼭 스스로가 약한 것처럼 느껴져서 그 감정을 아예 부정해 버렸을 수 있다. 그 또한 나를 지키기 위해 한 행동이겠지만 자신의 감정을 회피할수록 상처와 감정들은 해소되지 않은 채로 쌓여왔고, 정신적 어려움은 지속되어 왔을 수 있다. 그렇게 상처로 인한 자신의 감정을 외면하다가, 나의 어려움을 방치하지 않았나 스스로를 되돌아보아야 한다.

마음의 상태를 냉장고에 비유하고 싶다. 냉장고에 음식을 오래 쌓아둘수록 음식들은 상하고 새로운 음식을 넣을 수 있는 공간은 없어진다. 또한 냉장고 속 오래된 음식들을 정리하지 않으면 세균은 많아지고 냉장고 내부는 지저분해지고 복잡해진다. 너무나도 귀찮지만 냉장고 내부를 정리하고 청소해야 할 시기가 다가온 것이다. 이렇게 더러운 냉장고일수록 때로는 더 손이 안 가기도 한다. 그래서 그냥 지저분한 냉장고를 외면하고 음식물을 계속 쌓아둔 채 살아가기도 한다. 그런데 그렇게 음식물을 마냥 방치하면 어느 순간 냉장고는 냉각하는 공기가 순환되지 않으면서 내부가 시원해지지 않고 냉장 기능에 문제가 생길 수 있다. 이런 상태가 심해지면 냉장고가 고장 날 위험이 생긴다. 한번 망가지면 수리조차 어려워질 수 있다. 그러기에 귀찮더라도 틈날 때마다 냉장고를 정리해 오래되고 상한 음식물은 버리고 공간을 마련하는 것이 필요하다.

냉장고의 상태가 마음의 상태와 비슷할 수 있다. 개인마다 마음의 크기가 다르기에, 자신의 한정된 마음의 용량이 어느 정도인지를 스스로 알아야 할 필요가 있다. 또한 오래되고 상한 감정이 있다면 정리해 주고 청소를 해줌으로써 현재의 감정을 수용할 수 있는 여분의 공간을 마련해 주어야 한다. 이를 위해 마음속의 공기가 잘 순환될 수 있도록 돕는 '감정의 정리'를 강조하고 싶다. 감정의 정리는 케케묵은 어려운 감정을 정리하고 해소해 줌으로써 새로운 감정들이 들어오게끔 공간을 마련하는 것이다. 그러한 공간이 있으면, 현재의 상처나 감정을 감당하기 좀 더 쉬워지고 현재의 아픔을 소화하는 데에도 도움이 된다. 그렇게 하지 않고 묵은 감정을 계속해서 쌓아두기만 한다면, 오래된 감정들의 무게로 인해 현재의 작은 상처로도 마음이 쉽게 고장 날 수 있다. 해소하지 않고 정리하지 못한 감정을 외면하고 억압하기보다, 늦었더라도 정리하는 시간을 가지길 바란다. 우리의 감정들이 잘 해소되고 순환될 수 있도록 '상처에 공감하기 연습'을 통해 감정의 정리를 돕고자 한다.

상처받은 어린 감정 이해하기

자신에게 더 냉정한 잣대를 대는 사람들이 있다. 자신의 감정을 가볍게 여기거나 필요 없는 것으로 치부하면서 자신의 부정적인 감정을 인정하지 못하는 것이다. 특히나 자신 스스로를 이해하지 못하면, 왜 그런 상처를 경험했는지 혼란스럽고 마음속이 복잡해지면서 자신의 감정이나 상처가 당황스럽게 느껴질 수 있다. 그러기에 부정적 감정을 애써 무시하고 싶어지고 나약한 것으로 여기거나 부정하고 싶어진다.

심지어는 어른이 되어서 바라본 '어린 나'의 감정도 어른의 잣대로 평가할 수 있다. 이는 상처받은 내면 아이에게 너무 냉정한 잣대이다. 학창 시절의 상처받은 감정은 어렸던 만큼 그 마음의 나이에 맞게 상처를 더 잘 이해해서 상처받은 마음에 공감해야 한다. 지금의 시선이 아닌 어린 나의 관점에서 자신을 바라보아야 하는 것이다.

최고의 공감은 올바른 이해에서 시작한다. 상처받은 감정에 잘 공감하기 위해 자신의 마음도 잘 알고 있어야 할 뿐만 아니라 상처받은 기억도 더 복합적으로 이해해야 한다. 자신이 그런 상황에서 왜 상처를 받았는지, 왜 그런 감정을 느꼈고 상처의 영향을 받을 수밖에 없었는지 자신의 성격이나 특성, 성장 배경 등을 통해 조금 더 복합적으로 이해해야, 상처받은 감정을 온전히 이해하는 데 도움이 될 수 있다. 이를 돕기 위해 '취약성-스트레스 상호 작용 모형[39]'으로 그 사건이 자신에게 상처로 다가온 이유를 살펴보고, 상처받은 기억 속의 감정을 좀 더 복합적으로 이해하는 시간을 갖고자 한다. 취약성-스트레스 상호 작용 모형은 취약성 요인과 스트레스 요인이 결합되었을 때 정신장애가 발생한다는 모형이다. 이러한 모형을 통해 상처받은 자신의 감정을 이해하고 그 감정에 공감하는 데 활용해 보려 한다.

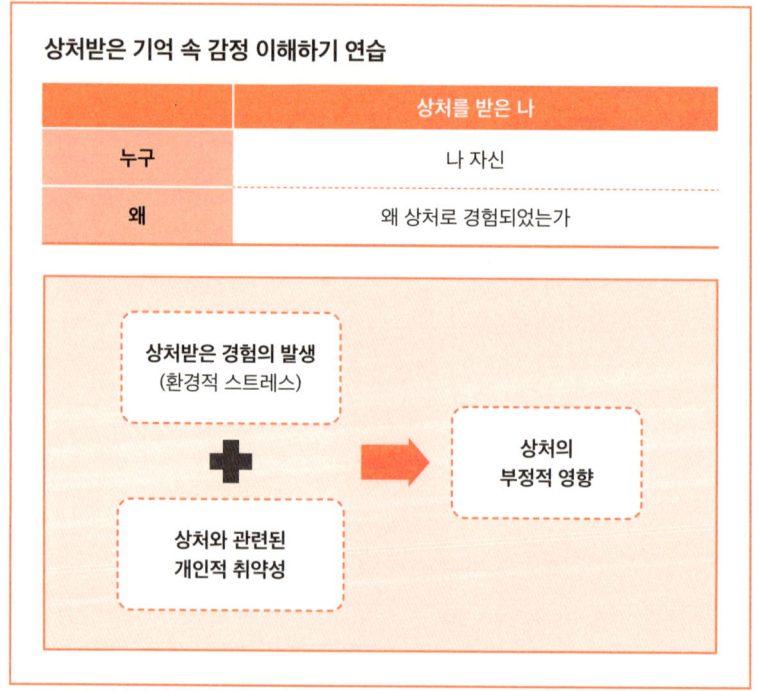

상처받은 경험의 발생(환경적 스트레스)

√ 상처받은 경험의 특징 살피기: 반복성, 깊이 및 크기, 심각성, 치료 유무 등
√ 상처를 받은 시기는?
√ 상처를 준 상대와 힘의 불균형(신체적, 사회적 위치의 차이 등)이 있었는지?
√ 상처를 경험한 후 도움을 받은 곳이 있었는지?
√ 상처를 준 상대와 관계를 회복할 여지가 있는지?(사과, 화해, 용서 등)

상처와 관련된 개인적 취약성

√ 상처에 영향을 준 나의 성격이나 기질은?: 성격의 특징이나 기질, 특히 사회적인 부분과 관련된 성격 요소 등을 살펴보기
√ 상처와 연관된 성장 환경 및 가족 요인은?: 성장 환경 속에서 비슷한 상처를 받은 적이 많은지, 애착 형성 관계에서 생긴 상처가 있는지, 상처를 대하는 가족의 태도는 어떠했는지, 지지해 주는 관계가 있는지 등
√ 상처에 대한 나의 대처 능력은?: 부정적 평가나 생각, 회피나 억압, 감정 조절 및 표현 능력 등 당시 상처받은 사건에 대해 자신의 대응 능력이나 방식을 생각해 보기
√ 내 상처의 역사는?: 반복적으로 경험하는 상처는 무엇인지, 예전에 비슷한 상처를 받은 적이 있는지, 어떤 상처에 더 취약하고 연약한지 등을 살펴보기

상처받은 어린 마음을 이해하기

자신이 받은 상처의 특성과 상처와 관련된 개인적 취약성을 바탕으로 자신의 상처와 감정을 이해해 본다.

자문자답: 상처받은 감정 이해하기 연습	
상처받은 경험의 특징	Q. 상처받은 경험의 특징은 어떤가?(반복성/일시성, 깊이와 크기, 심각성, 강도 등)
	Q. 상처를 받은 시기는 언제인가?
	Q. 상처를 준 상대와 힘의 불균형이 있었는가?
	Q. 상처를 경험한 후 도움을 받은 곳이 있었는가?
	Q. 상처를 준 상대와 관계 회복의 여지가 있는가?(사과, 화해, 용서 등)
개인적 취약성	Q. 상처받은 경험에 영향을 준 나의 성격이나 기질이 있는가?
	Q. 상처받은 경험과 연관된 성장 환경 및 가족 요인이 있는가?
	Q. 상처에 대한 나의 대처 능력은 어떤 편인가?
	Q. 자신의 상처에 대한 역사가 있는가?

이를 고려해서 나의 상처와 마음에 대해서 이해하게 된 것을 아래에 작성해 보자.
(상처에 대해)

(마음에 대해)

이렇게 상처를 종합적으로 이해하려 노력하는 것은 결국 자신의 마음과 감정을 더 잘 이해하고 공감하기 위함이다. 다양한 측면에서 스스로를 복합적으로 이해함으로써 자신의 마음을 잘 이해하고 공감하는 것은 자기 치유의 핵심이기 때문이다. 상처를 종합적으로 이해하지 못하면, 결국 자신의 마음은 이해되지 않고 부정하고 싶어진다. 자신이 자신을 잘 이해하지 못하고 공감하지 못하면, 어떻게 자신의 마음을 회복하고 상처를 치유할 수 있을까? 상처받은 마음을 더 잘 이해하고 공감하기 위해서는 반드시 자신을 이해해야 한다. 자신의 개인적 취약성과 상처받은 경험을 잘 이해하게 되면 상처로 인해 아팠던 이유들이 좀 더 선명해지고 명확해질 수 있다. 다만, 상처받은 경험은 비교적 쉽게 이해할 수 있으나 자신을 이해하는 것은 사람마다 쉽거나 어려울 수 있다.

자신을 스스로 깊이 있게 이해하기 어렵다면, 부가적인 방법(심리 검사나 상담, 주변 사람들에게 묻기 등)을 통해 자신에 대한 이해도를 높이는 데 도움을 받을 수 있다. 가장 중요한 것은 자신에 대한 답은 나 자신이 갖고 있다는 점이다. 결국 스스로를 공부하면서 자신을 이해하고 탐색하는 시간을 많이 쌓아야 한다. 자신을 더 잘 이해할 수 있도록 돕는 방법 중 하나는 상처받은 기억을 이해하는 것이라고 생각한다. 나의 부정적이고 취약한 부분을 생각하고 탐구함으로써 자신이 잘 모르거나 회피해 왔던 부분을 새롭게 이해할 수 있을 뿐 아니라, 내 마음의 취약성을 파악해 여린 자신의 마음을 돌보며 살아가는 방법이 무엇인지 알아내고, 자기 돌봄 태도(self-care)를 갖는 데도 도움을 줄 수 있다.

상처받은 어린 감정에 공감하기

공감하는 말하기

상처를 받은 뒤 우리는 힘든 감정을 경험하며 마음이 정말 아팠을 것이다. 그리고 우리는 너무나 어렸고 연약했기에 아픔은 더 컸을 수 있다. 그러한 아픔에도 우리는 때로 그 힘든 감정을 그저 판단하고 평가하곤 한다. 이는 상처받은 마음을 부정하고 인정하지 않는 행위이다. 자신의 아픔에는 어떠한 평가도 하지 않아야 한다. 그런 걸로 상처를 받냐, 아직도 그 일 때문에 아프냐 등 감정을 평가하는 말을 자신을 포함해, 어느 누구도 해서는 안 된다고 생각한다. 때로는 스스로가 계속 상처를 만들기도 하는데, 우리가 느끼는 감정을 비난하는 마음이 무의식적으로 떠오를 때에도 그 행동을 스스로 멈출 수 있어야 한다. 감정은 감정 그 자체이고 자연스러운 마음의 현상이기에 거짓을 말하고 있지 않기 때문이다. 감정은 그 자체로 수용될 만한 가치가 있다.

따라서 그 감정에 대해서 '옳다'고 다독이며 그 감정을 온전히 느낄 수 있어야 한다. 또한 상처로 인한 자신의 감정을 잘 이해한 것을 바탕으로, 떠오르는 감정을 타당하게 여기고 공감해 주는 것이 필요하다. '너무나 어렸기에 더 아프게 느꼈을 수 있다', '그런 아픈 감정을 경험했구나', '그때 참 아팠겠다, 진짜 힘들었겠다, 그리고 아직도 아프구나' 등의 말을 스스로 하면서 그 감정들에 대해 지지해 주고 공감해 주는 시간을 가지면 좋겠다. 공감 능력은 그냥 생기지 않는다. 아프더라도 나의 상처받은 마음을 만나 수용하고 공감하는 연습을 하면서 자신에 대한 공감을 키워갈 수 있다.

공감하는 행동하기

자신의 감정에 공감할 때, 말로만 공감하는 것이 아니라 행동으로도 스스로에게 공감해야 한다. 말과 행동이 불일치한다면 그것은 진정한 공감이 아닐 수 있다. 말과 일치해 행동으로도 공감해야 한다. 감정이 너무 커서 가슴이 벅차오른다면 조용한 곳에서 눈물을 흘리면서 그 눈물의 온도를 따뜻하게 느꼈으면 좋겠다. 애써 그 눈물을 참지 않고 눈물이 멈출 때까지 그 순간을 있는 그대로 경험해야 한다.

또한 학창 시절의 '나'를 떠올리면서 자신에게 따뜻한 손길과 포옹을 건네어도 좋다. 눈을 감아 어린 나와 마주해 손을 잡아주고 그 온도와 촉감을 따뜻하게 느껴보는 것도 도움이 될 수 있다. 그때의 어린 나에게 따뜻한 편지를 써주어도 좋고, 힘들었던 자신을 위로하는 편지를 써도 좋다. 여행, 명상, 산책 등 자신을 힐링하는 시간을 보내도 좋고 '나비 포옹'을 활용해 스스로를 토닥토닥해 주어도 좋다. 자신의 감정에 공감하는 말하기를 할 때, 나비 포옹을 함께 활용한다면 자신을 위로하거나 공감하는 데 더 좋을 것이다. 상처받았을 당시의 어리고 작은 나를 떠올리며 어른인 '내'가 그 아이를 따뜻하게 안아주는 시간을 갖길 바란다. 자신에게 따뜻한 공감의 행동을 함으로써 상처로 인한 감정을 진정시키고 상처받은 자신을 포용해 갈 수 있다.

나비 포옹법은 갑자기 긴장되어 가슴이 두근대거나 괴로운 장면이 떠오를 때, 그것이 빨리 지나가게끔 자신의 몸을 좌우로 두드려주고 '셀프 토닥토닥' 하면서 스스로를 안심시켜 주는 방법이다. 두 팔을 가슴 위에서 교차시킨 상태에서 양측 팔뚝에 양손을 두고 나비가 날갯짓하듯이 좌우를 번갈아 살짝살짝 10~15번 정도 두드리면 된다.

출처: 재난 정신 건강 지원 정보 콘텐츠 및 플랫폼 개발 연구(보건복지부 정신건강기술개발사업)

공감하는 말 전하기	
공감하는 행동하기	

2단계 | 상처받은 나를 위로하기

상처받은 기억을 떠올리면서 자신의 감정에 공감하는 시간을 가졌는데도, 상처받은 기억들이 자꾸 떠오르면서 상처받게 된 과정이 잘 이해되지 않을 수 있다. '왜 나에게만 그런 일이 일어났을까? 내가 이렇게 행동했다면 결과가 달라졌을까? 나는 잘못한 게 없는데 왜 당했을까?' 등 상처받은 이유에 대한 생각들이 반복적으로 떠오를 수 있다. 물론 상처를 받으면 당연하게 떠오르는 생각이지만 계속 상처에 집착하고 억울해한다면, 그러한 생각 또한 그 상처로부터 스스로를 벗어나기 어렵게 만들 수 있다.

이렇게 상처가 발생한 사건의 원인이 무엇인지를 지각하고 그에 따라 귀인에 대한 생각과 감정들이 계속되면, 때로 상처로 인한 부정적 영향을 더 키우기도 한다. 이러한 과정을 '귀인 이론'을 통해 살펴보고자 한다. 귀인 이론이란 인간의 행동을 이해하기 위해 사람들의 행동 원인에 관심을 갖는 이론이다. 여기서 '귀인(歸因)'이란 자신의 행동이나 사건의 결과에 대해 그것이 일어난 원인을 의미하며, 개인마다 사건의 원인을 추론하는 성향이 다를 수 있다. 미국의 사회심리학자 버나드 와이너(Bernard Weiner)는 인과적 차원에 근거한 귀인 이론으로 소재 차원, 안정성 차원, 통제 가능성 차원을 제시했다.[40]

각 귀인의 차원에 따라 상처의 원인을 생각할 때 우리가 상처에 대한 부정적 영향을 어떻게 키우게 되는지를 먼저 살펴보고자 한다. 그리고 나서 우리가 사건의 이유를 바람직한 방향으로 생각할 수 있도록 스스로에게 어떻게 위로의 생각을 전할 수 있을지 그 방법을 안내할 것이다. 사건의 귀인을 바람직한 방향으로 생각할 때, 우리는 상처받은 기억에 갇히지 않고 자신을 보호하고 지킬 수 있는 방향으로 상처받은 경험을 생각하도록 이끌 수 있다. 또한 스스로가 좋은 방향으로 마음을 관리하도록 돕는, 자기 보호적인 사고 능력도 키우도록 도울 것이다.

귀인의 차원에 따른 부정적 방향

인과 소재 차원

인과 소재 차원에서 사람들은 사건의 원인을 개인 내부에서 비롯된 것인지, 아니면 외부로부터 기인한 것인지 두 가지로 구분한다. 첫 번째는 '외부적 통제 소재(외부 귀인)'로 어떤 일이 발생할 때, 외부의 힘(운명, 운, 타인 등)에 책임이 있다고 믿는 것이다. 상처받은 경험을 떠올릴 때 타인의 잘못이나 당시의 상황으로 인해 그 일이 발생했다고 생각한다. 그러한 귀인으로 인해 나에게 이런 일이 일어난 것에 대한 억울함과 속상함, 당황스러움, 타인에 대한 화, 분노, 비난 등 다양한 감정을 경험할 수 있다. 이렇게 상처에 대한 감정이 외부로 향하기에, 그러한 부정적인 감정을 실제로 상대에게 표현함으로써 감정이 해소되는 것이 가장 좋은 방향일 수 있다. 그러나 그렇게 표현할 수 없는 상황들이 발생하면, 그 감정은 오로지 자신에게 향하면서 더 힘들어질 수 있다. 상처를 준 분명한 상대가 존재하지만 그 마음을 해소할 수 없을 때는 그 모든 감정이 자신의 마음속에 맴돌게 되면서 타인과 세상을 비난하게 되고, 부정적 사고가 증가하기 때문이다.

두 번째는 '내부적 통제 소재(내부 귀인)'로 어떤 일이 발생할 때 내부의 힘(자신의 능력, 노력, 행동 등)에 책임이 있다고 믿는 것이다. 상처를 경험할 때 그 경험이 자신의 잘못으로 인한 것이라고 생각하는 것이다. 이러한 상황에서는 나에 대한 무력감, 분노, 짜증, 속상함 등 상처로 생긴 감정이 내부로 향하면서 자신에 대한 죄책감, 후회, 분노 등의 부정적 감정으로 이어질 수 있다. 이러한 내부 귀인은 자신의 부정적 자아상을 키우는 데 영향을 주며 자존감을 해치기도 한다. 책임의 소재가 자신에게 있다고 생각하기 때문에 그 누구도 탓하지 못하며 스스로의 마음속 어려움만을 키워갈 수 있다.

안정성 차원

안정성 차원은 사건의 원인이 변하지 않고 안정적인지, 변하기 쉬운 것인지를 살펴보는 것이다. 이는 상처가 발생한 이유가 안정적인 요소인지, 혹은 변동적인 요소인지를 생각하는 과정이다. 안정성 차원은 원인의 시간적 일관성과 관련된 차원으로, 상처의 지속성과 관련이 있다. 즉, 상처의 요인이 안정적일수록 상처를 경험하는 기간은 길어지고, 불안정적일수록 상처를 경험하는 기간은 짧은 것을 의미한다. 예를 들면, 가까운 관계에서 반복되는 상처는 조금 더 안정적인 형태에 가까울 수 있고, 우연적으로 혹은 일회성으로 발생한 상처는 불안정적인 형태에 가까울 수 있다.

상처받은 경험이 안정적인 요소에 의해 발생했다고 생각할 때, 그 상처로부터 벗어나지 못할 것 같은 무기력을 경험하거나 상처에 대응할 힘을 잃어버리거나 그 상처받은 경험에 적응하거나 익숙해질 수 있다. 상처받은 경험이 안정적일수록 상처의 영향은 치명적일 수 있지만 그 상처로부터 벗어나는 것은 오히려 어려울 수 있다. 상처의 원인을 안정적 요인에 귀인할 때 오랫동안 상처의 영향을 받아오면서 무기력해지고 힘이 없는 자신의 모습을 부정적으로 생각하고 비난하기도 한다. 자신의 상처받은 마음을 늦게 알아차린 것도, 상처로부터 도망가지 못한 것도 우울하게 느껴질 수 있다.

반면, 상처의 경험이 불안정적인 요소에 의해 발생했을 때에도 상처의 강도가 높으면 상처의 영향은 오히려 더 클 수 있다. 그 한 번의 경험으로 자신의 삶이 크게 흔들릴 수 있기도 하며, 상처의 강도가 꼭 높지 않더라도 잔잔한 호수에 던져진 돌처럼 평화로운 삶에 영향을 끼칠 정도의 충격으로 느껴질 수 있다. 한 번의 일이라는 이유로 그 일로 흔들린 자신을 실망하거나 비난할 수 있고, 다시 그러한 경험이 반복될까 봐 불안감이 높아질 수 있다.

통제 가능성 차원

통제 가능성 차원은 상처의 원인이 통제할 수 있는 것인지 없는 것인지 살펴보는 것이다. 상처를 준 원인을 자신이 통제할 수 있었다고 생각하면, 보통은 상처받은 경험 이전으로 과거를 자꾸 되돌리고 싶은 마음이 들기에 후회, 자책, 속상함, 스스로에 대한 실망 등의 감정을 느낄 수 있다. 반면 자신이 통제할 수 없는 영역이었다고 생각하면 그 상처받은 경험 자체에 압도되면서 무기력, 불안(예기불안*), 우울 등의 감정을 느낄 수 있다.

그럼에도 상처를 준 원인을 통제할 수 있는지 없는지 판단하는 것은 어쩌면 인지적 오류일 수 있다. 관계 속 상처는 타인이 자신에게 가한 부정적 영향으로 발생하기 때문에, 상처의 원인을 통제할 수 있는지 없는지는 타인을 통제할 수 있느냐 없느냐에 대한 고민이기 때문이다. 그 고민을 해보면 여지없이 한 개인이 과연 타인을

* 예기불안(豫期不安, expectation anxiety): 자신에게 어떤 상황이 다가온다고 생각되는 경우에 생기는 불안.

통제할 수 있을까 하는 의문이 발생한다. 결국 상처를 주는 행위 자체를 우리 모두가 예상하고 통제하는 것은 불가능할 가능성이 높다는 뜻이다. 그렇기 때문에 상처의 발생 원인을 통제 가능성 차원에서 고려해 보는 것 자체가 의미 없을 수 있고 상처받은 경험 자체를 받아들이는 것도 어렵게 하며 상처를 계속해서 부정하게 만들수 있다. 통제가 가능해도, 통제가 불가능해도 이미 상처는 발생했고 되돌릴 수 없다는 점을 받아들이는 것이 더 중요하다.

상처의 귀인의 바람직한 방향

여러분은 위에서 설명한 귀인 중 어떤 귀인을 많이 사용하는 편인가? 어떤 귀인을 사용하든 결국에는 하나의 귀인에 집중해서 생각하면 부정적인 생각, 감정 등의 부정적 영향을 지속시킬 수 있다. 이는 '반추'라는 개념과 관련되는데, 앞에서도 이야기했듯이 반추란 개인이 자신의 심리적 상태에 주의를 기울이고 반복적으로 생각하는 것을 의미한다. 반추는 사건을 재경험하게 하며 지속적인 위협과 두려움을 느끼게 하는 등 PTSD 증상을 지속시킬 수 있기 때문에 PTSD 증상을 지속시키는 가장 중요한 변인으로 도출되었다. 4교시의 '사건 중심성'에 대한 설명에도 나오듯이 모든 반추가 나쁜 것은 아니지만, 상처를 준 사건이 반복적으로 갑자기 떠오르는 침습적 사고가 계속되면, 마음의 고통과 부정적 사고도 함께 지속될 수 있다. 결국 상처받은 경험의 원인을 부정적인 방향으로 분석하거나 반복해서 생각하면, 상처가 남긴 영향의 방향과 책임이 결국 자신에게 돌아갈 수 있는 것이다. 그렇기 때문에 우리의 마음은 더 아프고 힘들 수 있다.

내가 상처받은 것은 상대의 탓이고 내 잘못은 없는데 그러한 상처를 내가 받았다는 사실을 받아들이는 것(외부적 귀인)도, 나의 탓인데 내가 잘못하거나 실수하지 않았더라면 그러지 않았을 것이라고 생각하는 것(내부적 귀인)도, 결국 상처로 인해 스스로를 더 아프게 만들 수 있는 사고의 과정이다. 상처가 지속적으로 발생한 것을 피하지 못했다는 생각(안정적 귀인)도, 상처가 일회적으로 생긴 것인데 이렇게 부정적인 영향을 받았다는 생각(불안정적 귀인)도, 상처의 원인을 통제할 수 있었다고 생각하는 것(통제 가능성)도 상처의 원인을 통제할 수 없었다고 생각하는 것(통제 불가능성)도 부정적 감정과 생각을 불러일으키면서 스스로를 힘들게 할 수 있다. 따라서 상처의 이유는 상처받은 경험 자체를 명확하게 이해하려고 할 때만 생각하고 그 귀인의 방향과 책임이 자신에게 향하지 않도록 주의를 기울여야 한다.

상처를 대하는 귀인 방식으로 추천하고 싶은 방식은 상처가 발생한 원인이 무엇이든, 그 원인에 대해 자신에게 위로의 말을 전하는 것이다. 자신에게 향한 책임 소재는 감소시키고 자신의 아픔은 타당화하며, 상처 발생의 우연성을 인정하는 방식으로 자신을 위로하면서, 상처받은 이유에 사로잡히지 않도록 스스로를 보호하는 사고 능력을 기르는 것이다.

		위로의 말	
인과 소재	외부적	외부의 이유 때문이지, 너의 잘못이 아니야	→ 자신에 대한 책임과 방향성을 감소시키기
	내부적	그럴 수 있어. 너무 탓하지 말자	
안정성	안정성	지속적이었기 때문에 더 힘들었던 거야	→ 아픔을 타당화하기
	불안정성	한 번이라도 그렇게 힘들었던 만큼 충격적인 일이었기 때문이야	
통제 가능성	통제 가능	통제할 수 있었더라도, 일어날 일은 일어났을 거야	→ 상처의 우연성 인정하기
	통제 불가능	네가 통제할 수 없는 부분이었던 거야	

인과 소재

상처의 원인이 외부의 것이든, 내부의 것이든 결국 그 원인에 대한 책임과 방향을 자신에게로 돌리지 않도록 사고하는 과정이 필요하다. 이를 위해 어떠한 인과 소재로 귀인을 하더라도, '너의 잘못이 아니야', '스스로를 탓하지 말자'와 같이 자신의 책임을 줄일 수 있는 위로의 말을 전할 수 있어야 한다.

안정성

상처의 원인이 안정적이든, 불안정적이든 결국 중요한 것은 상처로 인해 받은 영향이다. 그저 상처의 영향과 자신의 아픔을 타당화하고 위로하는 시간이 필요하다. '힘들었을 수밖에 없어', '너무나 아팠겠다'와 같이 자신의 아픔을 공감하고 위로하는 말을 전할 수 있어야 한다.

통제 가능성

상처의 원인을 통제할 수 있었든 없었든, 이미 생긴 상처는 되돌릴 수 없다. 상처는 결국 통제 불가능한 영역에 있기에 상처의 우연성 자체를 받아들여야 한다. 어쩔 수 없이 일어난 일이고 내가 통제할 수 있는 영역은 아니었음을 인정하고 생각하는 과정(어쩔 수 없던 일이야, 내가 통제할 수 있는 영역은 아니었던 거야, 이미 받은 상처를 되돌릴 수 없어 등)을 통해 상처 발생의 우연성 자체를 인정하는 것이다.

이러한 자기 보호적 사고 과정을 통해 우리의 상처를 우리 자신의 책임에서 벗어나게 하고 상처의 영향이 자신에게 향하는 것을 줄일 수 있다. 또한 세상에서 어쩔 수 없이 발생하는 상처들도 이해하며 상처받은 경험을 좀 더 가볍게 받아들일 수 있다.

3단계 | 과거 상처의 의미 찾기

우리가 교실 속 상처를 경험하지 않고 안전하게 성장했다면 마음이 아프지 않고 편안하게 어른이 되었을 수 있다. 그럼에도 나의 삶에서 정말 한 번도 상처를 경험하지 않을 수 있었을까? 우리는 살아가면서 언젠가 한 번은 상처를 마주했을 것이고 필연적으로 발생하는 상처를 막아내는 것은 어차피 어려웠을 것이다.

우리에게 중요한 것은 상처를 왜 경험했는지 생각하는 것이 아니라, 그 상처로부터 무언가를 배우고 교훈을 찾으면서 내면의 힘을 키워가는 것이다. 그동안 우리는 두려움 속에 갇혀 마음속 깊이 상처를 억누르면서, 상처로부터 배워야 할 것을 놓쳐왔을 수 있다. 일찍 다가온 상처든, 늦게 다가온 상처든 나를 아프게 함으로써 상처가 나에게 주고 싶었던 메시지가 있을 수 있는데 말이다. 그 메시지를 잘 찾아왔다면 아프더라도 우리가 내면의 근력을 일찍이 키워오는 데 분명 도움이 됐을 것이다.

나의 상처가 나에게 해주고 싶었던 말은 무엇이었을까? 어린 시절의 상처들이 분명 우리의 어린 시절을 불행하고 어렵게 만든 건 사실이다. 그럼에도 지금 되돌아보니 그때의 상처가 없었다면 이렇게 일찍부터 스스로에 대해 많이 생각하고 세상 속에서 마주하는 다양한 상처를 잘 이겨낼 수 있었을까 싶기도 하다. 어린 시절의 상처가 어쩌면 그 누구보다도 빠르고 단단하게 성장하라는 뜻일 수 있기 때문이다.

물론 상처의 의미를 찾는 것이 어렵기도 하다. 부정적 기억과 감정 속에 갇혀 있게 되면, 시야가 좁아지면서 더 넓은 관점에서 사고하는 것이 어려워지기 때문이다. 상처의 의미를 어떻게 찾아야 할지 모를 수 있고 상처를 긍정적 관점으로 생각하는 과정 또한 쉽지 않을 수 있다. 상처로 인한 부정적 영향이 지속되거나 힘이 들 때는 상처의 의미를 찾는 것 자체가 힘겹게 느껴지기도 한다.

따라서 상처의 의미를 찾는 것은 스스로 아픔이 어느 정도 낫고 마음이 진정되었을 때 연습해 보길 추천한다. 우리가 우리의 상처를 부정적인 의미로만 남겨두면 자신의 학창 시절을 계속 아프게 느끼고 자꾸만 보고 싶지 않을 수 있다. 상처를 치유했더라도 상처의 의미를 찾지 못하면, 상처가 완전히 아물지 못하고 그 기억을 자꾸만 부정하고 싶어질 수 있다. 상처를 통해 나에게 도움이 되는 의미와 교훈을 찾고 긍정적인 관점으로 상처받은 기억을 다시 채색해 나가는 과정은 진정으로 자신의 상처를 잘 보내주는 방법일 뿐만 아니라 상처로부터 자유로워지고 스스로를 성장시키는 데에도 도움이 될 수 있다. 다시 상처를 돌아보더라도 아프지 않고 다시 상처가 떠오르더라도 부정적인 관점에 사로잡히지 않게끔, 우리가 상처로부터 자유로워질 수 있도록 이 과정을 거치는 것이 분명 필요하다.

교실 속 상처를 긍정으로 채색하기

가장 쉽고 단순하게 상처의 의미를 찾아보려고 한다. 그러기 위해 두 가지 과정을 거치게 된다. 첫째는 부정의 관점을 반대의 관점에서 생각해 보는 연습이다. 그리고 그 생각에 긍정의 관점을 덧붙여 보는 연습을 하는 것이다. 이전 사례를 다시 떠올려 보면서 연습해 보자.

부정 → 반대로 바꾸어보기

상처로 인한 부정적 영향을 적어보고 그 영향을 반대로 작성해 본다. 반대로 바꿀 때에는 상처받은 경험 자체를 바꾸는 것이 아니라 현재의 관점에서 자신에게 미친 영향만을 반대로 바꾸는 것이다.

> 상처받은 경험 + (상처의 영향)~하다
> ⇨ 상처받은 경험 + 지금은 (상처의 영향)~하지 않다.
> 상처받은 경험 + (상처의 영향)~하지 않다
> ⇨ 상처받은 경험 + 지금은 (상처의 영향)~하다.

〈예시〉

성추행으로 인해 부끄럽고 불쾌했다.
⇨ 성추행을 경험했지만 지금은 부끄럽지 않고 불쾌하지 않다.

화내지 못하고 스스로 참아내는 내 모습이 불쌍하게 느껴졌다
⇨ 화내지 못하고 스스로 참아내는 내 모습이 지금은 불쌍하게 느껴지지 않는다.

반대의 관점에 긍정을 덧붙이기

교실 속 상처받은 경험에는 공감하는 말을 덧붙이고 그 이후로 배운 점, 교훈, 그로 인해 발달된 능력을 생각하여 덧붙인다. 그러한 말은 반대 관점의 근거로서 사용하게 된다.

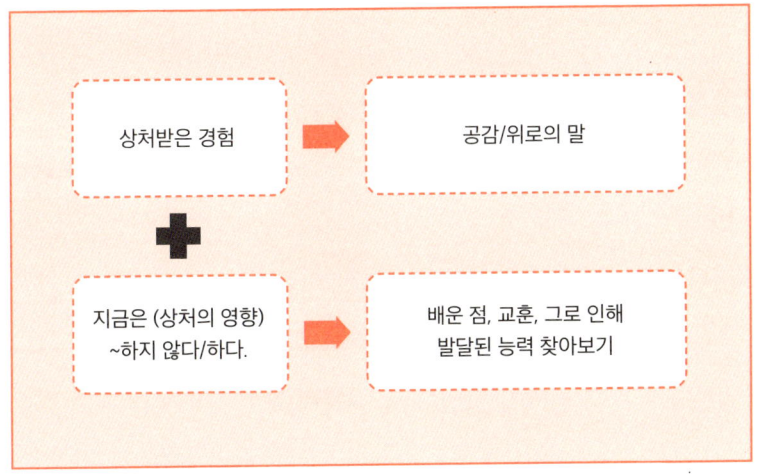

<과거 상처의 의미 찾기 예시>

성추행을 경험했지만 지금은 부끄럽지 않고 불쾌하지 않다.

+ 피해를 당해 많이 놀라고 힘들었을 것이다(공감).

  그럼에도 그때의 경험으로 인해 사람을 더 조심하게 되고 경계하게 되어, 사람을 분별할 수 있는 능력을 키우게 되었다(배운 점).

화내지 못하고 스스로 참아내는 내 모습이 지금은 불쌍하게 느껴지지 않는다.

+ 그때는 그럴 수밖에 없었다. 잘 몰랐고 어렸기 때문에 그 상황에 대처하는 것이 어렵게 느껴졌을 것이라 생각한다(공감).

  그래도 담임 선생님께 잘 신고했고 극복하고자 노력하고 견뎌낸 것은 어린 '나'의 대단하고 멋진 모습이었다고 생각한다. 그렇게 상처받은 경험으로 인해 스스로에 대해 많이 생각하기 시작했고, 결과적으로 그러한 시간들은 내면이 단단해지는 과정이었다(발달된 능력).

    이렇게 자신만을 위한, 교실 속 상처의 의미를 찾아보는 것이다. 이러한 상처의 의미를 완성하면 자신의 다이어리나 핸드폰 메모에 적어두었다가 상처받은 기억이 떠오를 때마다 스스로 되뇌거나 자주 읽어보아도 좋다. 부정적 기억이 떠오르는 것을 막기는 어렵지만 긍정적 관점에서 자신을 위한 좋은 말을 동시에 자주 하다 보면, 그 기억을 긍정적 관점으로 서서히 채색해 갈 수 있다. 그리고 시간도 함께 흐르면 어느새 그 기억의 부정적인 면은 점차 희석될 수 있다. 어느 순간에는 상처가 떠오르더라도 더 이상 아프지 않을 수 있고, 새로운 상처에서도 자신에게 주는 의미와 교훈을 찾을 수 있다.

| 상처받았던 어린 나 안아주기 적용 사례와 연습 |

1단계 | 상처에 공감하기

상처받은 어린 감정 이해하기

자문자답: 상처받은 감정 이해하기 연습	
상처받은 경험의 특징	Q. 상처받은 경험의 특징은 어떤가?(반복성/일시성, 깊이와 크기, 심각성, 강도 등) 반복적이지 않았으나, 충격적이었다.
	Q. 상처를 받은 시기는 언제인가? 초등학교 때다.
	Q. 상처를 준 상대와 힘의 불균형이 있었는가? 신체적인 힘의 차이가 있었다.
	Q. 상처를 경험한 후 도움을 받은 곳이 있었는가? 담임 선생님께 도움을 요청했으나 사과를 하고 끝내게끔 했다. 부모님께는 말할 수 없었다.
	Q. 상처를 준 상대와 관계 회복의 여지가 있는가?(사과, 화해, 용서 등) 당시 너무 가볍고 섣부른 사과인 것처럼 느껴졌다. 사과는 받았지만 용서가 잘 안되었다.
개인적 취약성	Q. 상처받은 경험에 영향을 준 나의 성격이나 기질이 있는가? 소극적이고 더 강하게 주장하지 못한 것, 화내지 못한 것, 어려운 점에 대해 참고 이겨내는 성향이 많았기 때문에 그냥 참았던 것 같다.
	Q. 상처받은 경험과 연관된 성장 환경 및 가족 요인이 있는가? 당시 부모님께 속마음을 털어놓는 것이 어렵게 느껴졌다.

개인적 취약성	Q. 상처에 대한 나의 대처 능력은 어떤 편인가? 자신의 마음을 돌볼 능력은 없었다. 당시 성추행이 발생한 것인지에 대한 이해도도 떨어졌던 것 같다. Q. 자신의 상처에 대한 역사가 있는가? 성과 관련된 역사는 없다. 처음이라 더 충격적으로 느껴졌던 것 같다.

이를 고려해서 나의 상처와 마음에 대해서 이해하게 된 것을 아래에 작성해 보자.

(상처에 대해)

너무 어렸고 자신의 상처가 무엇인지도 잘 몰랐고 주변의 도움도 부족했다. 섣부른 사과도 더 상처였고 성에 대한 것이라 말할 수 없어서 힘들었던 것 같다.

(마음에 대해)

그렇게 참지 않아도 되었는데, 홀로 너무 외롭게 힘든 마음을 참아왔던 것 같다. 성격이 강한 편이 아니기에, 주장하거나 화내거나 솔직하게 말하기 어려웠을 것이다. 당시는 대처할 힘도 없었고 부모님께 편하게 속마음을 털어놓을 수 없었고 내가 겪은 일이 충격적으로 느껴졌기에, 홀로 마음의 어려움을 키워오고 감내할 수밖에 없었을 것이다. 중학교에 가서도 그 아이와 같은 학교, 같은 반이어서 마주쳐야 했고 학창 시절 내내 그 마음을 참아내야 했기에 더 힘들었던 것 같다.

상처받은 어린 감정에 공감하기

공감하는 말 전하기	당연히 당황스럽고 놀라고 억울하고 속상하고 수치스러웠을 것이다. 그런 감정을 느낀 것은 너무나 당연하다. 그리고 너무나 어렸기에 더 충격적으로 느껴졌을 것이다. 그 시간을 홀로 참아내느라 참 외롭고 힘들었겠다.
공감하는 행동하기	어린 나를 보며 나비 포옹으로 토닥이고, 악수하면서 따뜻하게 위로해 주었다. 상처받은 어린 내가 더 진정되고 안정된 느낌이었다.

2단계 | 상처받은 나를 위로하기

	내가 생각한 상처의 이유	위로의 말 전하기
인과 소재	그 애만 장난치지 않았더라도 그 일이 일어나지 않았을 텐데. (외부)	외부의 이유 때문이지, 나의 잘못이 아니야.
안정성	너무 순간적인 일이라 너무 당황스러웠어. (불안정)	한 번이라도 그렇게 힘들었던 것은 그만큼 충격적인 일이라 그랬던 거야.
통제 가능성	내가 그때 줄을 서지 않았더라도, 아니면 그 순간을 내가 피했더라면. (통제 가능)	통제할 수 있었더라도, 일어날 일은 일어났을 거야. 그 찰나를 막는 건 어려웠을 거야. 내가 피하지 못한 게 문제가 아니었어.

3단계 | 과거 상처의 의미 찾기

〈과거 상처의 의미 찾기 예시〉

상처받은 경험	공감/위로의 말
화내지 못하고 상처를 스스로 참아냄	그때는 그럴 수밖에 없었다. 잘 몰랐고 어렸기 때문에 그 상황에 대처하는 것이 어렵게 느껴졌을 것이라 생각한다.

반대로 바꾸기	배운 점, 교훈, 그로 인해 발달된 능력
지금은 부끄럽지 않고 불쾌하지 않다.	그래도 담임 선생님께 잘 신고했고 극복하고자 노력하고 견뎌낸 것은 어린 '나'의 대단하고 멋진 모습이었다고 생각한다. 그렇게 상처받은 경험으로 인해 스스로에 대해 많이 생각하기 시작했고, 결과적으로 그러한 시간들은 내면이 단단해지는 과정이었다.

교실 속 상처에서 졸업하기

　졸업을 한다는 것은 각 학교에서 요구하는 학업을 마치는 것으로 한 과정의 도착점인 동시에 새로운 과정의 시작점이다. 그러면 우리가 교실 속 상처에서 졸업한다는 것은 무슨 의미일까? 나는 그때 당시에 습득했어야 할, 자신의 상처를 돌보는 능력을 지금이라도 키움으로써 그때 다루지 못했던 교실 속 상처를 지금이라도 스스로 돌보고 치유하는 것이라 생각한다. 그러한 기회를 가짐으로써 학창 시절에 배우지 못했던 자기 치유의 방법을 습득하고 자기 돌봄의 능력을 가지는 것이다. 졸업하지 못한 상처들과 이별할 기회를 가짐으로써 스스로 자신의 상처를 돌볼 수 있게 되었을 때, 우리는 교실 속 상처로부터 정말 졸업하여 학교에 계속해서 머무르지 않고 그곳을 떠날 수 있다.

상처가 치유되었음을 확실하게 알 수 있는 상태는, 여러 감정이 들 수 있음에도 누군가에게 자신의 상처를 이야기할 때 '눈물 흘리거나 감정이 흔들리지 않고 상처를 담담하게 표현할 수 있는가'라고 생각한다. 그럴 수 있을 때, 자신의 상처에 딱지가 생기고 그 딱지가 바로 치유의 증거가 될 수 있다. 상처에 딱지가 생기면 상처가 마음 안에 있든, 마음 밖에 있든 어디에 있든 상관없는 상태가 된다.

우리의 목표는 상처받은 기억을 잊는 것이 아니라, 상처받은 기억으로부터 자유로워지는 것이다. 상처받은 기억을 잘 보내주면, 상처가 남긴 기억과 영향이 희미해진다. 불현듯 상처가 다시 떠오르더라도 다시 아프지 않을 수 있고 감정의 영향을 덜 받으면서 누군가에게 나의 상처를 편하게 말할 수 있다. 이러한 상태가 되기 위해서는 우리 마음속 깊이 품었던 상처를 마음 밖으로 꺼내고 그 상처와 잘 이별하는 과정이 필요하다. 마지막 과정으로 상처받은 기억을 마음속에서부터 꺼내 잘 이별하고 교실 속 상처받았던 시기로부터 진정으로 졸업하는 시간을 가져보고자 한다.

1단계 | 마음속에서 상처 꺼내기

상처를 보내준다는 것은 내 마음속 깊이 있었던 상처를 마음속에서 밖으로 꺼내야 가능하다. 상처를 밖으로 꺼낸다는 것은 상처를 말로 표현하는 것을 말한다. 마음속에 꽁꽁 안고 숨기고 있으면 그 상처가 마음속에서 떠나 가벼워질 수가 없고, 그저 자신의 마음속에 상처를 품고 살아가는 것일 뿐이다. 우리가 상처로부터 자유로워지려면 나의 상처를 꺼내서 가볍게 만들고 '후' 불어서 보내주어야 한다. 내 마음이 가벼워지도록, 나를 누르고 억압했던 상처의 무게로부터 벗어날 수 있도록 말이다. 상처를 바라보고 안아주는 과정에서 상처를 차츰 꺼내는 노력을 해왔을 것이다. 그 과정에서 끝나는 것이 아니라, 누군가와 나의 상처를 나누고 밖으로 표현하는 시간을 가져야 한다. 이를 위해서는 우선 상처를 꺼내는 것을 두려워하지 말아야 한다.

상처 꺼내기에 대한 태도

상처를 꺼낼 용기를 내야 한다

상처를 누군가에게 표현하기 위해 용기를 내야 한다. 사람의 성격에 따라 자신의 힘든 점을 말하는 것이 어려울 수도 있고 쉬울 수도 있다. 자신의 힘든 점을 절대 말하지 않는 성향이라면, 상처를 꺼내는 것에 지나치게 거부감을 보이거나 두려워하면서 아픔은 오로지 자신의 몫이라 생각하고 홀로 그 짐을 짊어지려 할 수 있다.

상처를 대하는 태도에 꼭 정답이 있는 것은 아니지만, 상처를 담아두기보다 누군가에게 상처를 꺼낼 때 다양한 이점을 얻을 수 있다. 누군가에게 내 이야기를 함으로써 감정이 정화되는 것(카타르시스)을 느끼기도 하고, 다른 사람과 함께 힘든 점을 나누다 보면 삭막한 나의 마음에 따뜻한 빛 한 줄기가 채워지는 것을 느끼기도 한다. 그저 혼자 외로이 상처를 견디는 것이 아니라, 나의 상처를 통해 타인과 함께하는 순간을 경험하고 타인을 통해 상처 난 부위에 마음의 연고를 바르면서 차츰 내면이 회복되고 안정될 수 있다. 이러한 이점들이 있기에, 상처는 담아두는 것이 아니라 꺼내야 하는 것이라 생각한다. 물론 상처를 받아들일 수 있는 사회적 분위기가 먼저 마련되어야 하지만, 상처가 많은 이 세상 속에서 상처는 타인과 함께 나누고 서로 돌보아야 한다는 인식이 더 생기면 상처를 더 많이 꺼낼 수 있다고 생각한다. 그래야만 우리 사회가 마음속 상처들이 곪아 정신적 어려움으로 악화되는 것을 막을 수 있으며, 아픈 구석구석들이 빠르게 회복되면서 오히려 건강한 공동체로 나아갈 수 있기 때문이다.

진짜 약한 것은 상처가 두려워서 마음속에 숨겨두는 것이다. 그 상처가 무엇이기에 그렇게 꽁꽁 숨겨두면서 나를 아프게 하고 더 어렵게 하는 것인가. 우리는 상처에 대해 열심히 배워왔으니 이제는 상처에 대해 무지하지도 않고 미숙하지도 않다. 진짜 단단하고 강한 것은 나의 아픔을 표현할 수 있는 것, 그리고 그를 통해 더 성장하고 단단해지는 것이다. 그렇게 상처를 통해 더 단단해져서 누군가의 비슷한 아픔에 공감해 주고 도움을 줄 수 있는 사람으로 성장해 나가면 된다. 상처를 마음 밖으로 꺼내 표현하는 것을 두려워하지 않았으면 좋겠다. 그 두려움을 깨지 않고서는 자신의 상처를 진정으로 보내줄 수 없다.

상처의 아픔을 기꺼이 경험한다

상처가 가진 가장 큰 힘은 마음을 아프게 한다는 것이다. 상처로 인해 우울해지기도 하고 두려워지기도 하고 화도 나고 불안해지는 등 다양한 부정적 감정들과 생각들이 촉발된다. 그래서 상처를 바라볼 때도 다시 상처의 아픔을 느끼게 만든다. 나의 마음이 다쳤고 아직 회복되지 않았다면 아픈 것은 너무나도 자연스럽다. 우리가 몸이 아플 때에도 아픔을 회피할 방법 없이, 아픈 순간은 그저 견뎌야 한다. 약을 먹는다고 아픈 것이 바로 낫지는 않고 완전히 나을 때까지는 어느 정도의 시간이 걸리듯이, 일정 시간 동안 몸이 아픈 것을 피하기는 어렵다.

마음이 아플 때도 몸이 아플 때와 비슷하다. 마음의 상처를 받으면 아픈 것은 너무나도 자연스러운 일이다. 상처를 치유하지 않으면, 그 상처의 아픔은 계속될 수밖에 없다. 그러기에 기꺼이 아픔을 경험해야 치유가 될 수 있음을 받아들여야 하는 것이다. 우리가 아픈 것은 결코 나약하다는 뜻이 아니다. 아픈 이유가 분명히 있기에 아픈 것이고 우리는 그러한 아픔을 기꺼이 경험하며 상처를 치유해야 한다.

상처가 가진 메시지를 찾는다

많은 경우 우리는 상처를 통해 무언가를 배우기도 한다. 상처가 우리에게 말해주고 싶은 무언가가 있는 것일 수 있다. 상처는 그러한 메시지를 통해 우리에게 깨달음을 주고 우리 자신을 보호하게 하고 변화를 촉진하고 싶었던 것이다. 그 메시지를 찾으려면 우리는 상처를 꺼내 그에 대해 생각하고 고민할 수 있어야 한다. 상처를 꺼내고 나눔으로써 상처가 가진 메시지를 더 통합적으로 생각할 수 있다. 상처는 부정적 신호이기보다 자기 보호적 신호로, 우리는 그 의미를 찾아가야 한다. 주변 사람들에게 상처를 꺼냄으로써 함께 그 상처의 의미를 배울 수 있기도 하며 그 상처가 나에게 해주고 싶은 말이 무엇인지 함께 고민할 수 있다. 상처가 가진 메시지는 사람 혹은 상황에 따라 다르고 다양하지만, 흔하게 생각해 볼 수 있는 것을 정리해 보았다.

√ 자기 보호/돌봄의 메시지
아픔이나 어려움으로부터 스스로를 보호하고 돌봐야 할 필요가 있다는 신호일 수 있다. 이 상태를 지속하다가는 자신이 더 어려워지고 아플 수 있음을 경고한다.

√ 사람에 대한 메시지
사람을 경계하거나 주의할 필요가 있다고 알려줄 수 있다. 나에게 해를 주는 사람, 나에게 좋지 않은 사람임을 알려주는 신호일 수 있다. 또한 그 사람과의 관계에 대해 고민해야 할 시점, 변화가 필요한 시점을 의미할 수 있다.

√ 변화에 대한 메시지
환경이나 사람에 대한 변화가 필요하다는 신호일 수 있다. 또는 나의 변화가 필요하다는 것을 의미하기도 한다.

√ 위기에 대한 메시지
위기 상황에 처해 있음을 알리는 신호일 수 있다. 즉 그 위기로부터 벗어나야 할 필요성을 강하게 알려주는 것이다.

√ 성장에 대한 메시지
내가 상처를 통해 성장해야 한다는 것을 알리는 신호일 수 있다. 미숙함을 성숙시키고 상처를 성장의 기회로 삼고 도약할 기회를 제공하는 것일 수 있다.

상처를 치유하기 전과 후가 다름을 알고 있다

상처로부터 벗어나면, 상처의 치유가 왜 중요한지 알 수 있다. 상처의 영향을 덜 받고 어떠한 상처든 두렵지 않으며, 상처에 대한 대처 능력도 향상되기 때문이다. 이를 통해 상처를 제때 치유하는 것의 중요성을 직접 체험할 수 있다. 반면 상처를 치유하지 않고 방치해 왔다면 이러한 경험을 하지 못했을 수 있고, 그동안의 방식에 적응해 와서 변화에 대해 거부감이 들 수 있다.

이 책을 통해 작은 상처라도 마음속에서 꺼내고 치유해 보면서 작은 성취를 경험해 보면 좋을 것 같다. 무거웠던 상처가 가벼워지고, 상처가 준 메시지를 깨닫고, 나의 상처를 포용하고, 상처의 의미를 재해석하는 등 상처로부터 성장할 기회를 찾아 내면의 근력을 키워가는 과정들은 자신에게 분명 도움이 될 것이다. 작은 상처들부터 다루어가면서 마음의 힘을 키워간다면, 오랫동안 묵혀오고 다루기 힘들었던 큰 상처를 다룰 힘이 생길 것이다. 그리고 미래에 다가올 상처도 두려워하지 않고 대처할 수 있다는 자신감을 가질 수 있다.

2단계 | 상처를 표현하기

사람에게서 받은 상처는 사람에게 표현하자

상처를 마음속에서 떠나보내기 위해서는 그 상처는 어떻게든 밖으로 표현해야 한다. 마음과 생각 속에서만 상처를 생각하고 떠올리는 것으로는 상처를 마음에서 떠나보내는 데 충분하지 않을 수 있기 때문이다. 그래서 상처를 표현하는 과정이 더 필요하다. 이는 말이나 글로 상처를 표현하는 과정일 수 있다. 이것도 어렵다면, 그림을 그려서라도 상처를 표현할 수 있다.

그럼에도 가장 좋은 것은 타인에게 나의 상처를 이야기하는 것이라 생각한다. 가장 이상적인 상처 치유 방법은 상처를 준 상대에게 자신의 상처를 표현하는 것이다. 그 이야기를 듣고 상대가 자신의 행위에 대해 사과를 하고 상처를 준 것에 대해 미안함을 표현하며 다시 상처 주지 않겠다고 말함으로써 서로 용서하고 관계를 회복하는 시간을 갖는 것이 이상적이다. 그렇지만 실제로는 상대에게 이러한 바람직한 기대를 하기 어려운 상황이나 환경, 관계들이 더 많다. 그렇기 때문에 상처의 치유 과정으로서 꼭 자신에게 상처를 준 상대가 아니더라도 누구에게라도 자신의 상처를 표현하는 과정이 필요한 것이다.

상처가 가벼워지는 과정은 시간의 흐름과 표현의 반복이다. 상처를 자주 표현하고 시간이 흐르면서 상처로 인한 아픔의 무게는 점차 가벼워질 수 있다. 그럼에도 시간만 흘러서는 치유가 촉진되지 못한다. 상처를 자주 마주하고 표현하면서 시간이 흘러갈 때 치유 속도는 더 빨라질 수 있다.

물론 자신의 상처를 처음 표현할 때가 가장 힘들다. 자신의 입으로 상처를 처음 표현할 때는 용기도 필요하지만, 이야기하다 보면 감정이 격해지면서 흥분하게 되는 것도 주의해야 한다. 왜냐하면 그런 경우 상처에 대해 분명하게 이야기하는 것조차 어렵게 느껴질 수 있기 때문이다. 다만 처음의 과정을 잘 견뎌내면, 또 다른 사람들에게 이야기하거나 스스로 상처를 표현하는 과정은 차츰 쉬워질 수 있다.

이나빈 등(2015)의 연구에서도 사회적 위기에 대한 생생한 기억을 타인과 공유하는 과정을 촉진함으로써, 사회적 위기 사건에 대한 경험을 자신의 삶과 정체성의 중심 요소로 삼을 가능성이 높아질 수 있다고 한다. 즉, 사회적 위기에 대한 기억을 공유함으로써 사건에 중요성을 부여하고 그 의미를 다시 생각할 기회를 갖고 공감, 사회적 지지, 사회 통합을 강화할 수 있다는 것이다. 위기 사건만이 아니라 자신의 상처를 마음속에서 꺼내 타인과 나누는 과정도 이와 비슷한 이유로 필요하다. 상처를 타인에게 표현함으로써 상처의 의미를 깊이 있게 만들 수 있다. 또한 자신의 삶에 상처를 적절히 통합시키며, 나의 상처를 함께하는 누군가가 있다는 느낌을 통해 공감, 지지, 유대감 등을 강화할 수 있다.

상처를 마음속에서 꺼내 표현하는 방법으로는 상담사나 정신 건강 의학과 의사 선생님께 자신의 아픔을 말함으로써 지지받고 공감받는 상담/심리 치료가 있다. 이를 통해 자신의 아픔을 좀 더 안전하고 전문적으로 들여다볼 수 있다. 스스로 치유하는 과정이 어렵게 느껴진다면, 전문가의 도움을 받는 것이 가장 효과적이다. 치료 과정은 자신이 할 수 있는 선에서, 자신의 속도로 그 아픔을 볼 수 있게 돕는다. 짧으면 3개월 이상, 길면 2~3년 이상의 치료 기간 동안 차츰차츰 상처를 회복시킬 수 있다.

　혹 상담이나 치료에 대해 거부감이 들거나 전문적인 도움을 받기 어려운 상황에 있고 치료에 대한 필요성이 느껴지지 않는다면, 자신이 가장 믿을 수 있고 의지할 수 있는 가족, 친구 등의 대상에게 상처를 털어놓는 것도 도움이 된다. 다만, 주변 사람들에게 자신의 상처를 표현할 때는 상대가 정말 믿을 만한 사람인지, 의지할 만한 사람인지, 나에게 공감을 해줄 사람인지, 나의 상처에 대해 비밀을 지켜줄 사람인지 등을 고려해서 표현해야 한다. 때로는 가까운 사람이 자신의 상처를 더 가볍고 쉽게 보기도 하며 공감해 주지 않고 2차 가해를 하는 경우도 있기 때문이다.

　사람을 신뢰하거나 의지하는 것에 대해 부정적인 태도를 갖는 사람이 있을 수 있다. 나의 감정이나 아픔이 전염되지 않을까, 나의 치부를 드러내는 것이 아닐까, 내가 약해 보이지 않을까, 이런 생각을 하면서 말이다. 그런 걱정을 충분히 할 수 있지만, 치유의 과정에서 가장 중요하게 생각할 점은 '나의 행동이 자신에게 해를 주고 있는가'이다. 그러한 생각과 걱정으로 인해 자신의 아픔을 키워가는 것이야말로 자기 자신에게 해를 끼치는 것이기 때문이다. 실제로 상처를 준 것은 타인이지만 그 상처의 영향은 스스로 만드는 경우도 많다. 이는 스스로를 해치는 일로 상처에 대해 위험한 태도이다. 자신의 상태가 너무 심각하다고 생각된다면, 전문가에게 자신의 상처를 털어놓고 치유할 수 있는 분명한 방법도 있기 때문에, 자신을 방치하기보다 자신을 돌보기 위한 방법을 선택하는 것이 자신을 위한 현명한 태도임이 분명하다.

　우리가 상처를 마음속에서 꺼내는 이유는 사람으로부터 받은 상처를 사람으로 다시 따뜻하게 메꾸는 시간이 필요해서이다. 자신의 아픔을 나누고 표현함으로써 나를 위해주는 사람과 함께 눈물을 흘리며 자신의 아픔을 공감받고 마음의 흠집에 연고를 바르고 채우는 시간들이 우리에게 필요하다. 그래야 사람으로부터 받은 상처를 사람으로 메꾸면서, 사람에 대한 신뢰와 관계를 이어나갈 수 있기 때문이다.

누군가에게 상처를 표현하는 것이 어렵다면

아직 상처를 누군가에게 표현하는 것이 두렵다면 그 대안으로 생각해 볼 수 있는 것이 있다. 누군가에게 털어놓고 표현하는 것이 가장 효과적이지만, 혼자서만 그 상처를 표현하고 싶다면 글이나 음악, 미술 같은 도구를 활용하여 상처를 표현하는 것이 도움이 될 수 있다. 이 책의 연습 코너를 통해서 상처의 표현을 연습하는 것도 도움이 될 수 있다. 내가 상처받게 된 과정을 일기처럼 써보아도 좋고, 나의 상처를 생각하면서 그림을 그려보는 것도 좋다. 또는 종교에 의지하면서 기도로 상처를 표현할 수 있고, 철학이나 심리학 서적, 강의 등을 통해 상처에 대해 배우고 표현할 기회를 찾아가는 것도 좋을 수 있다. 자기 계발이나 자기 성장 커뮤니티에 참여해 보거나 심리학이나 심리 치유 강의를 찾아서 들어보는 것도 추천한다. 어떤 방식이든 상처받은 기억을 여러 번의 과정을 거쳐 표현하는 시간을 쌓다 보면, 언젠가 마음속에서 온전히 상처를 꺼낼 수 있는 날이 올 것이다.

3단계 | 자신을 치유하기

　상처를 보내주는 마지막 방법의 열쇠는 자기 자신에게 있다. 그 방법은 상처에 대한 자기 치유적 태도를 갖고 스스로의 상처를 돌볼 수 있는 능력을 키우는 것이다. 아무리 다른 사람들에게 위로받고 공감받는다고 하더라도 스스로 자신의 상처를 용납하지 않고 치유하지 않으려 한다면, 우리는 그 상처를 결코 잘 보내줄 수 없다. 결국 상처를 경험하는 순간 스스로를 지키고 보호할 수 있는 것은 '나 자신'이기 때문이다. 상처로 인한 아픔을 꺼내서 잘 표현했다면, 자기 자신이 상처를 돌보고 치유하며 상처와 작별 인사를 하는 과정을 통해 치유를 마무리해 갈 수 있다.

　그 마지막 인사의 과정을 치유적인 자기 대화, 자기 자비, 감사의 세 가지 태도로 보았다. 이는 박경인(2024)의 연구[41] 결과에서도 그 효과가 입증되었는데, 이 연구에서는 자기 자비와 감사 성향이 대인관계에서의 외상 경험을 '외상 후 성장'으로 나아갈 수 있게끔 촉진한다고 보았다. 이는 자기 자비와 감사 성향이 각각 자신이나 상황을 긍정적이고 따뜻한 관점에서 바라보게 함으로써 고통스러운 사건을 회피하지 않고 마주하게 하고 삶을 이해하게끔 돕기 때문이다. 자기 치유와 자신을 돌보는 태도를 의도적으로 연습함으로써 자신의 상처를 스스로 치유하는 시간을 갖고자 한다.

치유하는 자기 대화

자기 치유적 태도 중 하나로서 자신과 치유하는 대화를 할 수 있는 능력이 필요하다. 상처 때문에 아플 때에도, 상처를 치유하는 과정에서도, 상처를 떠나보낼 때에도 스스로에게 격려나 위로의 말을 해주면서 자신의 상처와 대화할 수 있어야 한다. 쉽게 말하자면 혼잣말, 혹은 자기 대화라 할 수 있다. 상처를 치유하는 과정에서 일어나는 마음과 순간순간 대화를 하는 것이다.

자기 대화란 개인이 자신과 대화하거나 마음속으로 생각하고 느끼는 것을 의미한다. 뇌는 경험과 학습을 통해 그 구조와 기능을 변경할 수 있는 가소성을 지니는데, 특정 생각이나 아이디어를 반복함으로써 그 생각과 관련된 뇌의 신경 회로가 강화되고 연결성이 증가할 수 있다고 한다.[42] 즉 부정적으로 자기 대화를 하면 부정적인 회로가 강화되고 긍정적으로 자기 대화를 하면 긍정적인 회로가 강화되는 것이다.

치유하는 자기 대화를 하기 위해서는 상처받은 마음이 변화될 때마다 각 상황에 따른 자신의 마음과 스스로 말을 해나가면 된다. 상처와 관련된 자신의 상황에는 상처를 치유하기 전의 상황, 상처를 치유하는 과정에서의 상황, 상처를 치유한 후의 상황이 있다. 마음의 상태는 상처와 관련된 자신의 상황에 따라 매 순간 변화할 수 있는데, 그 예시로는 상처로 인해 슬프고 아플 때, 상처를 떠올리면서 불안하고 두려울 때, 상처가 다시 반복될까 봐 걱정이 들 때, 상처로 인해 우울하고 무기력할 때, 상처로부터 자유로워졌을 때 등이 있다. 자신의 상처받은 마음이 어떻게 변화하고 어떤 상태에 있는지를 잘 알아차려 가면서 각각의 마음 상태에 대해 자기 자신과 대화를 하는 연습을 자주 해나가야 한다.

내적 대화가 서툴거나 부정적인 자기 대화를 자주 하는 사람들에게는 긍정 회로가 부재할 수 있기에, '치유적 자기 암시'를 먼저 연습하는 것도 도움이 될 수 있다. 우리 중 대부분은 학창 시절 동안 주입식 교육을 받아오며 성장했다. 주입식 교육은 단점도 있지만 어느 정도 지식을 쌓을 수 있다는 것이 장점이다. 이러한 차원에서 마음 관리에도 주입식 교육은 어느 정도 필요하다고 생각한다. 자신에게 치유적이고 긍정적인 메시지를 찾아 외워도 좋고 계속 되뇌어도 좋다. 메모장에 쓰거나 일기에 덧붙이는 형태로 작성해도 좋고 마음이 아플 때마다 스스로에게 그 메시지를 말해도 좋다. 이유를 생각하지 말고 그 효과를 고려하지도 말고 스스로에게 좋은 말을 계속 되뇌는 습관부터 길러내는 것이다. 이러한 암기식 방법에 대해 의문이 들 수 있지만, 긍정적 회로를 길러내기 위해서는 의도적으로 긍정적인 관점에서 생각하고 스스로에게 긍정의 말을 전하는 것이 자기 치유적 태도를 키우는 데 가장 빠르고 좋을 수 있다. 송정선(2024)의 연구에서도 원하는 변화나 목표를 달성하기 위해 스스로에게 반복해서 긍정적인 메시지를 전달하는 자기 암시가 잠재의식에 영향력을 미치고, 신념과 행동 방식의 변화를 유도할 수 있다고 한다. 이런 까닭에 상처로 힘든 마음이 떠올랐을 때 그 마음을 알아차리며, 스스로를 위로하고 치유하는 말을 스스로에게 할 수 있어야 한다. 더 나아가 자신의 마음과 소통하며 자신을 치유하는 시간도 자주 가져야 한다.

〈예시〉
상처로 인한 나의 상태: 우울하고 무기력해질 때
나: 상처받은 것 때문에 우울하고 무기력해졌나 보다. 그 아픔이 너무 커서 나의 에너지를 다 소진한 것 같아. 충분히 휴식을 취하면서 에너지를 조금씩 채워보자. 그렇다고 우울함을 부정하기보다는 그래도 받아들여 보고 조금씩 몸을 움직이면서 시간을 지내보자. 시간이 지나면 분명 나아질 거야.

자기 자비

우리는 경쟁적이고 서로 비교하는 문화 속에서 자라왔기 때문에 개인이 스스로에게 자비를 베풀며 친절하게 대하는 태도를 갖지 못하는 경우가 많다. 상처를 받았음에도 스스로를 돌보지 못하고 비난하며, 마음이 약하다고 자신을 책망하고 있을 수 있다. 남들의 비난과 비판을 받으며 성장한 탓일 수 있지만, 환경이 변화하고 성인이 되어 주변에서 아무도 뭐라고 하지 않는데도 아직도 스스로가 자신을 비난하고 부정하며 과도하게 높은 기준과 잣대를 자신에게 부여하며 살고 있을지 모른다. 그리고 그 기준을 달성하지 못하면 자기 자신을 폄하하고 실망하고 자존감을 낮추고 있을 수 있다. 미국의 심리학자 크리스틴 네프(Kristin Neff[43])는 자기 자비를 "자신의 고통에 마음이 움직이고 열려 있는 것으로, 고통을 피하거나 단절하지 않으면서 고통을 경감시키고, 친절함으로 스스로를 치유하려는 소망을 일으키는 것"이라 정의하고 세 가지 하위 개념인 자기 친절, 마음 챙김, 인류 보편성을 제시했다. 이 세 가지를 토대로 우리가 어떻게 자기 자비적 태도로 상처를 대하면 좋을지에 대한 힌트를 얻을 수 있었다. 상처로 인해 아프고 힘들 때, 우리는 스스로 자기 자비적 태도를 가지며 자신의 상처를 돌볼 수 있어야 한다. 자기 자비의 태도를 스스로 연습하고 실천해 가며 그 능력을 차츰 키워가길 바란다.

자기 자비의 유형

① 자기 친절

자기 친절이란, 실패와 고난의 상황에서 자신을 책망하거나 비난하지 않고 따뜻하게 바라볼 수 있는 태도를 의미한다. 상처를 받았을 때 스스로를 돌보고 따뜻하게 대하며, 나의 부족함에 대해서는 관대히 생각하며 포용할 수 있는 태도와 관련되어 있다. 이는 사람들에게 상처받은 나 자신을 보면서 비난하고 혐오하는 것이 아니라, 상처받은 경험을 토대로 스스로를 돌보는 시간을 갖고 위로와 위안을 보내며 충분한 휴식을 제공해 줄 수 있는 태도이다. 스스로 잘할 때나 못할 때나, 잘될 때나 힘들 때나 어떤 상황에 처해 있든 자기 친절을 통해 자기 자신에게 따뜻하고 온화하고 포용하는 모습을 보여야 한다.

② 마음 챙김

마음 챙김이란, 고통스러운 생각과 감정들을 판단하지 않고 있는 그대로 수용하는 태도를 의미한다. 상처로 인해 떠오른 여러 가지 부정적인 감정과 느낌을 무시하고 회피하는 것이 아니라, 있는 그대로를 알아차리고 받아들이며 수용하려는 태도와 관련되어 있다. 나의 감정을 그 자체로 소중하게 생각하고 아픈 마음을 즉각적으로 알아차린다. 그리고 스스로를 돌보기 위해 어떠한 행동을 하면 좋을지 알아내기 위해, 마음 챙김을 통해 마음의 신호를 관찰하고 자각할 수 있는 것이다.

③ 인류 보편성

인류 보편성이란, 고통받는 상황에서 이 고통이 나만 겪는 것이 아니라, 인류가 함께 겪고 있는 인간 경험의 일부라는 것을 받아들이는 태도이다. 상처를 경험했을 때 '왜 나에게만 이런 일이 일어나지?'라고 생각하면서 그 관점에 몰두하면 그 상처로부터 벗어나기 힘들어지고, 우리의 시야는 그 사건에만 매몰된다. 인류 보편성을 생각하면 세상살이에서 상처는 필연적으로 발생하고 상처는 인생의 한 부분이며 언제든지 경험할 수 있다고 받아들이게 된다. 그래서 그 상처에 대해 초연한 태도를 가질 수 있게 된다.

주의할 점은 그렇다고 이러한 태도가 자신의 상처를 가볍게 보는 것이 아니라는 점이다. 상처를 삶의 경험 중 하나로 이해하면 그 상처를 받아들이는 과정이 좀 더 가벼워지고, 상처를 돌보기 위해 필요한 과정이 무엇인지에 더 집중할 수 있게 된다.

자기 자비를 증진하는 방법

자기 자비를 증진하는 방법으로는 명상, 심상화, 빈 의자 기법*, 편지 쓰기 등이 있다. 이러한 방법의 핵심은 상처를 받고 힘들어하는 자신에게서 한 걸음 물러나서 관찰자적 관점에서 자신을 바라보는 것이다. 자기 자비를 증진하는 방법을 통해 상처로 힘들어하는 순간에서 빠져나와 그러한 경험을 하고 있는 자신을 바라봄으로써, 힘들어하는 마음을 그대로 알아차리고 상처를 친절하게 돌보며 그 경험 자체를 받아들이게 돕는다.

그중 많이 제안되는 것이 명상으로, 명상은 고통스러운 생각에 빠져 있을 때 한 걸음 뒤로 물러나 불쾌한 생각들이 마음에서 쉽게 빠져나갈 수 있도록 정신적 공간을 허용하고 자비의 통로를 만들어준다고 한다. 이러한 시간을 통해 상처에 지나치게 매몰되고 고립되는 것을 예방하고 자신의 마음을 돌보도록 돕는다. 그뿐만 아니라 스트레스를 받는 상황에서 불안, 분노와 같은 부정적 정서를 완화하고 인정하고 수용하며 친절을 베풀어 스트레스에 대한 건강한 대처 능력과 심리적 안녕감을 기르는 데도 도움이 될 수 있다고 한다. 또한 자신을 따뜻하게 바라보고 어려운 상황을 회피하기보다 받아들여 보다 잘 적응하며 난관을 헤쳐 나가도록 돕기에, 우리가 상처를 치유하는 태도로서 도움이 될 수 있다.[45]

---

* 빈 의자 기법: 빈 의자에 자신이 앉아 있다고 생각하고 자기 자신과 대화하는 것.

미국의 심리학자 크리스토퍼 거머(Christopher Germer)는 자기 자비를 일상생활에 적용할 수 있는 기술로 신체적, 정신적, 정서적, 관계적, 영적 길이라는 다섯 가지 길을 제시했다.

거머의 자기 자비 기술	
신체적 길	몸을 부드럽게 하기, 길게 숨 쉬기, 따뜻한 물로 목욕하기, 운동하기, 낮잠 자기 등을 통한 긴장 멈추기 등
정신적 길	생각이 오고 가도록 허용하기, 투쟁 멈추기, 집중 또는 마음 챙김을 위해 명상하기, 우선순위 매기기, 죽음에 대해 생각하기, '잘 마치기'를 기도하기 등
정서적 길	느낌과 친구 되기, 회피 멈추기, 자애 명상, 손을 자신의 가슴에 얹기, 자신과 타인을 용서하는 훈련하기, 위안을 주는 음악 듣기 등
관계적 길	타인과 안전하게 연결되기, 고립 멈추기, 연민하게 하는 이미지 명상하기, 점심 같이 먹기, 오랜 친구에게 감사 표시하기, 자원봉사하기 등
영적 길	보다 큰 가치를 실행하기, 자기화* 멈추기, 기도, 명상에 참여하기, 자연 속에서 걷기, 평화 만들기, 아무에게나 친절하게 행동하기, 진실 말하기 등

출처: 조현주, 2014 재인용; 이수민, 2016 재인용.

* 자기화(selfing): 자기를 우주의 절대적 중심에 놓는 경향으로, 지나치게 자신의 생각에 사로잡혀 있고 그 생각을 자기와 동일시하면서 '나'에 대해 집착하는 것.

이러한 다양한 자기 자비 방법을 한꺼번에 다 하려고 하기보다, 하루에 한 가지씩이나 일주일에 한 번씩 자기 자비 시간을 갖고자 노력해 보는 것이 중요할 수 있다. 특히, 상처를 받고 자신의 상처를 돌볼 때에도 자기 자비를 적극적으로 실천하고자 노력해 보는 것도 중요하다. 나의 상처받은 경험에 대해 도움이 될 것 같은 자기 자비 방법을 지금 하나라도 골라보고 실천 계획을 세워보도록 하자.

자기 자비 실천 계획 세우기				
하고 싶은 순위	종류	실천 날짜	실천 유무	소감
1				
2				
3				
4				
5				

감사하는 태도

감사하는 태도는 상처의 부정적 영향을 감소시키고 상처를 진정으로 포용하고 통합하는 데 가장 큰 도움이 될 수 있다. 누군가는 타인이 가한 상처로 인해 아프고 힘든데 어떻게 감사할 수 있느냐고 생각할 수 있다. 물론 타인이 원망스럽고 너무 억울하고 아팠는데 어떻게 감사하는 태도를 가질 수 있는지, 너무 어렵게 느껴질 수 있다. 이는 지금까지 했던 치유 과정을 통해 가능하다. 상처가 준 나쁜 점도 있지만 상처로 인해 얻은 의미, 메시지를 이미 찾았기 때문이다. 상처와 그것이 가진 메시지를 통해 그동안의 관점과 다른 관점을 갖게 되었다면, 상처가 준 과정들로 인해 자신이 배우고 성장할 기회를 얻었다는 것 자체에 감사할 수 있다. 상처받게 된 과정을 포용하고 상처를 준 사람도 용서하며 상처가 준 메시지에 감사하게 되면, 그 상처받은 경험이 나에게 더 이상 상처가 되지 않을 수 있다. 감사하는 태도는 상처가 더 이상 상처로 작용하지 않도록 이끄는 좋은 태도가 된다.

상처에 감사하는 태도로는 여러 가지가 있다. 첫째로, 더 어려운 상황이 되지 않은 것에 감사하는 태도다. 내가 견딜 수 있고 감당할 수 있는 만큼의 상처를 받았고 더 힘들고 어려운 일이 발생하지 않은 것에 감사할 수 있다. 운이 나쁘면 내가 겪은 상처보다 더 큰 상처를 겪었을 수 있다. 또한 그 상처를 억압하고 참아낼 수 있었던 것도 어쩌면 내가 견딜 수 있는 만큼의 크기였기 때문일지 모른다. 더 나쁜 상황이 되지 않은 것이 참 다행일 수 있는 것이다.

물론 이미 최악의 상처를 경험한 사람이 이러한 태도를 갖는 것은 분명 쉽지 않을 수 있다. 어린 시절에 받은 최악의 상처는 어린아이에게는 분명 잔인한 일이었다. 그럼에도 이 글을 읽고 있다는 것은 그러한 고난을 견뎌내며 살아 있다는 뜻이고, 이겨내고자 하는 의지를 갖고 있는 것임이 분명하다. 그런 힘을 갖고 있는 것만으로도 충분히 다행이고 감사한 일이며, 그 힘을 토대로 앞으로 더 나은 삶을 충분히 살아갈 수 있다고 생각한다. 그럼에도 스스로 감사하기 어려운 상태라면, 나라도 당신에게 감사하다고 말해주고 싶다. 학창 시절에 분명 힘들었을 텐데 견디느라 애썼다고. 잘 살아줘서 고맙다고. 더 이상 아프지 않길 바란다고. 그리고 이겨내고자 하는 당신의 의지에 감사하다고 말이다.

둘째로, 상처가 나에게 준 메시지에 감사하는 태도다. 많은 사람들이 자기 자신을 잘 모르며 스스로를 알지 못하고 살아가다가 갑자기 마주한 상처로 인해 자신을 생각하고 돌볼 기회를 갖는 경우가 많다. 학창 시절에 경험한 상처 또한 마냥 해맑고 놀기만을 좋아했던 어린 시절에 스스로를 더 생각하고 관계에 대해 고민하게 만들었다. 그러한 기회와 나에게 도움이 되는 시간을 가질 수 있었던 것 또한 어떻게 보면 상처받은 경험 덕분이다. 상처가 없었더라면 우리는 계속해서 자기 자신을 잘 알지 못하고 살아갔을지도 모른다. 스스로에 대해 배우고 돌볼 기회를 주며 세상에 대한 교훈을 알려준 것 또한 나에게 소중하고 감사한 메시지다.

 셋째로, 상처로 인해 성장한 것에 대해 감사하는 태도다. 온실 속 화초처럼 세상을 편안하게만 살아왔다면, 어쩌면 아주 작은 상처에도 쉽게 무너졌을 것이고 더 큰 상처에 아무런 방어막 없이 더 아프게 당했을 것이다. 여러 상처를 경험하면서 내면이 단단해지고 성장한 것도 상처의 긍정적인 역할이다. 미래에 또 다른 상처를 경험하더라도 쉽게 흔들리지 않으며 더 현명하게 대처해 갈 수 있게끔 상처에 대한 근력을 키울 수 있게 도와준 것에 대해서도 상처에 감사한 마음이다. 이러한 관점을 통해 상처에 감사하는 태도를 가질 수 있다. 삶의 다양한 교훈을 주고 스스로를 돌볼 기회를 주고 앞으로 다가오는 상처도 이겨낼 수 있는 강인함을 제공해 준, 상처에 감사하는 태도에 언젠가 공감할 수 있게 되길 바란다. 상처에 감사하는 태도를 가지게 될 때 그 상처를 용서하고 화해하며, 과거의 상처로 인해 더 이상 아프지 않게 될 것이다.

| 교실 속 상처에서 졸업하기 적용 사례와 연습 |

1단계 | 마음속에서 상처 꺼내기

상처 꺼내기에 대한 태도 점검하기		매우 그렇지 않다	그렇지 않다	보통	그렇다	매우 그렇다
1	상처를 꺼낼 용기가 생겼는가?				√	
2	상처의 아픔을 기꺼이 경험할 수 있는가?				√	
3	상처가 가진 메시지를 찾을 수 있는가?				√	
4	상처 치유의 전과 후가 다름을 알고 있는가?				√	

2단계 | 상처를 표현하기

	상처를 표현할 방법 계획하기
누구에게	독자
언제	책을 쓸 때
어디에서	책을 통하여
어떻게	나의 상처에 대한 이야기를 작성함으로써

3단계 | 자신을 치유하기

치유하는 자기 대화

① **상처를 치유하기 전** | 상처로 인한 어려움이 느껴질 때

나: 너무 놀라고 화나서 눈물이 나오나 보다. 상처를 받았으니까 당연히 그런 거야. 너무 아픈 말이었고 정말 아프고 힘들었어. 울어도 괜찮아. 너무 힘들다면, 오늘은 아무것도 하지 말고 쉬자. 마음이 진정될 때까지 기다려보자. 괜찮을 거야. 힘든 마음이 곧 사라질 거야. 괜찮아.

② **상처 치유 중** | 상처를 떠올리면서 불안하고 두려울 때

나: 아팠던 나를 다시 떠올리는 건 쉽지 않은 과정이야. 너무 두렵지? 그럴 수 있어. 그래도 상처를 잘 마주해야 내가 어디가 아픈지, 무엇 때문에 아픈지 알 수 있지. 찬찬히 다가가 보자. 그 일은 이미 끝났고 다시 일어나지 않아. 내 마음만 잘 다독이고 그 상처로 인해 어떤 영향을 받고 있는지 마주해 보자.

③ **상처를 치유한 후** | 상처로부터 자유로워졌을 때

나: 그 상처가 참 아팠지만, 나에게 좋은 메시지를 주었던 것 같아. 그 상처가 없었다면 나는 그 점을 배우지 못했을 거야. 그 상처가 나를 더 단단하게 만들어줬고 성장시켰던 것 같아. 상처를 견디느라 너무 애썼고 잘 떠나보낸 것이 정말 대단해. 이제는 그 상처로 인해 흔들리지 않고 영향도 거의 없는 것 같아. 비슷한 상처가 오더라도 두렵지 않아.

자기 자비

자기 자비 실천 계획 세우기				
순위	종류	실천 날짜	실천 유무	소감
1	위안을 주는 음악 듣기	오늘	○	위로를 주는 음악을 들으면 너무나 따뜻하다.
2	운동하기	주 2회 이상	○	운동을 통해 잡생각으로부터 벗어날 수 있었다.
3	느낌과 친구 되기	느껴질 때마다	○	나의 감정과 느낌이 느껴질 때 대화를 걸어보면 마음이 진정되는 데 도움이 된다.
4				
5				

감사하는 태도

상처에 대한 감사 일기

감당할 수 있는 상처였음에 참 다행이고 감사하다. 그 상처가 없었다면 스스로 더 성장하고 생각할 기회가 없었을 수 있다. 상처받은 경험을 오랫동안 억압하고 참아냈지만 그렇게 견뎌낸 힘도 어쩌면 상처로 인해 키워진 능력일 수 있기에 참 감사하다. 그렇지 않았다면, 나는 어린 나로서 사소한 상처에도 자극을 받으며 살아갔을지 모른다. 앞으로 도래할 수 있는 상처가 때론 두렵고 무섭기도 하지만, 기꺼이 경험하며 그 상처가 나에게 주는 의미를 찾을 것이다. 이른 시기부터 상처받은 경험을 통해 나를 단단하게 만든 시간들에 감사함을 느낀다.

다시 상처받을지라도 안녕하기

　우리는 교실 속 상처를 치유하기 위해서 많은 시간 동안 많은 노력과 연습을 해왔다. 마음의 상처를 치유하는 데 이렇게 많은 과정이 필요하다는 점은 안타깝지만, 그럼에도 그 과정이 휘발되고 아까운 것이 아니라 내면에 쌓여가면서 단단한 기반을 만들어가는 시간이 될 수 있다. 지금까지의 상처 치유 과정은 꼭 학창 시절의 상처에만 적용할 수 있는 것이 아니라, 과거의 상처받은 기억이 있다면 어떤 기억에든 적용하며 상처를 치유하는 연습을 해갈 수 있다. 이러한 상처의 치유 과정을 통해 궁극적으로 우리가 얻어야 할 것은 '교실 속 상처로부터 자유로워지는 것'이다. 이는 과거의 상처가 나를 얽매지 않으며 상처가 더 이상 무겁지 않고, 상처의 영향은 줄고 비슷한 상처를 마주하더라도 과거의 상처가 떠오르지 않고 두렵지 않으며 현재의 상처에 잘 대처할 수 있는 것을 말한다. 상처로 인한 아픔은 줄고 과거에 살기보다 현재에 집중해서 삶을 살 수 있다. 또한 상처에 대한 통제권을 자신이 가지며 그 상처를 어떻게 할지도 스스로가 정할 수 있다. 이처럼 상처로부터 자유로워지는 과정을 자신의 여러 가지 변화를 통해 찾을 수 있다. 그동안 달려왔던 치유 과정을 토대로 우리가 우리의 교실 속 상처로부터 진정으로 안녕할 시간이 다가왔다.

상처로부터 안녕하다

교실 속 상처와 안녕하기

과거의 여러 상처를 접하면서 그 자체로 공감하고 자신의 아픔을 돌보며 위로받는 시간이었기를 바란다. 그것만으로도 무겁게 억눌렸던 상처들이 조금은 가벼워졌을 수 있다. 마음속에서 큰 부피를 차지하고 있던 상처의 영역이 조금은 줄어들었을 수 있다. 그동안 마음속에서 짓누르고 있던 것이 무엇이었는지 잘 몰랐지만, 이 책이 학창 시절에 얼마나 상처를 받았는지, 그리고 그 상처가 현재까지 어떤 영향을 미쳐왔는지 자각하도록 도울 것이다. 상처를 알아차리는 과정만으로도, 나의 상처들을 구별하는 것만으로도 나를 아프게 했던 것이 무엇인지가 또렷해지면서, 나의 아픔을 치유하는 데 필요한 목표가 무엇인지 분명해졌을 수 있다. 과거의 상처라는 뒤엉킨 실타래를 하나씩 풀어가면서 나를 위해 당장 필요한 과정은 무엇인지를 생각해야 한다.

그럼으로써 내게 부정적인 영향을 주었던 무거운 상처들의 무게는 줄어들 수 있다. 상처가 나에게 미치는 영향도 줄어들고 과거의 상처로 인한 고통도 줄어들 수 있다. 예전에는 잠깐만 떠올라도 아팠던 나의 감정들이 이제 아프지 않을 수 있다. 상처를 너무나도 잘 보내주게 되면 때로는 왜 그렇게 아팠었지, 그렇게 힘들지 않았어도 되었을 텐데, 생각보다 큰 상처는 아니었는데, 좀 더 대처를 잘할 수 있었을 텐데 등의 생각들이 떠오르면서 그 상처가 가볍게 느껴질 수 있다. 이런 생각들은 상처가 잘 나았다는 뜻이기도 하다. 나의 상처에 둔감해졌다는 뜻이고 이제는 아프지 않다는 것을 의미하기 때문이다.

현재의 안녕감 갖기

교실 속 상처에 대한 안녕감 형성

심리적 관점에서 안녕감이란 '개인의 정신적 건강과 평온함'을 의미하는 말로, 상처에 대한 안녕감은 상처로부터 더 이상 영향받지 않고 정신적 건강과 평온함을 유지하는 상태라고 볼 수 있다. 그 상처를 떠올려도 현재에 영향을 받지 않으며, 정신적으로 흔들리지 않을 수 있다. 이러한 상태를 목표로 하고 우리는 상처를 치유해 갈 수 있다.

그럼에도 사람에 따라, 상처의 크기에 따라 상처에 대해 완전한 안녕감을 갖는 것이 어려울 수 있다. 완전한 치유를 목표로 하기보다는, 목표를 작게 나누어 상처를 치유하기 전보다 상처의 안녕감을 조금씩 향상시키면 된다. 조금이라도 마음이 평안해지고 안정되기만 하더라도 상처로부터 조금은 벗어난 것이고, 남은 몫은 시간의 문제일 수 있기 때문이다. 그렇게 계속 상처를 치유해 나간다면 완전한 안녕감을 갖는 시기가 곧 도래할 것이다.

상처를 알아차리는 능력 향상

과거의 상처로 인해 현재 영향을 받고 있는지 받고 있지 않은지, 스스로의 상태를 파악하는 능력이 향상될 수 있다. 그 상처로 인한 아픔이 나에게 얼마나 영향을 주고 있는지 파악해, 그것을 어떻게 해결하고 대처하면 좋을지 스스로 평가하고 판단하게 된다. 그렇게 해서 자신을 위한 결정을 하게 된다. 너무 힘들고 아픈 나를 위해서 무엇이 필요한지를 결정하게 되고, 그 아픔을 마냥 외면하기보다 충분히 돌보고 다스리는 태도를 가지게 된다. 과거의 상처에서 영향을 덜 받게 된다면, 이제는 그 상처에 딱지가 졌다는 사실도 파악할 수 있다. 그 아픔이 다시 건드려져도 이제 그것에 영향을 받지 않을 만큼 단단해졌음을 자각하게 되기에, 상처로 인해 나의 상태를 알아차리는 능력이 향상될 수 있다. 무섭다고 두렵다고 아프다고 상처로부터 도망가지 않고 상처를 있는 그대로 마주하며 상처로부터 받은 영향의 변화를 파악할 수 있을 것이다.

현재를 살아감

더 이상 과거의 상처에 영향을 받지 않으며 과거에 살지 않을 수 있다. 과거의 영향을 줄이고 현재에 초점을 맞추며 현재 나의 삶에 집중하며 살게 된다. 이것이 상처를 치유하려는 궁극적인 이유 중 하나이다. 현재의 삶에 집중함으로써 현재까지 어렵게 만드는 교실 속 상처의 연결 고리를 끊어낼 수 있다. 아직도 교실 속 상처의 영향 속에 살아가고 심하게는 10년, 20년, 그 이상이 지났음에도 그때의 상처에 대한 억울함, 아쉬움, 슬픔 등의 감정들이 떠오른다면, 상처 때문에 현재의 삶을 살지 못하고 과거에 계속 머무르고 있는 것이다. 상처로부터 벗어나면 현재 자신의 삶에 집중하면서 나의 삶을 즐기는 순간들이 더 많아질 수 있다.

미래의 상처에도 안녕하기

상처에 대한 태도 변화

앞으로 살아가면서도 우리는 필연적으로 상처를 마주할 수 있다. 그동안 사람들에게서 상처받는 것이 두려워서 관계를 피하고 소극적이었다면, 이제는 상처에 대해 불안해하지 않고 상처를 마주하더라도 그것이 자연스러운 과정임을 이해하면서 상처를 어떻게 치유하고 회복할지에 더 집중할 수 있다. 즉, 상처에 대한 내성이 키워진 것이다. 상처가 무서워서 현재 나의 삶을 포기하는 태도는 버리고 상처가 있는 세상 속에서도 당당하고 용기 있게 살아가게 된다. 물론 상처받지 않고 살아가는 것이 가장 좋지만, 상처를 또다시 경험하더라도 현재의 상처를 어떻게 치유할지, 그 상처가 준 메시지가 무엇인지를 찾으려 하는 태도가 어느새 생길 수 있다.

상처에 대한 대처 능력 향상

관계 속 상처에 대처하는 능력이 향상될 것이다. 과거의 상처가 주는 메시지를 교훈 삼아 상처가 더 커지지 않도록 경계하고, 어떤 태도로 상대방을 대하는 것이 좋을지를 생각하며 상처를 해결하는 능력이 향상될 수 있다. 그동안은 상처를 받은 순간의 그 마음을 상대방에게 들키지 않고 숨겨왔다면, 이제는 상처받은 순간에 상대방에게 상처받은 마음을 표현하는 능력을 가질 수 있다. 타인의 잘못을 빠르게 인지하고 사과와 용서를 즉각적으로 요청할 수 있으며, 상처를 빠르게 회복할 수 있는 방안도 스스로 찾아갈 것이다. 더 큰 상처가 되는 순간으로 예상된다면, 그 순간을 피할 수도 있고 상처가 되는 환경을 바꾸는 선택을 해나갈 수 있다.

달라진 나 발견하기

긴 여정을 통해 교실 속의 나를 다시 만나고 가장 어리고 아팠던 마음을 돌보고 학창 시절을 다시 새로운 색깔로 채색해 보는 시간을 가졌다. 이미 우리는 그때의 나와 이미 다르고 더 성장하고 단단해졌음에도 불구하고 '어린 나'의 상처받은 기억에 갇혀 달라진 자신을 발견하지 못한 것일 수 있다. 우리가 배운 상처의 치유과정은 성인이 되어서 마주한 상처에도 언제든 활용할 수 있다. 현재의 나의 상처에도 적용해 보면서 자신의 상처들을 치유해 보고 상처에 대비할 자신의 무기를 여러 개 만들어갔으면 좋겠다. 당장의 드라마틱한 변화를 기대하기보다 이 책을 읽기 전보다 1점이라도 달라진 부분이 있는지, 어떤 점에서 변화했는지, 상처를 통해 조금이라도 성장한 나의 변화를 '달라진 나 발견하기'를 통해 찾아가길 바란다.

	상처에 대해 달라진 나 발견하기	점수
과거	교실 속 상처가 잘 구별되었는가?	
	교실 속 상처의 무게가 줄어들었는가?	
	교실 속 상처의 영향이 줄어들었는가?	
현재	교실 속 상처에 대해 내적으로 평온해졌는가?	
	상처의 영향을 더 잘 알아차리게 되었는가?	
	과거보다 현재를 살아가고 있는가?	
미래	상처에 대한 내성이 증가했는가?	
	상처에 대한 대처 능력이 향상됐는가?	

* 0~10점, 0일수록 그렇지 않다. 10점일수록 그렇다.

에필로그
당신 잘못 때문에
생긴 상처가 아니다

　상담의 기본 전제는 비밀 보장이다. 그래야만 상담자를 믿고 그동안 받았던 깊은 상처와 심리적 어려움을 솔직하게 털어놓고 치유할 수 있기 때문이다. 그러한 전제에 너무나 동의하고 그래야만 안전하게 상담할 수 있는 것도 너무 당연하다.

　다만, 어려운 이야기를 들으면 들을수록 상처를 주는 사람은 상처를 받은 사람의 어려운 마음을 잘 이해하고 있을까? 과연 세상은 상처의 아픔을 제대로 알고 있을까? 상처를 받은 사람을 우리는 얼마나 생각하고 위하고 있을까? 이런 질문들이 마음속에 계속 떠올랐다. 상처받은 사람이 왜 이러한 마음을 숨기면서 살아가야 하는지에 대해서도 의문이 들기 시작했다. 그리고 바뀌지 않는 세상을 보면서 그저 비통하고 무력해졌다. 상담을 하다 보면 때로는 화가 나기도 한다. 왜 상처를 받은 사람들만 이렇게 힘들고 어렵게 살아가는지, 피해자들의 삶은 왜 그렇게 아프고 슬픈지 안타까웠다. 그에 비해 상처를 준 사람 혹은 가해자들은 때로는 그 정도로 상대가 아픈지 모르기도 하며, 상처 준 행위를 그새 잊고 일상을 너무나도 잘 지내는 것처럼 보였다. 그렇게 대조되는 모습이 불공평하게 느껴졌다. 상담을 통해 상처를 받은 사람을 돕는 일은 나에게 너무 중요하지만, 상처를 받은 사람의 이야기를 그저 비밀로 간직하면서 누군가의 아픔에도 변화하지 않고 계속되는 상처의 세상에 답답함, 무력감, 화 등이 쌓여갔다.

　직업상의 윤리인 비밀 보장의 원칙을 깰 수 없기에, 진짜 상처받은 사람의 목소리를 전해주지 못하고 실제 사례를 각색해 소개할 수밖에 없었다. 그럼에도 상처받은 사람들의 이야기를 전해주고 싶은 이유는 마음속 상처로 힘들어하는 사람들의 이야기를 우리가 더 많이 듣고 이해하며 그들의 이야기에 관심을 갖고 수용하는 분위기가 퍼져가길 바라서였다. 상처받은 사람들의 이야기를 그저 마음속에 평생 비밀로 가두고 싶지 않았다. 상대방의 상처를 가볍게 여기거나 혹은 잘 모르는 사람들을 위해 나의 이야기를 통해서라도 상처의 무게를 전달하고 싶었다. 상처받은 상대의 마음을 조금이라도 더 잘 이해하면, 얼마나 힘들고 아픈지를 알게 되면, 상처를 주는 행위에 대해 우리 모두가 좀 더 조심할 수 있지 않을까 싶기도 했다.

> 익명 1   '상처'라는 말 말고 더 부드러운 표현은 없을까요?!
>
> 익명 2   '상처'라는 명칭이 정작 상처가 깊은 분들에게 오히려 장애물이 될 수 있으니 다르게 접근해 주시면 더 좋을 것 같습니다.
>
> 익명 3   '상처'보다 유한 단어를 사용하셨으면 좋겠습니다:)

'상처'에 대한 이야기를 전달하는 것도 조심스러웠다. 우리는 상처라는 말을 자주 하면서도 그 상처의 실제 무게를 잘 지각하지 못한다. '상처'라는 표현을 쓰는 것에 대해서도 때로는 거부감을 느끼는 사람이 있기 때문이다. 지자체에서 진행한 청년 강사 프로그램에 참여한 적이 있었다. 심리적 상처를 치유할 수 있는 강의를 제공하고 싶어 강의 제목을 '마음속 상처 치유'로 정했다. 내가 진행하고 싶은 강의를 설명하고 피드백을 받는 과정 중에 많은 사람들이 강의 제목에 '상처'라는 부정적 단어를 사용하지 않는 게 좋겠다는 피드백을 주었다. 그 피드백을 보고 속상하기도 하면서 '상처'에 대한 편견, 거부감이 우리 사회에서 존재함을 느낄 수 있었다. 결국 많은 사람들이 상처를 부정적이라 생각하고 소비자의 관점에서 '상처'라는 표현을 부담스럽게 느끼는 것이었다. 상처를 상처라고 말하지 못하는 사회적 분위기와 상처에 대한 표현을 수용적으로 받아들이지 못하는 부정적 인식이 있음을 깨달았다.

상처는 나의 잘못 때문에 생긴 것이 아니라 타인 혹은 외부 상황에 의한 손상인데, 상처를 억압하는 분위기는 상처가 나의 잘못이고 나의 부정인 것처럼 느끼게 하는 것 같았다. 이러한 피드백을 받았음에도, 심리적 상처를 알리는 것을 중단하고 싶지 않았다. 왜냐하면 상처는 나의 잘못으로 생기지 않기 때문이다. 한 명에게라도, 한 번의 기회를 통해서라도 상처에 대해 더 말하고 알리고 싶었다. 그렇게 좀 더 안전한 방법인 책을 통해서 우리의 상처를 세상에 알리고 상처를 이해하며 수용할 수 있도록 도와야겠다고 다짐했다.

상처를 잘 받는 것도, 상처에 잘 대처하지 못한 것도, 상처를 표현할 수 없었던 것도 결코 스스로의 잘못은 아니다. 결국 외부의 상황에 의해 생겨난 것이 마음속 상처이니까. 그러기에 상처를 상처라고 말해도 된다. 나의 상처를 부끄러워하지 않았으면 좋겠다. 나의 아픔을 말하면서 공감도 받고 스스로 상처를 돌볼 기회로 삼는 것이 더 중요할 수 있다. 또 상처받은 경험은 어쩌면 누군가의 상처에 공감하고 치유할 수 있게끔 도울 수도 있을 것이다.

상처를 잘 받는 누군가에게 이 책을 바치고 싶다. 상처를 받는 건 당신의 잘못이 아니라고, 그럼에도 상처는 언제든지 우연히 생길 수 있다고. 그러한 상처로부터 우리는 안녕할 수 있도록 노력해야 한다고. 여러분이 상처로부터 안녕하기를 진심으로 바라고 기도할 것이다. 언제든지 나의 상처를 꺼낼 수 있는 나의 가족과 친구들에게도 진심으로 감사함을 표하고 싶다. 상처받은 여린 나의 마음까지 사랑해 줘서 너무 감사하다고, 나도 내 사람들의 상처받은 마음까지 사랑한다고 전한다. 우리 사회가, 그리고 관계가, 우리의 학교가 더 그러했으면 좋겠다. 서로의 아픔을 잘 이해하고 공감하면서 덜 상처 주고자 조심하고 상처의 무게를 결코 가볍게 여기지 않기를. 우리 모두가 상처받은 마음을 아껴주며 더 사랑해 가길.

끝으로 이 책을 만들 수 있도록 도와주신, 팀 구텐베르크와 심진경 교수님께 진심으로 감사함을 전합니다.

부록 | 사회적 심리 서비스 안내

1. 전 국민 마음 투자 지원 사업

사업 목적	우울·불안 등 정서적 어려움이 있는 국민에게 전문적인 심리 상담 서비스를 제공하여 국민의 마음 건강을 돌봄
지원 내용	전문 심리 상담 서비스를 총 8회(1회당 최소 50분 이상, 1:1 대면) 이용할 수 있는 바우처 제공
신청 기간	2024. 7. 1.~12. 31.(예산 소진 시까지) 　　* 서비스 지원 기간은 바우처 생성일로부터 120일
신청 자격	본인, 친족, 법정 대리인, 담당 공무원
신청 방법	주민 등록상 주소지의 읍·면·동 행정복지센터 방문, 아래의 증빙 서류를 가지고 신청
지원 대상 및 대상자별 증빙 서류	① 정신건강복지센터, 대학교상담센터, 청소년상담복지센터, Wee센터/Wee 클래스, 국가 및 공공 기관에서 운영하는 심리상담센터 등에서 심리 상담이 필요하다고 인정하는 자: 기관에서 발급하는 의뢰서(신청일 기준 3개월 이내) 　- 국가 및 공공기관에서 운영하는 심리상담센터는 의뢰서 발급 가능(예: 고용노동부의 근로자건강센터, 직업트라우마센터, 고용복지플러스센터의 심리안정지원 프로그램 등) 　- 대학교 상담센터는 국공립대학교 및 사립대학교 상담센터에서도 의뢰서 발급 가능 　　　　* 사설 심리상담센터는 의뢰서 발급 기관에서 제외 ② 정신 의료 기관에서 우울·불안 등으로 인하여 심리 상담이 필요하다고 인정하는 자: 정신과 의사, 한방신경정신과 한의사가 발급하는 진단서, 또는 소견서(신청일 기준 3개월 이내)

지원 대상 및 대상자별 증빙 서류	③ 국가 정신 건강 검진 결과(우울증 선별 검사, PHQ-9)에서 중간 정도 이상의 우울(10점 이상)이 확인된 경우: 일반 건강 검진 결과 통보서(신청일 기준 1년 이내) ④ 자립 준비 청년 및 보호 연장 아동: 보호 종료된 자립 준비 청년(보호 종료 확인서), 보호 연장 아동(재원증명서 또는 가정위탁보호확인서) ⑤ *동네 의원 마음 건강 돌봄 연계 시범 사업을 통해 의뢰된 자 동네 의원 마음 건강 돌봄 연계 시범 사업 지침 별지 제4호 연계 의뢰서(신청일 기준 3개월 이내) 　* 동네 의원 이용 환자 중 정신 건강 위험군에 대해 의사 면담 등을 통해 선별하여 지역의 정신건강 의료 기관 또는 정신건강복지센터에 연결하는 시범 사업(2022년~, 부산 등)
이용 절차	바우처 결정 통지를 받은 이용자는 본인의 주소지에 상관없이 서비스 제공 기관을 선택하여, 서비스 제공을 신청
서비스 유형	대상자는 1급 유형 또는 2급 유형을 선택하여 신청 　　　　　* 신청한 이후에는 서비스 유형 변경 불가 **1급 유형** ① 국가 전문 자격 ・ 정신건강전문요원 1급 ・ 청소년상담사 1급 ・ 전문상담교사 1급 ② 민간 자격 ・ 임상심리 전문가(한국심리학회) ・ 상담심리사 1급(한국상담심리학회/한국심리학회) ・ 전문상담사 1급 (한국상담학회)

서비스 유형	2급 유형	① 국가 전문 자격	· 정신건강전문요원 2급 · 청소년상담사 2급 · 전문상담교사 2급
		② 국가 기술 자격	· 임상심리사 1급
		③ 민간 자격	· 상담심리사 2급(한국상담심리학회/한국심리학회) · 전문상담사 2급(한국상담학회)
문의처	서울시 다산콜 120 보건복지부 보건복지상담센터 129, (02) 2133-7841		

2. 청년 마음 건강 지원 사업

사업 목적	청년의 심리 정서 지원, 건강성 회복을 통한 삶의 질 향상과 심리적 문제 예방을 통한 건강한 사회 구성원으로서의 역할 촉진
서비스 대상	- 만 19세 이상 34세 이하 청년, 소득 기준 없음 　　　　　　　　　　　　　　* 출생연도 기준(1989년~2004년생) - 우선 지원 대상 　(1순위) 자립 준비 청년, 보호 연장 아동 　(2순위) 정신건강복지센터에서 연계 의뢰한 청년
서비스 내용	전문 심리 상담 등 맞춤형 서비스 제공(10회기) ① 사전·사후 검사(90분) 각 1회 ② 전문 심리 상담 서비스 제공(1:1 원칙, 50분) 주 1회(총 8회) ③ 종결 상담 1회(마지막 상담 시 제공)
서비스 제공 기관	관할 시군구 및 전자바우처포털(www.socialservice.or.kr) 서비스 안내에서 확인 가능
서비스 신청 및 이용	- 신청권자: 본인, 친족, 법정 대리인, 담당 공무원(직권 신청) 　* 친족 범위(민법 제777조) : 배우자, 8촌 이내의 혈족, 4촌 이내의 인척 - 대상자의 주민등록상 거주지 읍·면·동 행정복지센터에서 또는 복지로(www.bokjiro.go.kr, 온라인)에서 신청 후 이용 가능 - 온라인 신청: 복지로(www.bokjiro.go.kr)로 이용 신청 - 신청 기간: 연중(지역 여건에 따라 분기별, 반기별 모집)
신청 서류	- 사회 보장 급여(사회 서비스 이용권) 신청(변경)서 - 사회 서비스 이용자 준수사항 안내 확인 동의서
문의처	보건복지부 사회서비스사업과 044-202-3225

3. 청소년 상담 무료 이용 기관

학교	교내 Weeclass, 지역별 wee센터
지역	각 지역별 청소년 상담복지센터, 정신건강복지센터
전국	청소년 1388(채팅 상담, 전화 상담 등 온라인 상담 서비스 제공), 청소년모바일 상담센터 다들어줄개

미주

1. 김성아(2023). 2023년 고립·은둔 청년 실태조사. 보건복지부.
2. 이유리(2023). 한국의 사회 동향 2023. 통계개발원.
3. 권세원(2023). 2023 자살실태조사. 보건복지부.
4. 김잔디, 자살 시도해 응급실 찾은 43%는 30세 미만… 19~29세 29.4%. 연합뉴스. 2024. 03. 28.
5. 권준수 등(2023). DSM-5-TR 정신질환의 진단 및 통계 편람(제 5판 수정판). 학지사.
6. 박은주(2013). 성인애착과 대인관계적 외상 후 성장의 관계: 정신화 능력의 매개효과. 서강대학교 일반대학원 석사학위논문.
7. 권석만(2023). 현대 이상심리학. 학지사.
8. 김춘경(2016). 상담학 사전 세트. 학지사.
9. John N. Briere, Catherine Scott(2020). 트라우마 상담 및 심리치료의 원칙. 시그마프레스.
10. Stephen Joseph(2018). 외상 후 성장의 과학. 학지사.
11. 김도형, 김영권(2023. 12. 14.). 2023년 1차 학교 폭력 실태조사. 교육부.
12. 최민지(2023. 12. 14.). "말이 가장 아프다" 학폭 조사 10년, 언어폭력 피해가 최다. 중앙일보.
13. 신태섭 등(2024. 02. 26.) 2024년 학교 폭력 사안처리 가이드북. 교육부.
14. 이성국(2013). 전달법을 바꾸면 싸움이 사라져요!. 교육부 공식 블로그.
15. 김승윤(2023). 은근한 따돌림은 학교 폭력인가?: 은따의 개념적 정의를 위한 문헌 고찰 및 개념도 연구. 학습자중심교과교육연구. 23(21). 703-719.
16. 최은숙(2000). 집단따돌림 가해, 피해 경향과 관련된 심리적 요인에 관한 일 연구. 서강대학교 교육대학원 석사학위논문.
17. 김윤영, 박종률(2022). 소외 학생들이 경험한 학교에서의 삶. 교원교육 38(2). 473-500.
18. 김재희(2023). 청소년기 은둔형 외톨이 자녀를 둔 어머니의 돌봄 경험에 관한 현상학적 연구. 전남대학교 사회복지학 협동과정 박사학위논문.
19. 권석만(2012). 현대 심리치료와 상담이론. 학지사.
20. 김나경(2011). 부모의 양육방식과 아동의 성격특질 및 자기조절력의 관계. 대진대학교 일반대학원 박사학위논문.
21. 유길상(2019). 어떤 부모가 좋은 부모일까?. 정신의학신문. 2019. 10. 10.

22 고남현 등(2024). 2023 사이버폭력 실태조사. 방송통신위원회.

23 조계원(2024). 디지털 혐오 시대의 사이버폭력. 건국대학교 시민정치연구소 8. 65-90.

24 교육부(2023). 2023년 1차 학교 폭력 실태조사.

25 박성훈 등(2021). 전국범죄피해조사: 아동ㆍ청소년 범죄피해조사 2021. 22-B-06. 한국형사ㆍ법무정책연구원.

26 김지선 등(2024). 2022년 아동·청소년 대상 성범죄 발생 추세와 동향 분석. 한국형사·법무정책연구원, 여성가족부.

27 한국여성인권진흥원(2023). 디지털 성범죄 피해자 지원보고서. 여성가족부.

28 박성훈 등(2021). 앞의 글.

29 이슬아 등(2012). 청소년의 내재화 및 외현화 장애 평가와 진단에서 K-CBCL과 MMPI-A의 유용성. 한국심리학회. 31(1).

30 이지연(2010). 정서인식의 명확성과 정서강도가 아동의 정신건강에 미치는 영향. 한국아동교육학회. 19(1).

31 백민. '정신질환자 관용적 태도' 대한민국 세계 최하위. 에이블뉴스. 2023. 9. 26.

32 Bora Jin, Ph.D(2023). Adaptation Implications of Attachment-Based Family Therapy for Korean-Heritage Families. *Asian Journal of Family Therapy* 5(1). 33-53.

33 박소윤(2015). 사건중심성과 외상 후 성장의 관계 분석. 상담학연구. 16(5). 141-155.

34 곽유정(2024). 사건중심성이 외상 후 성장에 미치는 영향: 의도적 반추와 사회적 지지의 조절된 매개효과. 동서정신과학. 27(1); 25.

35 김인율(2023). 침습적 반추와 의도적 반추가 외상을 경험한 성인의 심리적 디스트레스 및 문제 음주에 미치는 영향: PTSD 증상과 정서조절 어려움의 매개효과. 성균관대학교 교육대학원 석사학위논문.

36 권석만(2012). 앞의 책.

37 '안정화기법,' 국립정신건강센터 국가트라우마센터, 2024년 8월 21일 접속, https://nct.go.kr/distMental/crisis/crisis01_4_2.do

38 권석만(2012). 앞의 책.

39 권석만(2023). 앞의 책.

40 강영하(2017). 주관적 행복감에 대한 귀인이론. 학습전략중재연구. 8(1)에서 Weiner, B.(1972). Theories of Motivation: From *Mechanism to Cognition*. Chicago: Rand McNally; Weiner, B,(1986). An attributional theory and achievement motivation and emotion. *Psychological Review*, 92. 548-573. 재인용.

41 박경인, 김은석(2024). 대인간 외상 경험 대학생의 침습적 반추와 외상 후 성장 간의 관계: 의도적 반추를 통한 자기자비와 감사성향의 조절된 매개효과. 교육치료연구. 16(2).

42 송정선(2024). 자기대화의 국내연구동향. 재활심리연구. 30(4). 245-259.

43 이수민, 양난미(2016). 상담에서의 자기자비에 대한 개념정의와 개관. 상담학연구. 17(5). 85-109에서 Neff, K. D. (2003a). The Development and Validation of a scale to Measure Self-Compassion. *Self and Identity*, 2(3), 223-250. 재인용.

44 정유리 등(2024). 마음의 품격, 자기자비 심리학. 미다스북스.

45 이수민, 양난미(2016). 상담에서의 자기자비에 대한 개념정의와 개관. 상담학연구. 17(5). 85-109.

학창
시절이   상처로 남지
              않게

초 판 1쇄 발행 2024년 11월 27일

지은이   김은초

펴낸이   김민성
편 집   이자연
디자인   임수현

펴낸곳   구텐베르크
주 소   경기도 수원시 광교로156 광교비즈니스센터 6층
전 화   070-8019-3287   메 일   team@gutenberginc.com
인스타그램   @gutenberg.pub   블로그   blog.naver.com/gutenberg_

· 이 책은 저작권법에 따라 보호를 받는 저작물이므로 무단 전재와 무단 복제를 금지하며,
  이 책 내용의 전부 또는 일부를 이용하려면 반드시 저작권자와 구텐베르크 출판사의 동
  의를 받아야 합니다.

· 책값은 뒤표지에 있습니다. 잘못된 책은 구입처에서 교환해 드립니다.

ISBN   979-11-987374-1-0   03180

이 도서는 2024년 문화체육관광부의 '중소출판사 성장부문 제작 지원' 사업의 지원을
받아 제작되었습니다.

새로운 시대를 위한 영감, 구텐베르크 출판사입니다. 좋은 도서만을 제작하겠습니다.